KB239398

열정으로 두드림

일러두기

이 책은 2009~2011년에 방송된 평화방송 라디오 프로그램 〈열정으로 Do Dream〉을 바탕
으로 만들었습니다. 글쓴이의 소속과 직급은 방송 시점을 기준으로 합니다.

열정으로 두드림

박용환 엮음

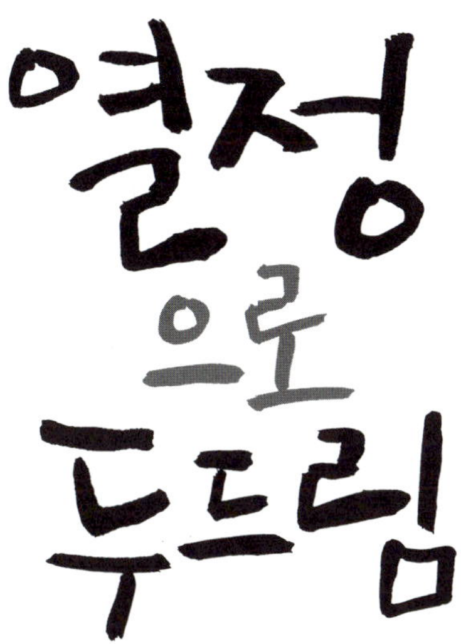

문학동네

그럼에도 불구하고 청춘!

저는 라디오에 참 많은 빛을 지고 살아왔습니다. 라디오 덕분에 외롭고 힘들었던 재수 생활을 이겨낼 수 있었습니다. 오랜 시간이 흘러 프로그램 제목이 생각나지는 않지만, 이금희 아나운서께서 잔잔하게 읽어주시는 수많은 사연을 들으며 함께 공감하고 위로받았던 것을 아직도 또렷하게 기억합니다. 어두운 골목을 걸을 때 저와 함께해준 것도, 수많은 사춘기 학생들이 짝사랑의 설렘을 나누던 곳도 라디오였지요.

그처럼 〈열정으로 Do Dream〉이 청춘들에게 작은 도움이, 진솔한 위로가, 따뜻한 친구가 되기를 바라는 마음으로 첫 방송을 시작했습니다. 일요일 밤 11시에 한 시간 동안 청취자와 함께했던 프로그램이 어느덧 100회를 넘겼습니다. PD, 작가, 각 코너의 멘토들이 여러분에게 더 다가가고자 고민하던 시간이기도 했습니다. 물론 아픈 청춘들에게는 많이 부족했으리라 생각합니다. 하지만 저희가 여러분과 한마음이었다는 것을 꼭 말씀드리고 싶습니다. 만나고 헤어지고 입학하고 졸업하듯이, 아쉽지만 마지막 인사를 드리는 시간도 어김없이 찾아왔습니다.

〈열정으로 Do Dream〉 첫 회가 생각납니다. 사실 저는 어릴 적부터 가끔 라디오를 진행하는 제 모습을 그려본 적이 있었습니다. 그런데 실제로 제가 〈열정으로 Do Dream〉을 진행하게 되는 놀라운 일이 벌어졌지요. 그래서 첫 방송을 마치면서 저의 막연했던 꿈이 현실이 된 것처럼 두드림 가족의 꿈도 현실이 되기를 바란다는 말로 마무리했습니다.

우리의 인연이 책을 통해 이어질 수 있게 된 것에 감사합니다. 〈열정으로 Do Dream〉 가족과 함께한 2년이라는 시간을 한 권의 책에 다 담을 수는 없겠지만, 글자와 글자 사이에, 문장과 문장 사이에 저희가 여러분을 응원하는 마음을 가득 담았습니다.

사람들은 "아프니까 청춘"이라 하지만 전 '그럼에도 불구하고' 꿈을 꾸기에 청춘이라 생각합니다. 여러분의 꿈이 현실이 되길 바랍니다. 꿈은 현실을 이길 수 있습니다! 열정으로 'Do Dream' 합시다, 함께!

〈열정으로 Do Dream〉 진행자 김태원

열정으로 Do Dream 하라!

"하나를 위한 모두, 모두를 위한 하나(All for one, One for all)."

17세기 프랑스를 배경으로 한 알렉상드르 뒤마의 소설 『삼총사』에 나오는 명대사다. 『삼국지』의 도원결의桃園結義에 비견될 만한 말로, 이 책을 출간하기로 했을 때 생각났던 한마디였다.

시간은 2009년 봄으로 거슬러올라간다.

그때 나는 평화방송 〈북콘서트〉의 신행사도, 『젊은 구글러가 세상에 던지는 열정력』을 출간한 김태원씨와 의미 있는 만남을 가졌다. 책의 내용도 젊은 청년이 썼다고는 믿기지 않을 정도로 알찼지만, 그와 함께 한 방송이 끝났을 때 '김태원'이라는 청년이 가진 열정에 나는 완전히 동화되어 있었다.

〈북콘서트〉가 끝나고 나서 그를 통해 더 많은 청년에게 열정을 전하고 싶다는 생각이 들었다. 그래서 며칠 후 직접 그에게 전화를 걸어 나와 함께 방송을 제작해볼 생각이 없냐고 물었다. '김태원'이라는 명성에 부족한 조건임에도 그는 흔쾌히 동참해주었다. 그뿐만 아니라 그는 애초 내가 계획했던 '김태원'만의 강연 릴레이 방식을 여러 멘토들이 참여하는 방식으로 보완하고 발전시키자고 제의했다. 그는 청년들이 무엇을 원하는지, 무엇을 필요로 하는지 이미 나보다 앞서 알고 있었다.

〈열정으로 Do Dream〉은 다음과 같은 질문에서 출발했다.

우리나라 일자리의 80%를 차지하는 중소기업에서는 일할 사람이 없어 외국인 노동자에게 의지해야 하는데, 청년들은 사상 최악의 실업률이라며 일자리가 없다고 아우성이다. 도대체 무엇이 잘못된 것일까? 고학력 실업자를 양산하는 지금의 사회 구조는 분명 무언가 잘못되어 있다. 수많은 청년들이 대학교 1학년 때부터 사법고시나 임용고시 같은 안정된 직업을 얻으려고 준비하는 현상은 누구의 의지에 의한 것일까? 우리보다 선진국이라는 스웨덴처럼, 고등학교 졸업생 중 80%가 취업을 하고 60세까지 40년을 일한 뒤 국가가 마련한 사회보장제도로 편안한 노년을 보내는 삶은 우리나라에서는 불가능한 것일까?

청년들이 생각하는 괜찮은 일자리란 과연 무엇일까? 대학을 졸업하고 몇 안 되는 대기업에 입사하는 것일까? 남들보다 연봉을 조금 더 받

는 것일까? 자신의 재능과 적성에 맞는 일을 하는 것은 아닐까? 한쪽에
선 눈높이를 낮추라고 하고 또 한쪽에선 눈을 더 넓은 곳으로 돌리라고
하는데, 반대쪽에선 하고 싶은 일이 너무 적다고 아우성이지 않은가?
옛말에 직업에는 귀천이 없다고 하지만, 하고 싶은 일과 해야 할 일은
다른 것일까?

　이런 문제의식에서 출발한 〈열정으로 Do Dream〉은 취업과 진로
에 대한 고민으로 방황하는 청년들을 위해 매주 일요일 밤 11시부터
자정까지 한 시간 동안 고정 편성되어 2년 동안 청년들 곁을 지켰다.
편성 시간대는 청년들이 일요일 밤 11시에는 대개 집에 있을 테니 라
디오 듣기가 수월하리라는 김태원씨의 생각에 따랐다.
　정규 방송에 출연하는 고정 출연진도 알차게 구성되었다. 취업 포
털 '사람인' 홍보팀 임민욱 팀장은 방송 당시 채용이 진행되는 기업의
채용 전형을 완벽히 분석해주었고, '한국취업신문' 김홍태 편집장은 대
우와 삼성 그룹 계열사 인사 담당자였던 경력을 살려 시대 변화에 따른
청년들의 준비사항을 철저히 점검해주었다. '대학내일' 박지호 기자는
미래를 위해 도전해볼 가치가 있는 다양한 공모전과 참여형 프로그램
소식을 골라 전해주었고, '아이크리에이트 창의성 연구소' 오은정 선임
연구원은 틀에 박힌 생각을 깨뜨리도록 창의성의 중요성을 매주 나양
한 예를 들어 역설했다. 『연탄길』의 이철환 작가는 우리가 잊고 있던 인
간성을 그만의 따스한 감성으로 일깨워주었고, 만도의 인사 담당자 출
신 'V+인재이력소' 박원철 연구소장은 청취자들의 고민 상담을 전담

했다. 고용노동부 소속 취업 지원관들은 취업 준비생들의 고민 사례를 소개했고 많은 취업 지원자에게 따뜻한 격려를 더했다.

이외에 매주 전문직 종사자, 기업의 인사 담당자, 꿈을 이루려고 특별한 선택을 한 사람 들이 인생 선배로 출연해 자신만의 독특한 경험과 그 경험으로 말미암아 깨달은 생각의 보화를 아낌없이 풀어주었다. 정규 방송 외에도 서울대학교 법학전문대학원 조국 교수, 아름다운재단 상임이사 박원순 변호사(현 서울시장), 우리 프로그램 진행자 김태원씨 등 여러 저명인사의 특집 강연도 제공되었다.

이런 〈열정으로 Do Dream〉을 바탕으로 만들어진 이 책에는 여러분이 따로 시간과 노력을 투자하지 않으면 얻을 수 없는 수많은 인생 선배의 농축된 정신이 담겨 있다. 이 책은 무엇을 어떻게 해야 한다는 지침서라기보다는 어느 방향에 무엇이 있다는 것을 알려주고 자유롭게 자신의 적성에 맞는 길을 선택하라는 안내서에 가깝다. 인생의 이정표가 없기에 아직 선택에 미숙한 많은 청년들에게, 미리 그 길을 가본 인생 선배들의 진심 어린 조언은 실패와 좌절을 거듭한 선배들의 전철을 밟지 않길 바라는 마음의 표현이며, 경험을 통해 터득한 삶의 재산을 기꺼운 마음으로 기부해준 것이라고 생각한다. 책의 출간 취지를 이해하고 흔쾌히 자신의 이야기가 수록될 수 있도록 허락해준 분들에게 빚을 졌다. 이 빚을 갚을 길은 그분들이 〈열정으로 Do Dream〉에 출연한 일이 자랑스럽도록 앞으로도 최선을 다하는 것이라고 생각한다.

이 책을 출간하기까지 도움을 주신 많은 분께 감사한다.

먼저 〈열정으로 Do Dream〉의 방송 기획을 허락해주신 평화방송·평화신문 사장 신부님 등 경영진과 여러 어려움 속에서도 물심양면으로 지원해주시고 격려해주신 라디오국장님 이하 여러 선후배 분들에게 감사드린다. 그리고 순수하게 〈열정으로 Do Dream〉의 내용을 믿고 책을 출간해주신 문학동네 강병선 대표님과 관계자 모두에게 지면으로나마 고마움을 전한다.

아울러 이 프로그램이 시작될 수 있도록 흔쾌히 믿고 동참해주신 듀에이치알아이(DEW HRI) 김태엽 대표님, 이후 2년간 프로그램이 지속될 수 있도록 지원해주신 고용노동부 소속 공무원들에게도 감사드리고 싶다.

이외에도 방송에서 쓸 수 있도록 청년들을 위해 응원 메시지를 녹음해준 의형제 배우 권오중 형님과 가수 서영은씨, 멋진 로고송을 흔쾌히 제작해준 열정의 밴드 '슈퍼 키드'에게도 감사한다.

특히 못난 아들이 십여 년 동안 평화방송에서 잘 적응하며 일할 수 있도록 아직까지 따뜻한 아침식사를 장만해주시는 부모님과 그런 부모님을 나 대신 잘 봉양하는 동생 부부에게는 감사함을 넘어 죄송함이 크다.

자기가 하고 싶은 일, 자신의 열정을 쏟을 수 있는 일, 세상을 아름답게 변화시킬 수 있는 일을 위해 자신을 계발하도록 우리 시대 모든 청년의 인식이 바뀐다면 이 책의 관계자 모두 행복한 미소를 짓게 될 것이다.

그때까지 모든 청년의 건투를 빈다.

열정으로 두드려라!

열정으로 꿈을 꿔라!

열정으로 Do Dream!

평화방송 라디오국 기획편성부 박용환 PD

추천사 그럼에도 불구하고 청춘!
프롤로그 열정으로 Do Dream 하라!

Part 1 인생 선배에게서 온 희망 편지

인생 선배에게서 온
희망 편지

여기 다양한 분야에서 맹활약을 펼치는 인생 선배 24명이 있습니다. 이제부터 이들이 어떤 꿈을 갖고 어떻게 취업에 성공했는지 알아볼 것입니다. 우리는 이들에게서 열정과 감동을 느낄 수 있고, 어떤 자세로 어떻게 살아야 할 것인지에 대해 배울 수 있습니다. 인생 선배들이 선택의 순간에 어떤 고민을 했는지, 어떤 시행착오를 거쳐 현재의 자리에 이르렀는지 살펴봅시다. 인생에 정답은 없다며 각자의 위치에서 멋지게 살아가는 인생 선배들을 이제부터 만나보겠습니다.

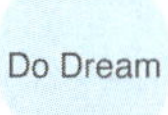

기업에 적합한 인재로 거듭나라

박원철
V+ 인재이력소 연구소장
전 만도 인사팀 근무
서강대학교 경영학 학사, 고려대학교 산업 및 조직 심리학 석사

취업에서 가장 중요한 것

취업을 준비하는 후배들의 이야기를 듣다보면 취업에 대해 오해하는 게 있다는 걸 알 수 있습니다. 이를 바로잡고 스스로 생각할 수 있는 방향을 제안하고자 합니다. 특히 처음 취업을 준비하는 친구들은 막막해하면서 장님 코끼리 만지듯 방향을 잘못 잡아 시간을 낭비하거나 지레 포기하기도 합니다. 이런 처지에 있는 분들에게 미약하나마 도움이 될 수 있었으면 합니다.

취업에서 가장 중요한 것은 무엇일까요?

바로 타이밍입니다. 취업 준비생 대부분이 '상반기' 또는 '하반기' 공채만 중요하게 생각합니다. 결국 시점에 맞춰 준비하다보니 준비를 많이 하지 못한 채 공채를 맞이하는데, 공채는 정해진 규칙에 따라 평가할 수밖에 없기 때문에 실제 경쟁률은 무척 높습니다. 커리어를 생각할 때 직장 생활을 1,2년 하고 말 것은 절대로 아니지 않습니까? 길게 보아 자신이 가장 잘할 수 있고 장점을 드러낼 수 있는 직무를 발견하고, 이 직무에서 경력을 쌓는 것에 집중해야 합니다.

또 최근에는 상반기, 하반기 공채뿐 아니라 수시 모집을 하는 경우도 많습니다. 따라서 매일 채용 공고를 살펴보고 자신의 실력과 '장점'을 중심으로 지원해야 합니다.

다음으로 자기소개서입니다. 자기소개서에 대해 잘못된 환상을 가진 취업 준비생이 많습니다. 자기소개서의 목적은, 첫째로 지원자의 일에 대한 관심도를 파악하고, 둘째로 이력에서 보지 못한 지원자의 장점과 좋은 경험을 발견하는 것입니다. 따라서 자기소개서를 평가하는 판단 기준은 표현력, 멋진 단어, 제대로 된 논점 같은 것들보다는 지원자의 경험을 그대로 진정성 있게 썼느냐 하는 데 있습니다. 실제 채용 담당자들은 처음 몇 줄만 읽어봐도 지원자가 솔직하게 자기소개서를 작성했는지 알 수 있다고 합니다. 그러므로 자기소개서를 쓰기 전에 샘플이나, 잘 쓰는 법을 찾을 것이 아니라 본인의 경험을 곰곰이 되돌아보는 것이 필요합니다.

마지막으로 스펙에 대해 오해하지 않는 것입니다. 우리는 스펙에 대해 근본적으로 오해를 하고 있습니다. 한 가지만 말씀드리면, '절대적인 합격'을 보장하는 스펙은 없습니다. 회사는 '적합한 인재'를 뽑지 '최고로 뛰어난 인재'를 뽑지 않습니다. 회사마다 필요한 자격 요건이 있고, 그에 따라 이력서를 검토합니다. 물론 필수적으로 갖춰야 할 것들은 있습니다. 하지만 작은 경험이라도 이를 통해 '자신의 장점'을 잘 강조할 수 있는 부분을 스스로 찾아 자기소개서를 작성해야 합니다.

취업 시장의 변화

최근 취업 시장은 변화의 과도기에 있습니다. 기업에서 인재를 보는 관점이 변화하고 있고, 그에 맞춰 채용 제도에도 변화가 일어나고 있습니다. 과거 기업의 인재 채용Human Resource 관점이 '우선 선발 후 교육을 통한 인재 육성'이었다면, 최근에는 '적합한 인재Right People 선발을 통한 조직/업무 성과 조기 창출'에 초점이 맞춰져 있습니다. 특히 점차 국내 기업들도 글로벌 기업을 벤치마킹해서 '직무 기반 인사 제도'를 설계함으로써 변화가 가속되고 있습니다. 2010년의 흐름이었던 '인턴십 이후 정규직 전환'이나 '독특한 이력을 통한 서류 전형' 등은 그러한 변화의 대표적 현상으로 볼 수 있습니다.

변화를 조금 더 깊이 바라보면, 대기업 그룹사를 중심으로 역량Competency 개념이 '선발'의 기준으로 활용되면서 취업 준비생을 평가할 때 눈에 보이는 기량보다는 일에 대한 지식과 일을 잘할 수 있는 근거가 되는 역량을 평가하는 방식으로 변하고 있습니다. 그동안 10분 내외의 짧은 면접으로 선발한 신입 사원들이 조기 퇴사를 하고 실제 업무 성과를 창출하지 못함에 따라 향후 높은 성과를 예측할 수 있는 선진화된 선발 방식이 도입되고 있는데, 그 기준이 '역량'입니다. 따라서 취업 준비생 입장에서는 자기소개서의 문구 하나하나를 의식하는 잘못된 생각이나 화려한 언변으로 면접에서 좋은 평가를 받으려는 잘못된 접근을 지양하고, '해당 기업에 대한 로열티(Loyalty, 충성도 또는 관심도)'를 바탕으로 '내가 왜 지원한 직무에서 일을 잘할 수 있는지에 대한 근거'를 입증하는 방향으로 준비해야 합니다.

그런데 2010년 이후 흔히 말하는 스펙 인플레 현상은 더욱 가속화되었습니다. 분명 기업의 채용 방식이 변화하고 인재를 보는 관점도 변화했지만, 아직은 과도기이고 이러한 평가 기준 자체가 드러나지 않은 것이 사실입니다. 따라서 청년 구직자들을 중심으로 과거와 같이 스펙 쌓기에 무작정 매달릴 수밖에 없는 상황은 더 늘어났다고 생각합니다. 스펙 인플레는 결국 부익부빈익빈 현상(상대적으로 높은 스펙을 가진 사람이 복수 합격을 하는 현상)이 심화되는 결과를 가져옵니다. 지원자의 조건이 모두 동일하다면 그중에서 조금이라도 차이가 나는 '학교'와 '전공' 같은 요건으로 선발할 수밖에 없는 상황이 벌어지는 것입니다.

채용 제도가 이전과는 확연히 달라지고 있는 요즘, 성공하는 인재는 그런 변화의 흐름을 잘 살피고, 채용의 목적과 관점을 바로 알고 접근하는 인재라고 생각합니다. 무엇보다 '직무와 조직에 적합한 인재임을 증명할 수 있는 (허구적이지 않고 실제적이고 구체적인) 경험을 표현할 수 있을 때 무한 경쟁 속의 취업 시장에서 좋은 결과를 기대할 수 있을 것입니다.

취업 시장에서 개선되어야 할 점

취업 시장에서 개선되어야 할 점은 무엇보다도 '기업과 구직자 사이의 거리'라고 생각합니다. 기업에서 바라보는 인재상과 구직자들이 생각하는 인재상이 너무나 다른데, 그 차이를 좁히고 서로 교감하기 위한 배려나 교육보다는 차이를 더욱 강화하는 경우가 더 많다고 생각합니다.

기업은 회사에 적합한 인재를 원할 뿐인데 구직자는 최고로 뛰어난 인재인 '척'하는 현상이 점차 강해지고 있습니다. 그런데 이 문제는 누구의 잘못이라기보다 기업과 구직자 간에 '상호 관점을 이해하도록 도와주는' 제도적 뒷받침이 없기 때문이라고 생각합니다. 중요한 것은 기업에서 실제 일하는 직원들이 선배로서 구직자들에게 직무, 기업 문화, 직장인으로서 갖춰야 할 자질, 태도 등에 대해 알려주고, 구직자 역시 그런 실질적인 정보에 기초한 준비를 하는 것입니다.

그런데 구직자들은 그런 정보가 없는 상태에서 '그럴 거다'라는 식의, 소위 '카더라 통신'에 솔깃해하다 결국 잘못된 정보에 따라 잘못된 접근을 함으로써 취업에 성공하지 못하는 경우가 참 많습니다.

구직자는 되도록 '만남, 관찰, 소통'을 통해 정보를 얻어야 합니다. 기업의 관점과 기업 외부의 관점은 다를 수 있습니다. 그 차이를 이해하려면 기업 외부의 정보에 귀기울이기보다는 가능한 한 기업에 대한 객관적 정보를 얻고 이에 적절한 모습과 자질을 갖춰야 합니다.

2010년 노벨 경제학상을 수상한 피서라이즈(C. A. Pissarides)의 매칭 이론_{Matching Theory}도 이런 맥락에 대한 연구인데, 구인과 구직의 불균형과 마찰이 실업을 양산한다는 이론입니다. 즉 노동시장에 참가한 사람들의 정보 습득 차이가 실업을 양산한다는 의미입니다. 이런 현상이 개선되려면 시간이 걸리겠지만, 이론을 떠나서 구직자 입장에서는 먼저 기업에 적극적으로 다가가고 채용 면담을 통해 재직자를 만나고 선배를 찾아가 조언을 구하는 직접적인 행동이 필요하다고 생각합니다.

취업에 꼭 필요한 자질

취업을 하는 데 가장 중요한 것을 추려보면 3C로 정리할 수 있습니다. 3C는 (1)Competency (2)Character (3)Commitment입니다. 먼저 Competency 즉 역량은 미래 직무에서 성과 창출을 가능하게 하는 기본적인 능력이라 생각하면 됩니다. 각 직무에는 그에 적합한 자질과 능력이 있습니다. 가장 중요한 것은, 내가 지원하는 분야(직무)에서 요구하는 역량이 무엇인지 먼저 확인하는 것입니다. 이에 대한 사전 조사 없이 머릿속으로 생각만 해서는 안 됩니다. '지원하고자 하는 직무에서 성과를 창출할 수 있는 인재로서 자신이 갖춘 능력'을 강조하는 것이 필요합니다.

두번째로는 Character 즉 성향을 꼽습니다. 직장인과 학생은 무척 다릅니다. 그런데 학생들끼리만 모여서 취업을 준비하는 경우가 많습니다. 미래의 직장인으로서 필요한 능력에는 소통 능력, 인간관계 능력, 리더십 등이 있습니다. 이를 배우려면 직장인과 직접 만나는 기회를 많이 가지고 그들의 태도, 말투, 성향, 문제의식을 주의깊게 관찰하는 것이 좋습니다.

마지막으로는 Commitment 즉 헌신을 들 수 있습니다. 의외로 인사 담당자가 시험 결과가 아닌 과정에 공감하고 높은 점수를 주는 경우가 참 많습니다. 십 년 이상 조직에 머물며 성과를 낼 수 있는 인재로 각인되어야 합니다. 단편적 지식으로 자신을 표현하기보다는 일에 대한 성실한 태도를 표현해야 합니다. 그럴 때만이 '헌신적인 인재'로 평가될 것입니다.

왜 실패했을까?

입사시험에서 불합격한 데는 반드시 이유가 있습니다. 시험 결과에 집착하기보다는 실패한 이유를 돌아보는 것이 더 중요하니, 혹시나 입사시험에 실패한 경험이 있는 분은 꼭 자신이 불합격한 이유를 돌아보았으면 합니다.

취업에 실패한 사람과 성공한 사람을 비교할 때 가장 두드러진 차이는 '주도성'입니다. 불합격한 사람들은 '의존성'이 높았습니다. 자기 자신에 대해 충분히 분석하고 자신의 강점을 명확히 이해한 후 답을 하지 못하고, 짜인 정답에 의존하거나 수동적인 태도를 가진 경우가 많았습니다. '남의 생각을 그대로 따르는 행동이나 수동적 청취'는 전혀 도움이 되지 않습니다. '자기소개서를 잘 쓰는 비법'을 소개하는 해법서들을 보게 되면 그런 경향이 더욱 강해지는데, 그런 자료를 볼 때는 꼭 그 행동의 방향성과 이유, 목적을 잘 살펴야 합니다. 제시된 정답이 상황에 따라 정답이 아닌 경우가 많습니다. 그것을 판단하려면 반드시 자신의 장점과 특성, 능력을 돌아보고 적합한 방향이 무엇인지 생각해야 합니다. 그 방향에 맞춰 주도적으로 정보를 탐색하고, 주도적으로 준비해야 합니다. 그런 특성은 이후 기업에서 근무할 때 '주인의식'으로 발현되기 때문에, 주도적인 태도를 보여주는 것이 결국 취업에 성공하는 최적의 방법이라고 생각합니다.

서류 전형에서 절대 하지 말아야 할 것

처음 공채를 진행하며 서류 전형을 심사할 때 참 많이 당황했고 실망스러웠습니다. 서류 전형으로 확인했던 자기소개서 대부분이 거의 유사했기 때문입니다. 특히 자기소개서의 입사 후 포부와 지원 동기는 모두가 함께 상의하고 쓴 것인 양 비슷했습니다. 그렇게 자기소개서를 50장쯤 보고 있자니 솔직히 짜증이 나고 몹시 실망스러웠습니다. 저도 모르게 '대체 자기소개서를 왜 쓴 거야? 이렇게 똑같은 소리를 써대면 어떤 특성을 봐야 하는 거야?' 하는 생각이 들었고, '다들 똑같은 인터넷 사이트를 참고해서 큰 고민 없이 베끼는 건가?' 하는 생각을 떨칠 수 없었습니다.

단순히 취업 관련 홈페이지에서 문구를 베껴 쓰면 안 됩니다. 회사, 회사의 제품, 회사의 기술, 회사의 상황, 회사의 전략, 문화, CEO의 의지, 향후 중요 기술, 시장 상황, 고객 등을 고민하고 생각해야 합니다. 그리고 그 과정에서 적합성을 찾아내야 합니다. 다른 기업에서도 통용되는 자기소개서라면, 또는 한 시간 만에 작성한 듯한 자기소개서라면 좋은 평가를 받지 못합니다. 정성을 담아, 그리고 지원 준비과정을 꼭 표현하면서 나의 적합성, 충성도, 관심도를 드러내야 합니다.

지원하는 회사에 관심도 없고 잘 알지도 못하는데다 와서 할 역할도 마땅치 않으면, 서류 전형에서 선발할 이유가 없습니다. 회사는 봉사단체가 아닙니다. 더욱 생각해봐야 할 점은, 자신이 가고 싶어하는 회사는 다른 친구들도 대부분 가고 싶어한다는 것입니다.

입사 지원 전에 반드시 산업을 바라보고 분석해야 합니다. 그리고 해당 기업의 경쟁력과 다른 기업과의 차이를 분석해야 합니다. 그 과정에서 자신의 적합성을 주장해야 합니다.

면접을 진행하며 특히 임원들에게 참 많이 들었던 말은 "왜 이렇게 대답이 똑같으냐?"였습니다. 지원 동기, 회사에 대해 아는 점, 포부, 단점 등을 물으면 대부분이 취업 스터디나 취업 카페에서 '정답'이라고 불리는 대답을 그대로 외워서 답변합니다. 학생 입장에서는 학생들 사이에서 만든 답변이 아주 멋있을 거라고 생각할지 모르겠지만, 면접관은 마음속으로 '뭐라는 거야?' 또는 '또 판에 박힌 말을 하네, 지겨워'라고 생각할지도 모릅니다. 그야말로 판에 박힌 정답, 클리셰와 같은 '정답'에 집착하면 면접에서 좋은 결과를 얻지 못합니다. 인터넷에 많이 떠도는 면접 요령이나 면접 법칙 열 가지, 다섯 가지 등은 분명 정답일 수도 있습니다. 하지만 면접에서 자신이 받은 질문의 의도와 맥락을 살피지 못하고 무조건 '정답'만 얘기하면 좋은 결과를 얻지 못합니다. 면접은 관계 속에서 평가하는 것이고, 질문에는 의도가 있습니다. 그런 의도를 살피지 못한 채 답을 하면 '판에 박힌 정답'을 되뇌는 지원자로 평가받기 마련이고, 결국 불합격하게 됩니다.

중요한 것은 '상황(맥락)과 그 상황에서 제기된 질문 의도'를 살피는 것입니다. 저는 그런 대응력을 기르려고 취업 스터디를 할 때 정해놓은 패턴대로 움직이기보다는 항상 돌발 질문, 의도를 가진 질문을 하고 답을 해봄으로써 '의도에 적절한 대답'을 하고자 노력했습니다. 면접을 준비할 때, 특히 면접을 며칠 앞둔 상황이라면 다시 자신을 돌아보기 바랍니다. '자신의 강점, 산업의 특성, 회사의 장점, 포부' 등 기초적인 자신의 면접 무기를 다시 챙겨보고 자신의 약점이나 의심이 되는 부분을 생각해봄으로써 면접관의 의도를 잘 살피는 연습을 해보시기 바랍니다.

취업을 위한 마지막 한 가지

계속 언급한 것처럼, 취업에 성공하는 핵심은 '적합성'입니다. 채용을 진행하면서 의사 결정을 하는 임원들에게 가장 많이 듣는 이야기가 바로 "우리 회사에 적합한, 또는 도움이 되는 인재를 뽑아라"입니다. 하지만 의외로 많은 취업 준비생이 회사나 직무는 고려하지 않은 채 독단적으로 자기 자랑만 합니다. 그러면 면접장에서 면접관들이 "저 친구는 잘났긴 한데 우리 회사에는 안 맞네" 또는 "자기 얘기는 잘하는데 자기가 앞으로 회사에서 뭘 해야 하는지는 하나도 모르는군" 하고 말합니다. 기업에서 원하는 인재는 분명 '적합한 인재'이지, '잘난 인재'는 아님을 기억해야 합니다.

그런데 그런 적합성은 결국 (1)기업이 나아가고자 하는 방향을 알고 (2)필요한 자질을 알고 (3)조직에서 성과를 낼 수 있는 태도와 성향을 갖추고 (4)오랜 기간 함께 성장하고자 하는 의지를 가질 때 긍정적으로 평가받습니다. 즉, 앞서 언급한 3C를 갖추고 더불어 그런 3C를 성실하게 준비해온 모습을 보여줘야 합니다. 결과가 아닌 과정을 보여주는 인재, 항상 노력하는 인재가 결국 좋은 평가를 받습니다. 그런 노력은 컴퓨터 앞에 앉아 인터넷만 검색하는 걸 의미하지 않습니다. 회사의 기술이 이해되지 않으면 도서관에서 공부를 해야 하고, 회사의 문화를 알고 싶다면 채용설명회에 참석해 상담을 받아야 합니다. 회사의 고객을 반드시 고려하고, 회사에 적합한 내 강점을 꼭 생각해봐야 합니다. 회사의 주요 뉴스를 인터넷 포털 사이트에서 찾을 생각만 하지 말고 회사에서 발행하는 사보와 전체 산업 기사 등을 지속적으로 찾아 확인하고, 그 기사들을 개별적으로 기억하기보다는 전체를 연관지어 생각해야 합니다. 그런 과정, 노력, 땀의 힘을 아는 인재를 기업은 필요로 하고 원합니다.

저는 흔히 말하는 스펙이 좋은 편이었습니다. 사람들이 제게 농담처럼 울트라 스펙을 갖추었다고 말하곤 했습니다. 그렇지만 스펙 때문에 취업할 수 있었다고 단 한 번도 생각해본 적이 없습니다. 대학교 4학년 2학기 9월부터 11월까지 총 98곳에 원서를 썼고, 일주일에 세 번 두 시간씩 면접 스터디를 꼬박꼬박 했습니다. 직장인으로서 갖춰야 할 태도와 생각을 알고 싶어서 강남역에서 무작정 지나가는 직장인을 붙잡고 명함도 50장 받아보았고, 그분들에게 일일이 연락해서 조언을 듣기도 했습니다. 취업에 성공할 수 있었고 지금까지 좋은 경력을 가질 수 있었던 것은 바로 그런 적합한 방향으로 행동, 실행을 했기 때문이라고 생각합니다. 머릿속 수많은 생각은 회사도 인사팀도 절대 알지 못합니다. 자신이 가진 생각을 제대로 표현하려면, 그리고 그것을 표현할 기회를 얻으려면 꼭 '행동'해야 합니다.

주저하지 말고 망설이지 말고 나는 아직 준비가 덜 되었다는 생각을 하지 말고 성장을 위해 행동해야 합니다. '레드 퀸 효과Red Queen Effect'라는 말이 있습니다. 『거울 나라의 앨리스』에 나오는 말입니다. 레드 퀸은 앨리스의 손을 잡고 숲속으로 힘차게 달려갑니다. 그러나 앨리스는 한 발짝도 나아가지 못하는 것처럼 느끼고 그 이유를 여왕에게 묻습니다. 여왕은 의아한 눈빛으로 말합니다. "네가 같은 곳에 머물고 싶다면 지금처럼 전력을 다해 달려야 해. 그러나 다른 곳으로 가기를 원한다면 적어도 지금보다 두 배는 빨리 달려야 해."

꼭 행동으로 성장하기 바랍니다. 스펙이 아닌 기업에 적합한 인재로 거듭나야 할 시점입니다.

취업을 위한 세 가지 팁

이은영
이마트 인재개발팀 교육 담당 주임
한국외국어대학교 경영학과 졸업

취업 준비 요령

인턴십 교육 파트에 근무하면서 교육생이 프로그램에 참여하는 이유와 필요를 알고 그것을 충족시켜야 교육 효과가 상승한다는 것을 깨달았습니다. 그래서 이 자리를 통해 취업 준비생들이 궁금한 게 뭘까, 어떤 이야기를 듣고 싶을까 생각했습니다. 그러다보니 학창 시절까지 거슬러올라가게 되었습니다. 대학교 4학년 시절, 취업을 준비하며 배고팠던 시절 말입니다. 그때를 떠올리면서 취업을 준비하는 데 도움이 될 세 가지 요령을 정리해봤습니다.

1단계 : 실물을 보고 싶게 만드는 자기소개서를 작성하자

사실 자기소개서는 입사 지원의 첫 단계이지만, 이 단계를 통과하지 못하면 면접의 기회조차 가질 수 없기 때문에 가장 중요한 단계라고 할 수 있습니다. 많은 분이 입사지원서를 스펙으로 거른다고 오해하고 있지만, 실제로 우리 회사를 포함한 대부분의 기업에서는 지원서를 자세히 읽어봅니다. 그러니까 단순히 스펙을 나열할 것이 아니라 본인의 개성과 실력을 드러낼 수 있도록 자기소개서를 채우는 것이 중요합니다.

제 경우 자기소개서에서 주목받기를 원했던 부분은 입사 동기 및 포부였습니다. 어떻게 보면 대부분의 기업에서 가장 큰 관심을 보이는 항목이 아닐까 생각합니다. 저는 대학 전공 수업에서 배운 'VRIO framwork'라는 경영 모델을 예로 들면서 자기소개서를 작성했습니다. VRIO는 Value(가치) · Rarity(희소성) · Inimitableness(모방불가성) · Organization(조직화)의 준말로, 기업이 가진 자원이나 역량이 지속적인 경쟁우위 요소가 될 수 있을지 판단하는 모델입니다. 저는 실제로 수업시간에 배운 대로 어머니가 운영하시는 식당에 이 모델에서 강조한 네 가지 사항을 대입하여 매출을 두 배 이상 올린 경험이 있습니다. 그래서 이 경험을 예로 들며 지원하는 회사에서도 이 모델에 기초하여 매출을 향상시켜보고 싶다고 입사 포부를 밝혔습니다.

저처럼 자기 경험을 바탕으로 인상 깊은 자기소개서를 작성하는 것! 이것이 바로 성공적인 취업 전략의 첫 단계입니다.

제 경우 임원 면접 때 이런 질문을 받았습니다.

"선진국이란 어떤 나라를 의미하는지 본인 생각을 말해보세요."

정말 평이한 질문입니다. 하지만 이런 평이한 질문에도 자기 생각뿐만 아니라 지원한 기업의 문화와 인재상을 담아 대답해야 합니다.

제가 지원한 신세계는 윤리 경영, 사회 환원, 투자를 중요시하는 기업 문화를 가지고 있습니다. 그래서 저는 이 점에 착안하여 이런 답을 제시했습니다.

"선진국이란, 기업의 사회적 책임을 다하는 신세계와 같은 회사가 많은 나라라고 생각합니다."

언뜻 일반적인 질문에 평이한 대답 같지만, 이런 대답을 하려면 지원하는 기업의 문화와 인재상을 확인해야만 합니다.

3단계 : 인턴 기간 혹은 수습 사원 기간에 선배들에게 좋은 이미지를 남기자

저는 실제로 인턴십을 통해 입사했고, 지금은 인턴십 교육 담당자로서 인턴들을 교육하고 평가하는 일을 맡고 있습니다. 인턴 교육을 담당하며 한 가지 아쉬운 점은, 많은 인턴 사원이 인턴십의 기본 취지조차 잘 모르고 근무한다는 점입니다. 처음 지원할 때의 간절함이나 반짝임은 사라진 채 주어진 일을 무심하게 처리하는 듯합니다. 인턴십은 회사가 우수한 인재를 확보하고 그 회사에 적합한 인재인지 판단하는 동시에 인턴 사원 또한 자신의 젊음을 바쳐 근무할 만한 회사인지 판단하는 프로그램입니다. 그렇기 때문에 회사 업무를 주의깊게 살펴보는 한편 이 회사에서 자신이 과연 어떤 역할을 할 수 있을지 끊임없이 생각하고 보여주려 노력해야 합니다.

정말 우연히 제가 취업을 준비하던 시절 사용했던 다이어리를 다시 한번 보게 되었습니다. 첫 장에 제가 적어놓고 늘 마음에 새겼던 문장을 여러분과 함께 나누고 싶습니다. 평범한 여대생에서 연봉 10억의 유명 토익 강사가 된 유수연씨의 자기계발서 『20대, 나만의 무대를 세워라』에 나온 문구입니다.

오늘을 다시 살라고 해도 이보다 더 열심히 살 수는 없다.
화려한 30대를 꿈꾼다면 20대, 치열함으로 무장하라!

꿈을 이루는 대학 생활 로드맵

김재영
기업은행 남동지점 계장
전북대학교 무역학과 졸업

현재 직장을 최종 선택한 이유

누가 다녀도 다니기 좋은 직장은 없는 것 같습니다. 내가 다니기 좋은 직장, 내게 맞는 직장, 내 꿈을 펼칠 수 있는 직장이냐 하는 것이 가장 중요합니다. 그래서 제가 지원해서 합격했던 회사들 중에 제 꿈을 가장 잘 펼칠 수 있고 일 또한 잘해낼 수 있는 곳이 어느 곳인지 고민했고, 그렇게 결정한 곳이 바로 기업은행이었습니다.

저는 남들보다 일 년 늦게 대학에 들어갔습니다. 주변 사람들은 지방대 출신이 대기업에 들어가기는 어려우니까 일찍부터 공무원 시험을 준비하라고 했습니다. 하지만 꿈이 있다면 도전해야 한다는 생각으로, 대학 1학년 2학기 때 공무원이 아니라 대기업 사원이나 은행원으로 저의 꿈을 정했습니다. 그리고 대학 4년의 로드맵을 구상했습니다.

1학년 때는 레크리에이션 동아리에서 활동하면서 친구들과 어울리며 대학 생활을 즐겼습니다. 그러다 대기업이나 은행에 취직하겠다고 마음먹은 후로는 대기업 입사에 성공한 선배들의 취업 후기를 읽으며 서서히 취업 준비를 했습니다.

2학년 때는 저만의 적성을 파악해야 한다고 생각했기에, 자원봉사 활동과 공모전 활동 그리고 은행권 홍보대사 활동을 시작했습니다. 다양한 대외 활동을 통해 전국의 많은 대학생 친구들을 만났습니다. 그들과 생활하며 제 부족함을 깨닫게 되었고 하고자 하는 일에는 더욱 확신을 갖게 되었습니다. 2학년을 마칠 무렵에는 전북대학교 해외 자원봉사팀을 구성해서 필리핀 마닐라 빈민가로 자원봉사를 다녀왔습니다. 이때 나만 알던 이기심을 버리고 함께 어울리는 법을 배웠습니다.

3학년 때는 금융권으로 진로를 확실히 정했습니다. 금융 관련 수업을 찾아 들었고, 금융을 전공한 교수님을 찾아뵙고 많은 조언을 구했습니다. 그리고 경제신문을 구독하기 시작했습니다. 그 외에 마케터 활동, 금융권에서 실시하는 공모전 참여, 은행권 직장 체험 활동(전북은행

여신관리부 근무), 기업은행 홍보대사 활동을 통해 금융인이 되려는 노력을 본격적으로 시작했습니다.

4학년이 되어서는 취업을 준비하며 영어 회화의 중요성을 절감했습니다. 그래서 학교에서 실행하는 교환학생 프로그램을 신청했고, 4학년 1학기에는 필리핀 라살 대학교에서 영어를 배우며 저의 역량을 키웠습니다. 그해 여름에는 증권회사 인턴으로 들어가 실무를 배우고 회사 생활을 실제로 해보며 금융권에서 경험을 쌓았습니다. 4학년 2학기 때는 취업 관련 스터디 활동을 주로 했고, 마침내 원하는 기업과 은행권에서 서류 통과 및 최종 합격 소식을 들었습니다.

인생의 터닝 포인트 : 자원봉사 활동

군대에 있을 때 자원봉사와 인연을 맺은 것을 계기로, 대학 복학 후에도 전주 지역 행사인 영화제와 소리축제에서 자원봉사를 하며 그 매력에 빠졌습니다. 그리고 이러한 경험을 바탕으로 2007년 1월에는 전북대학교 단일팀을 구성하여 필리핀 마닐라 빈민가로 3주간 봉사 활동을 다녀왔습니다.

환경미화원 아버지와 어머니 그리고 누나 둘이 있는 집안의 막내인 저는 가정 형편이 넉넉하지는 못했기에, 해외 자원봉사 활동이 첫 해외 여행인 셈이었습니다. 이 활동은 제 인생에 많은 변화를 가져다준 경험이었습니다. 그때까지 저는 자원봉사란 건강한 사람이 불쌍한 사람을 도와주는 것이라고만 생각했고, 마음 한편에는 이력서 경력란을 한 줄 채운다는 뿌듯함도 있었습니다. 하지만 머나먼 타국에서 자원봉사 활동을 하는 동안 저보다 어려운 환경에서 사는 빈민가 사람들이 힘들어도 항상 낙천적으로 살아가는 모습을 보자 그동안 갖고 있던 이기심이 사라졌고, 더 나아가 그들에게서 삶을 살아가는 데 중요한 가치를 배웠습니다. 이 자원봉사 활동은 대학 시절 제가 더욱더 노력하고 도전할 수 있었던 원동력이 되었습니다.

나만의 강점을 드러내자

제 토익 점수는 730점입니다. 하지만 영어 공부를 안 한 것이 아니라 토익 공부를 안 한 것입니다. 저는 회사에서 신입 사원을 뽑을 때 토익 점수가 높은 사람만 뽑는다고 생각하지 않았습니다. 그 회사에 들어가려고 얼마나 노력했는지가 중요하다고 생각했습니다. 그래서 남들보다 영어 점수는 낮았지만, 다른 사람에게 없는 저만의 강점을 부각하고자 했습니다. 결국은 자기 피아르(PR)를 어떻게 하느냐가 중요하다고 생각합니다.

예를 들어, 홍보대사 한 가지 활동만으로는 그다지 장점으로 내세울 만하다고 생각하지 않습니다. 하지만 홍보대사 활동으로 기업 문화를 접했고, 금융권에서 바라는 인재상인 '사람들과 잘 어울릴 수 있는 사람'이 되려고 자원봉사 및 공모전 활동을 하며 함께하는 법을 배웠다고 하면 얘기가 달라집니다. 이러한 저의 노력과 노력해가는 과정 그리고 적절한 피아르가 있었기에 합격할 수 있었던 것 같습니다.

면접 준비 노하우

면접에 들어가기 전에 저는 한 가지 주문을 외웁니다. '내가 최고 다!'라는 주문입니다. 이것은 자만이 아닌 자신감을 갖는 계기가 되었습니다. 이런 저만의 자신감 뒤에는 수많은 준비와 노력이 있었습니다. 취업을 준비하는 과정에서 친구들과 스터디 그룹을 결성해 모의 면접을 했습니다. 그 회사에 대해 꼼꼼하게 검토하고 그 회사가 저를 왜 뽑아야 하는지 어필했습니다. 이때 표정 관리 및 복장은 학교의 종합인력개발원 선생님에게 도움을 받았습니다. 각 회사별로 이렇게 철저히 준비해서 면접에 임했습니다. 연습이 완벽을 만든다는 말처럼, 이러한 과정을 거쳐 부족한 부분을 채워나갔고, 그 결과 단 한 곳도 탈락하지 않고 면접에 참여한 모든 회사에서 합격하는 결과를 얻었습니다. 준비하고 노력하고 학교 취업 전문 선생님들의 지도를 받으며 얻은 결과라고 생각합니다.

단점의 극복

가장 큰 단점은 아무래도 높지 않은 영어 점수였습니다. 영어 공부를 할 시간은 있었지만, 그때 영어 공부보다는 사람들과 어울리는 활동을 했습니다. 그랬기에 낮은 영어 점수로 어려움이 있었습니다. 하지만 단점보다는 장점을 생각하면서 준비했습니다. 제가 가진 단점에 신경 쓰다보면 제가 가진 장점마저 놓칠지도 모른다고 생각했기 때문입니다. 긍정적 사고가 취업을 준비할 때 가장 중요한 것 같습니다.

가고 싶은 분야의 회사를 정하고 그 회사를 컴퓨터의 즐겨찾기 목록에 추가해놓기 바랍니다. 그리고 하루에 한 번, 힘들면 일주일에 두세 번이라도 들어가서 그 회사에 관심을 가져보십시오. 그리고 회사에 직접 찾아가 일일체험을 부탁하거나 회사 선배님들을 만나 조언을 구한다면, 시행착오를 줄이는 기회가 되리라고 생각합니다. 가만히 앉아서 밥 떠넣어주기를 기다리기보다는 내가 먼저 나서서 나를 위한 밥상을 차리는 것이 훨씬 좋습니다. 준비된 자, 노력하는 자에게 기회는 온다고 생각합니다.

취업 준비는 스키와 비슷합니다. 스키를 처음 타는 날 "한 번도 안 넘어졌어" 하는 것은 "아무것도 배운 게 없어!" 하는 말과 똑같습니다. 안 넘어지는 것도 중요하지만, 다치지 않고 넘어지는 것이 더 중요합니다. 취업을 준비하면서 본인의 생각과 달리 자주 넘어지고 쓴맛을 볼 때도 있을 것입니다. 하지만 중요한 것은 넘어지더라도 포기하지 않고 결승점까지 도달하는 것, 넘어지더라도 훌훌 털고 일어서서 도전하는 것이라고 말하고 싶습니다.

결승점까지 도달하는 것, 넘어지더라도 훌훌 털고 일어서서 도전하는 것이라고 말하고 싶습니다.

자신의 인생을 브랜드로 만들자

김건해
NHN 인사운영팀 대리
경북대학교 경제통상학부 졸업

지원 및 입사 동기

제가 NHN에 지원한 가장 큰 동기는 이곳의 기업 문화 때문입니다. 이렇게 말하면 왠지 뜬구름 잡는 느낌이 들 수도 있을 것입니다. 저 역시 취업 준비생으로 여러 회사에 지원했지만, 특히 눈길이 가는 곳이 IT기업이었습니다. IT라는 가능성에 눈길이 갔고, 인터넷이라는 무한한 가능성의 매력에 빠졌다고 할까요? 그리고 자율성과 창의성으로 대표되는 IT기업의 기업 문화도 제 마음을 사로잡았습니다.

인사팀 업무

지금 생각해보면 조금 무모한 도전이기도 했습니다. 입사지원서를 60개가량 쓰면서 그중 55개 정도는 인사팀에만 썼습니다. "인사가 만사다"라는 말처럼, 대학에 다니며 직업을 찾는 과정을 다양하게 겪으면서 인사라는 업무가 가장 눈에 들어왔습니다. 그래서 나름대로 준비를 했고, 대학교 3학년 때는 인사팀에 꼭 가겠다고 결심했습니다.

열 길 물속은 알아도 한 길 사람 속은 모른다고 했습니다. 그만큼 복잡하고 다양한 학문이 결합되는 분야가 HR인 것 같습니다. 특히 요즘은 인재의 중요성을 더욱 강조하는 시대입니다. HR는 묵묵히 그런 인재를 만들어내는 곳이라고 할 수 있습니다.

취업, 회사에 들어가는 것이 능사가 아니다

요즘 취업 준비생들을 보면 정말 열심히 준비하는데, 저 역시 그랬습니다. 솔직히 지금 다시 취업 준비를 하라면 자신이 없을 정도입니다. 그러나 중요한 것은 그 '열심히'에 '무엇을 위해서?' '왜?'라는 질문을 해보는 것이라고 생각합니다.

정신없이 취업 관문으로 돌진하다보면, 중요한 것을 빠뜨릴 때가 있습니다. 때로는 취업한 후에라도 일이 적성에 맞지 않아 고민하는 친구도 있고, 혹은 에너지가 소진되어 마치 공장의 기계처럼 맡은 업무만 처리하는 사원도 있습니다. 그렇게 된다면 단지 회사에 들어가는 것만이 인생의 목표인 셈입니다.

남들이 하니까 토익 기본 800~900점에 자격증 몇 개, 학점 최소 3.7점의 조건을 마련하고 '취업 준비생' '백수'라는 딱지를 떼려고 취업하는 것이 아니라, 무엇보다도 자신이 하고 싶은 일, 자신이 성장할 수 있는 직업에 대한 고민을 충분히 해야 합니다.

직업에 대한 진지한 고민

자신이 하고 싶고 관심이 가는 분야의 일을 막무가내로 한번 해보는 겁니다. 특히 대학생 시절은 마음껏 무엇에나 도전할 수 있는 특권을 가진 시기임을 알아야 합니다. 마음껏 도전하고 실패하면서 다양한 경험을 쌓아야 합니다. 관련 세미나에 다니고, 다양한 분야의 책을 읽고, 현직에서 일하는 선배를 만나고, 동아리 활동을 하고, 여행을 하는 등할 수 있는 일이 많습니다. 물론 그때도 역시 왜, 무엇을 위해서 이 일을 하고자 하는가 끊임없이 질문해야 합니다.

제 후배 이야기를 들려드리겠습니다. 그 친구는 수원에 사는데 서울에서 진행되는 강연회를 찾아다니는 것이 취미입니다. 이 후배는 자기 분야에서 성공하고 자기 일을 사랑하는 사람들의 강연을 들으면서 '저 사람들의 공통점은 무엇인가?' '나는 무엇을 할까?' 하고 항상 고민을 했습니다. 그렇게 움직일 수 있는 열정이 정말 놀라웠습니다. 그 친구는 24시간 내내 진행되는 '24 콘퍼런스'를 직접 주최하고 싶다고 합니다. 확실히 행동하는 친구들은 능동적이라는 것을 그 후배를 보면 깨닫게 됩니다.

자신을 믿고 투자하라

자신의 가치를 입증할 만한 일 혹은 자신이 즐길 수 있는 일에 투자해야 합니다. 자신을 위한 투자를 할 때도 자신만의 색깔을 만들어야 한다는 이야기입니다.

저는 고민을 많이 하는 편입니다. 생각을 많이 하지만 이거다 싶으면 무조건 달려듭니다. 사실 지방에서 대학을 나왔기 때문에, 인사 업무를 하고 싶다는 생각을 가지고 있었지만 구체적으로 배울 수 있는 것이 많지 않았습니다. 그래서 멘토를 만나고 꾸준히 대구에서 서울로 올라와 인맥 네트워크도 구축하면서 나름의 공부를 했습니다. 1학년 때는 자주 오면 일주일에 한 번, 적어도 한 달에 두 번 정도는 서울에 왔습니다. 학생인 저에겐 쉽지 않은 일이었습니다. 그러나 당시에는 이런 공부가 저에게 어떤 도움이 될지 잘 몰랐던 것 같습니다. 그런데 돌아보니, 저를 위한 투자였고 많은 것을 얻었습니다. 새로운 시도를 하면 할수록 또다른 길이 열립니다.

그리고 또하나, 절대 실패를 두려워해선 안 됩니다. 의욕적으로 준비를 하다가도 몇 번 실패하거나 벽에 부딪혔다는 생각이 들면 방황하고 포기하는 친구들을 보게 됩니다. 특히 '현실의 벽'에 부딪혔다고 말하는 친구들을 보면 정말 안타까울 때가 많습니다. 그 벽이라는 것도 어쩌면 스스로 만들어놓은 제약이고 제한인 경우가 많지 않습니까? 또 실제로는 생각만큼 높거나 단단하지 않은 때도 많습니다. 한번 생각해볼 필요가 있습니다. 취업 준비생이라면 수많은 취업 관련 인터넷 카페나 친구들을 통해 전파되는 '어떤 기업은 어떤 스펙을 원한다고 하더라' '지방대는 안 된다고 하더라' 같은 이른바 '카더라 통신'에 흔들린 적이 있을 것입니다. 이는 스스로 계속 장벽을 만드는 일입니다. 그리고는 현실을 찾는다며 쉽게 포기하기도 하겠지요. 참 안타깝습니다. 누구도 해결해줄 수 없는 일이기 때문입니다.

결국 자신에게 맞는 정답을 찾아서 결정하고 책임지는 연습도 해야 합니다. 그렇게 자신을 성숙시키고 단련시키는 것이 무엇보다 중요한 자신에 대한 투자입니다. 그러다보면 정말 즐겁게 할 수 있는 무엇을 찾게 되지 않을까요?

이왕이면 패기 있게 도전하는 마음과 태도가 필요합니다. 주변의 이야기나 사회적 편견, 장벽보다 더 중요한 것은 스스로를 믿는 힘이 아닐까 싶습니다. 자신의 인생은 누가 대신 살아주지 않습니다. 고민하고 경험하고 치열하게 경쟁해서 스스로 브랜드가 되어야 합니다.

두려움을 버리고 자신을 믿는 것이
창업 성공의 열쇠

염지홍
Passion Design 대표
1인 소셜벤처기업가
보행자 교통사고를 줄이는 어린이 교통안전 액세서리, 의류 판매 및 교육
한국외국어대학교 이란어과 졸업
www.passiondesign.co.kr

Passion Design

제가 생각하는 디자인이란 아이디어를 현실화하는 것입니다. 이는 제품을 보기 좋게 만드는 것만큼 큰 의미를 지닌다고 생각합니다. 제 퍼스널 브랜드 '열정 디자인'은 보이지 않는 열정을 디자인해서 가장 효과적으로 사용할 수 있도록 돕는다는 의미입니다. 그 열정 디자인은 개인적인 것이기도 하고, 세상을 더욱 살기 좋은 곳으로 변화시키고자 하는 노력이기도 합니다. 저는 창의적인 아이디어로 사회 문제를 해결하며 공공의 이익과 수익을 함께 추구하는 일을 하고 있습니다.

보행자와 자전거 이용자의 안전을 위해 교통안전 반사 버튼과 옐로 카드를 개발했습니다. 책가방이나 옷에 부착하여 어두운 밤이나 비올 때 운전자들이 쉽게 알아볼 수 있도록 하는 제품입니다. 빛을 반사하는 형광 노란색 제품으로, 교통 약자인 보행자를 더욱 안전하게 보호하고자 제작했습니다. 2006년 뺑소니 사고를 겪은 후 우리나라의 교통 사고 문제를 해결하는 데 많은 관심을 갖게 되어 개발하게 된 제품입니다. 많은 분에게 나눠드리면서 제품을 알리고 있고, 현재는 외부 공장에 의뢰하여 대량으로 생산하고 있습니다. 어린이용 안전 조끼도 디자인하고 있는데, 우리나라뿐 아니라 전 세계 어린이들의 교통안전에도 긍정적인 영향을 주고 싶습니다.

UCC 스타

일상생활에서 활용할 수 있는 아이디어를 동영상으로 제작해 UCC로 올린 것이 세간의 화제가 되었습니다. UCC는 아이디어를 나누며 브랜드도 알릴 수 있는 방법이라고 생각합니다. 흔히 볼 수 있는 세탁소 옷걸이로 독서대 만드는 법을 UCC에 올렸는데, 동영상 조회수가 10만 건이 넘었습니다. 덕분에 제 블로그 방문자 수도 늘어났고, 인터뷰와 강연 요청까지 받게 되었습니다. 그리고 제가 진행하는 또다른 프로젝트와 노하우를 알릴 수 있는 계기가 되었습니다. 얼굴도 모르는 누리꾼에게서 아이디어를 나눠주어 고맙다는 크리스마스카드를 받았을 때는 보람을 느꼈습니다.

창업의 준비과정

사업 아이디어를 구상하다가 '서울시 2030 청년창업 프로젝트'에 선발되어 2년 동안 강북청년창업센터에 입주해 사업을 시작했습니다. 사무실이 크지는 않지만 무상으로 임대할 수 있었고, 한 달에 100만 원씩 아이디어 개발지원금을 받았습니다. 몇 개월 동안은 카페에 노트북을 가져가서 아이디어를 정리하고 계획을 세우다가 신문에서 우연히 창업센터 모집공고를 보고 기회를 얻었습니다.

2011년 6월부터는 새로운 장소에서 회사를 운영하게 되었습니다. 그리고 함께 일할 친구들도 찾게 되어 처음보다 조금씩 발전하고 있습니다. 이제 본격적으로 성과를 낼 때가 왔습니다. 지금까지는 멀리 뛰기 위해 준비하는 단계였다고 볼 수 있습니다. 가족과 함께 피자 사업을 10년 넘게 해왔기 때문에 '살아남는 방법' 정도는 조금 알 것 같습니다. 그렇지만 성장은 또다른 문제여서 끊임없이 노력하며 풀어가야 한다고 생각합니다.

대학 생활은 충실히 하려고 노력했습니다. 학교 공부와 피자 사업 그리고 이란어과 학생회장이라는 세 마리 토끼를 잡느라 정말 열심히 살았습니다. 시간을 절약하느라 피자 배달을 하면서 오토바이 계기판에 영어 단어를 붙이고 다니며 외우기도 했습니다. 시험 기간에는 밤 12시에 일을 마치고 학교 도서관에 가서 밤새워 공부를 하기도 했습니다. 제 어머니는 11년째 새벽에 일어나 영어 학원에 다니며 공부를 하시는데 이런 어머니를 닮은 듯합니다. 어머니를 보면 노력을 안 하려야 안 할 수가 없습니다.

무엇보다도 자신의 창의성에 자신감을 가지고 새로운 것을 발견하고자 노력하는 태도를 지녔으면 합니다. 가장 좋은 실천방안 몇 가지를 알려드리자면, 첫째는 바로 '메모'입니다. 아이디어는 휘발성이 강해서 잡아놓지 않으면 금방 사라지고 맙니다. 저는 생각나는 거의 모든 것을 적어둡니다. 어딜 가든 항상 펜과 노트를 들고 다닙니다. 2006년부터 지금까지 같은 종류의 노트 26권을 써왔습니다.

그다음은 '독서'입니다. 책에는 지식, 지혜, 아이디어가 무한히 담겨 있습니다. 책은 직접 사보았으면 합니다. 투자 가치가 가장 높은 것이 책입니다. 밑줄을 긋고, 노트에도 옮겨 써보고, 저자를 만나러 강연도 가보고, 가까운 친구들과 책에 대해 이야기도 나눠보기 바랍니다. 저는 2009년부터 매주 토요일 아침 9시에 친구들과 독서 모임을 꾸준히 해오고 있습니다. 여러분도 언제든 환영합니다.

　움츠려 있기보다 움직이고 새로운 사람들을 만나다보면, 새로운 기회가 분명히 찾아올 것입니다. 그리고 인터넷 검색이나 SNS에 시간을 너무 많이 쓰기보다 책과 신문을 읽고 글을 쓰며 혼자 생각하는 시간을 가졌으면 합니다. 창의성과 자신을 이해하는 힘은 사색의 힘에서 나오는 결과물입니다. 여러분도 끊임없이 생각하고 고민하면서 그렇게 얻은 에너지를 앞으로 살아가는 힘의 원천으로 만들었으면 합니다.

Do Dream

업무 경험을 통한 실무 능력 키우기

홍수정
웅진코웨이 CL사업본부 교육팀 대리
경희대학교 언론정보학부 졸업

웅진코웨이는 사람들에게 정수기로 익숙한 기업으로, 웅진그룹의 성장 아이콘이라고 할 수 있는 생활환경 기업입니다. 정수기는 물론 비데, 연수기, 공기청정기, 음식물 처리기를 생산하고 있으며, 제품 대부분이 시장 점유율 1위를 지키고 있습니다.

웅진만의 기업 문화

우리 회사에는 '신기 문화'라는, 직원들이 신바람나게 일하고 회사에 대한 애사심도 높일 수 있는 문화가 있습니다. 먼저, '점심시간 탄력 운영제'라고 해서 11시 30분부터 1시 30분까지 원하는 시간대에 자유롭게 한 시간을 점심시간으로 활용합니다. 또한 자유롭고 젊은 조직 문화가 특징이기도 합니다. 다양한 동호회 활동이 활발한데, 작년 연말에는 밴드연주나 살사 등 동아리 활동으로 실력을 쌓은 직원들이 공연을 한 후, 모두 함께 봉사 활동을 하는 것으로 한 해를 마무리했습니다.

또 직원 간의 친목 도모를 위한 시간뿐 아니라, 직원의 가족까지 함께할 수 있는 시간이 있습니다. '코웨이 데이'라고 해서 신입 사원이 입사하면 가족을 초청해 함께하는 시간입니다. 제 경우에는 부모님과 회사의 임원진이 함께 간담회도 하고 63빌딩에서 식사도 하고 유람선도 탔던 기억이 납니다.

채용 정보

웅진은 일 년에 한 번 정기적으로 공채를 통해 사원을 모집합니다. 정기 공채 외에도 수시 모집과 대학생을 대상으로 하는 CS 캠프나 인턴, 그린메이커 등 다양한 활동을 진행하는데, 수시로 제공되는 프로그램이기 때문에 홈페이지에 접속해서 정보를 얻으면 됩니다. 그중 그린메이커를 소개하자면, 친환경 활동과 사회 공익 활동을 통해 환경 경영을 체험하고, 마케팅 미션 수행을 통해 실무도 체험하면서 웅진코웨이 기업 실무에 대한 교육도 받을 수 있는 프로그램입니다.

현재 저와 함께 입사한 교육팀 동기들은 모두 교육학 전공자입니다. 저는 신문방송학을 전공했습니다. 교육팀이 대부분 교육학 전공자를 선호하는 것을 생각하면, 저는 정말 예외적인 경우입니다. 저는 대학교 3학년 2학기 때부터 HRD(인적 자원 개발)라고 하는 교육 방면으로 진로를 결정하고 관련 경험을 쌓았습니다. 관련 서적을 읽고, 포럼이나 콘퍼런스를 찾아다니고, '차세대 HR 아카데미'라는 모임을 만들어 책에서는 배울 수 없는 경험을 쌓으려고 노력했습니다. 이런 일련의 활동과 노력이 교육팀에 입사할 수 있게 된 요인들이었습니다. 교육학 전공자들보다 지식은 적을지 모르지만, 열정과 자신감이 면접에서 좋은 평가를 받은 것 같습니다.

현재 저는 교육팀에서 영상교육 분야를 담당하고 있는데, 전공인 신문방송학을 활용하면서 교육 업무도 할 수 있어 두 마리 토끼를 잡은 셈입니다. 프로그램 기획에서부터 출연까지 직접 하며, 일종의 교육방송국에서 일하는 것과 같은 나날을 보내고 있습니다. HRD 전문가 이전의 꿈이 아나운서였는데, 지금의 저는 전문 아나운서는 아닐지라도 아나운서 역할을 해볼 수 있어서 즐겁고 만족스럽습니다.

취업 준비생 여러분 모두 전공에 얽매이지 말고 적성과 흥미를 찾아 정말 하고 싶은 일을 위해 차근차근 준비하시기 바랍니다.

자기 자신을 믿고 격려하라

이은정
NH농협 외환 담당 계장
한국항공대학교 항공우주법학과 졸업

업무 소개

농협에서 외국환 업무를 한다는 사실을 모르는 분이 더러 있습니다. 하지만 농협은 2010년 1월 기준, 세계 3대 신용평가사 무디스, 에스앤피, 피치 사로부터 국가신용등급과 동일한 등급(A1, A, A+)의 신용도를 인정받은 안전한 은행으로, 1969년부터 외국환 사업을 시작했습니다.

농협은 43년 동안 환전, 해외송금, 외화예금은 물론 수출입거래, 무역금융, 수출신용보증 수탁보증 업무, 외국인 국내직접투자, FX딜링 및 파생상품 거래 등 각종 외국환 사업을 수행해왔습니다. 2007년에는 세계 최초로 외교통상부와 제휴해 해외에서 긴급경비를 지원받을 수 있는 '신속해외송금지원제도'를 시행했습니다. 그리고 고객의 필요에 맞춘 각종 외국환 신상품을 개발하여 판매하고 있습니다. 또한 지난 2009년도에 시행된 국제공인 신용장전문가(CDCS) 시험에서 국내 기관 중 최다 합격자를 배출하는 등 외국환 부문에서 꾸준히 사업을 키울 수 있도록, 국제금융시장에서 공신력을 인정받고 고객의 신뢰를 지키고자 노력을 아끼지 않고 있습니다.

업무 적응기

저는 이제 입사 5년차이고 입사 후부터 계속 외국환을 담당해오고 있지만, 사실 입사 전에는 외국환 업무에 대해 전혀 알지 못했습니다. 백지 상태에서 일을 시작한 셈입니다. 그래서 고생도 많이 했지만, 일을 하면 할수록 정말 매력 있는 분야라고 생각합니다. 특히 대외무역과 관련된 일을 정말 좋아하는데, 여러분께 '어떻게 이 업무의 매력을 설명할 수 있을까' 고민하다가 이 일이 사람을 사로잡는 매력을 지녔지만 지나치게 까다롭고 또 엉뚱하기도 한 이성친구와 흡사하다는 생각을 하게 되었습니다. 왜냐하면 처음에 잘 모를 때는 너무 어려워서 접근조차 쉽지 않지만, 막상 접하고 보면 의외로 접근하기 쉬운 면이 있고 일정 시간이 지나면 정형화된 패턴을 알게 되어 곧 익숙해지기 때문입니다.

하지만 어느 정도 안다고 생각하게 될 때 혹은 매너리즘에 빠지기

직전, 태클에 걸릴 때가 있습니다. 그래서 패배감이나 좌절감이 들기도 합니다. 끊임없이 변화하는 국제시장과 무역 환경, 각종 국제규정의 영향을 받기 때문에 더욱 긴장하고 노력해야 하는 분야입니다. 하지만 그런 만큼 성취감도 높습니다. 그래서 알면 알수록 더 사로잡히는, 매력적이고 사랑할 수밖에 없는 업종입니다.

취업 전략

　제가 이렇게 외환 업무의 매력에 대해 말씀드리는 이유는, 자기소개서에 입사만 시켜주면 어떤 일이든 열심히 하겠다고 하는 것보다 구체적으로 하고자 하는 직무를 언급하고 그것을 위해 준비된 인재라는 인식을 심어주는 것이 여러분의 차별화 전략이 될 수 있으리라 생각하기 때문입니다. 취업을 준비하는 동안 정말 부러웠던 이들이 목표하는 회사와 직무가 확실한 사람들이었습니다. 저는 구직의 시기가 제2의 질풍노도기라고 생각하는데, 여러 가지 생각도 많고 불확실함 때문에 자신과 주변을 많이 괴롭히고 괴롭힘을 당하기도 하기 때문입니다. 물론 처음 접해보는 분야에, 전공과 직결되지 않은 분야에 도전한다는 것은 결코 쉬운 일이 아닙니다. 하지만 목표가 확실히 정해지면, 자신도 모르는 사이에 엄청난 에너지가 생기고 필요한 요건들을 갖추려는 노력에도 가속이 붙을 것입니다.

　외국환 업무에 관심 있는 취업 준비생들을 위해 좀더 구체적으로 말

씀드리면, 외국환 분야로 진출하려는 분들은 무역협회 주관 국제무역
사와 외환관리사, 한국금융연수원이 주관하는 국제금융역과 외환전문
역 1·2종, 영국은행협회 산하 연수기구인 영국금융연수원과 미국국제
금융협회가 공동으로 개발하고 국제상업회의소가 인증하는 신용장전
문가, 영국금융연수원에서 주관하는 무역전문가(CITF) 시험이 있으니
미리 준비하는 것이 도움이 됩니다. 저는 국제무역사와 본 회 외환전문
역, 국제공인 신용장전문가 자격을 취득했으며, 이러한 자격들이 실무
에 많은 도움이 되고 있습니다.

구직을 하다보면 남들과 자신의 처지를 비교하게 되고, 나는 아무
렇지도 않은데 걱정스런 주변의 시선에 상처받고 좌절하는 일이 많습
니다. 초조함에 어디든 빨리 취업만 되면 좋겠다고 짜증 섞인 조바심을
내기도 하고, 아무것도 할 수 없을 것 같은 열등감과 패배감에 휩싸이
기도 합니다. 저는 그런 마음이 취업 준비생 여러분을 가장 힘들게 한
다고 생각합니다. 어떤 이는 출중한 능력을 가졌어도 본인의 가능성을
인정하지 않습니다. 주변에서 아무리 칭찬을 해도 스스로 발목을 잡고
나아가지 못하는 것입니다.

그러니 스스로를 믿고 격려하기 바랍니다. 그리고 많이 웃었으면 합
니다. 스스로를 격려해서 긍정적인 마음을 갖는다면, 자신과 주변까지
밝히는 눈부신 사람이 될 것입니다. 할 수 있다는 생각이 제게 이 자리
를 선물해주었습니다. 본인의 미래에 대해 의심하거나 초조해하지 마
십시오. 누가 먼저 취업에 성공하느냐 하는 문제는 있을 수 있겠지만,

다만 그 차이일 뿐입니다. 여러분은 하고자 하는 무엇이든 할 수 있고,

되고자 하는 어떤 것이든 될 수 있습니다.

목표에 맞는 자기계발을 통한 소신 지원

권봉수
STX 인사팀 대리
경북대학교 경영학과 졸업

STX그룹은 2001년 출범하여 해운/무역, 조선/기계, 플랜트/엔지니어링, 에너지라는 4개 사업 부문을 축으로 하고 있습니다. 주요 계열사로는 STX팬오션, STX조선해양, STX엔진, STX유럽 등이 있으며, 제가 몸담고 있는 (주)STX는 그룹의 지주회사입니다.

저는 인사팀에서 국내 신입·인턴 채용, 해외 채용 등의 실무를 담당하고 있습니다. 구체적으로는 그룹 채용전략 수립, 채용 프로세스 설계/운영, 채용 전산시스템 개발 등을 하고 있습니다.

기업 문화

우리 회사 직원들은 주로 평균 연령 30대 초반의 젊은이로 구성되어 있습니다. 그래서인지 비교적 역동적이고 자율적인 문화를 가지고 있습니다. 신입 사원이 프레젠테이션을 통해 자신의 의견을 발표할 기회가 자주 있는데, 이러한 의견들이 실제 회사의 의사 결정에 많이 반영됩니다. 'STX소울'이라는 프로게임단 창단, 서울역 앞에 위치한 STX 본사 건물 설립 등이 그 예라고 할 수 있습니다.

취업 준비기

사실 제가 입사한 2007년에는 STX의 인지도가 훨씬 낮았습니다. 호기심에 채용설명회에 참석했다가 STX의 역동적인 성장세에 반해, 이곳에 가면 뭔가 내 손으로 일을 낼 수 있겠구나 하는 생각이 들었습니다. 물론 STX에만 지원서를 낸 것이 아니어서, 몇 군데 대기업을 두고 잠시 고민했습니다. 하지만 STX에는 뭔가 묘한 매력이 있었습니다. 완제품 장난감보다는 조립식 장난감에 더 흥미를 느끼게 되는, 그런 도전의식 같은 것이었습니다. 때마침 회사에서 부모님을 초청하는 행사가 있었는데 회사의 비전에 대한 설명을 들으신 부모님도 저의 STX 입사에 흔쾌히 찬성하셨습니다.

인사팀에 지원한 동기는 이렇습니다. 대학교 3학년 여름방학 때 LG

디스플레이 인사팀에서 6개월가량 인턴 실습을 했습니다. 그런데 하루하루 생활이 아주 즐거웠고, 일이 정말 재미있었습니다. 그때 HR가 나의 길이라고 느꼈고, 학교로 돌아와서 HR 관련 전공 수업을 모두 들었습니다. 결국 HR 관련 경험과 일에 대한 열의, 관련 지식을 어필한 것이 입사의 비결이라고 생각합니다.

하고 싶은 일을 찾는 것도, 하고 싶은 일을 하는 것도 말처럼 쉽지는 않습니다. 그런 의미에서 보면 저는 운이 좋은 편이라고 생각합니다. 대학생 때의 공모전 경험이 디딤돌이 된 것 같습니다. 대학교 2학년 때 현대자동차 'Be Global Friends' 공모전 본선에 나간 적이 있습니다. 인도 시장에서의 회사 이미지 개선 방안이 주제였는데, 운좋게도 최종 면접까지 보았습니다. 프레젠테이션을 하는 줄 알았는데 인성 면접만 치렀습니다. 그때 면접관이 "우리가 당신을 왜 인도에 보내줘야 되느냐"고 갑작스럽게 묻는데 미처 대답을 못했습니다.

그때의 실패 아닌 실패가 저의 열정에 불을 지핀 계기가 되었습니다. 대학교 2학년 때니까 취업 시장에 뛰어들기까지 시간이 있었습니다. 그래서 충분히 준비하고 역량을 키우는 데 집중했습니다. 우선 학업에 열중하여 어느 정도 학점을 높였고, 경력 관리를 위해 대기업 인턴 실습을 했으며, 영어 어학연수를 다녀왔습니다. HR 관련 학습도 열심히 해나갔습니다. 물론 노는 것도 빼놓지 않았습니다. 여담이지만, 결국 그 자동차 회사에도 합격했습니다.

첫번째, 지피지기 즉 입사를 원하는 회사 및 직무를 분석하고 자신의 적성과 능력을 잘 파악할 필요가 있습니다. 그리고 자신과 가장 잘 맞는 직무를 선택하고 준비하는 것, 이것이 가장 중요합니다. 그런데 이런 것은 가만히 있는다고 쉽게 찾아지지 않습니다. 평소에 많은 경험을 하고 다양한 사람을 만나봐야 합니다. 또한 학교에도 적성 검사, 취업 특강, 멘토링 등 많은 프로그램이 여러분을 기다리고 있을 것입니다. 이런 프로그램에 적극 참여하여 찾아내려는 노력을 해야 합니다.

두번째, 지원하고자 하는 회사의 입사지원서를 미리 작성해보는 것입니다. 여러분이 STX에 입사하고 싶다면 우선 회사가 만들어놓은 게임의 룰을 이용할 필요가 있습니다. 인터넷을 이용하면 STX 입사지원서 양식을 구할 수 있습니다. 거기에 나오는 모든 항목이 STX에서 중요시하는 것들입니다. 입사지원서를 미리 작성해보면 딱 두 가지 항목으로 나눌 수 있습니다. 지금부터 바꿀 수 있는 것과 바꿀 수 없는 것. 미리 시작할수록 바꿀 수 있는 것이 많아집니다. 지원을 하기 전에 그것들을 채워넣기만 하면 됩니다.

세번째, 회사에 대한 애정을 보이는 것입니다. 채용 방식에는 그 회사의 문화 및 역사가 녹아 있는 경우가 많습니다. STX는 그룹의 성상세와는 달리 일반인의 인지도가 많이 낮은 편에 속하지만 텔레비전에 신입 사원 채용광고를 낼 정도로 인재 채용에 관심이 많은 기업입니다. 그렇기 때문에 회사에 애정이 많고 STX의 비즈니스에 대해 이해도가 높은 지원자가 예뻐 보이는 것은 당연한 일입니다. 실제로 프레젠테이션 면접에서는 STX 관련 문제가 주로 출제되기 때문에, STX에 대해 많은 정보를 가진 지원자가 유리할 수밖에 없습니다.

제가 취업 준비기에 공모전 면접에서 "우리가 당신을 왜 인도에 보내줘야 되느냐"라는 질문에 적당한 대답을 못했다는 이야기를 한 적이 있습니다. 기업에서 사람을 뽑는 과정은 결국 "우리가 이 많은 지원자 중에 왜 이 사람을 뽑아야 하지?"라는 질문에 답을 얻기 위한 과정이라고 생각하면 됩니다.

들어가고 싶은 회사가 있습니까? 그러면 그 회사에서 던지는 질문에 명쾌한 답을 할 수 있도록 노력해야 합니다. 그럴수록 회사에서 당신을 뽑고 싶어 안달이 날 겁니다.

그리고 마지막으로 한 가지 더 말씀드리고 싶습니다. 요즘 기업은 사회성과 인성을 중요시합니다. 합숙 면접, 인턴 실습, 등산 면접 같은 제도를 괜히 도입하는 것이 아닙니다. 대학생답게 많은 경험을 하고, 여러 사람과 어울려보고, 후회 없이 놀아보기도 했으면 합니다. 이런 과정 역시 중요한 취업 준비이기 때문입니다.

자신과의 대화를 통해 확신을
갖는 것이 창업의 핵심

최지욱
감성인터내셔널 코페아커피 대표
서울고등학교 졸업

우리 회사는 커피 생두를 원산지에서 수입하여 코페아커피 제조 공장에서 로스팅한 후 제품화해서 납품하는 회사입니다. 또 브랜드를 살려서 커피숍 체인을 운영하고 있습니다. 직영점과 가맹점 형태로 구성되어 있으며, 우리의 장점을 살려 커피 아카데미를 운영하며 바리스타도 양성하고 있습니다.

우리 카페에는 다른 커피 전문점과 구분되는 특별한 공간이 있습니다. 바로 젊은 작가들의 전시 공간입니다. 손님이 커피를 주문하고 바리스타가 커피를 만드는 약 1분 정도의 시간에 손님들이 볼거리가 있으면 좋겠다는 생각에 기획을 했습니다. 젊은 작가는 정말 많고 그분들이 전시를 하려면 꽤 비싼 대관료를 지불해야 하는데, 전시 공간을 무료로 대관해주고 손님에게는 볼거리를 제공하여 서로 부담을 줄이자는 취지로 마련하게 되었습니다. 손님들의 반응은 아직까지는 반반입니다. 아는 분도 있고 모르는 분도 있습니다. 어쩌면 우리의 생각이 너무 이르지 않았나 싶기도 합니다.

창업 과정

저는 작곡을 전공하다가 그만 포기했습니다. 제가 회사를 만들어야겠다고 다짐한 후 구체적인 계획을 세워 가까운 후배에게 연락했더니, 흔쾌히 함께하겠다고 했습니다. 그 후배는 전역 후에 진로를 고민하던 중이었습니다. 함께 일하며 제게 많은 것을 깨닫게 해주고 경험하게 해준 후배는 지금은 전문 바리스타가 되었고, 국가대표로 바리스타 선발전에 출전해 1위를 하기도 했습니다.

창업을 결심하기까지는 고민도 많았습니다. 커피가 현대인의 필수 기호식품이라지만 그렇기 때문에 경쟁업체도 많은데다 외국계 대형 프랜차이즈 업체도 많아서, 좋아한다는 이유만으로 쉽게 창업할 수 있는 분야는 아니었습니다. 그러나 음악 이외에 제가 좋아하는 것이 무엇이 있을까 생각해보니, 서비스업이 제 적성에 맞는다는 생각이 들었습니다. 좋은 음악이 사람들에게 감동을 줄 수 있는 것처럼, 감동을 주는 서비스를 하고 싶었습니다. 그래서 평소 즐기던 커피를 창업 아이템으로 삼았습니다. 물론 커피는 창업하기에 쉬운 아이템이면서도 까다로운 것이 사실입니다. 하지만 가장 중요한 것은 열정이라고 생각했습니다. 커피에 대한 열정이 지금 저를 이 자리에 있게 했고, 또 새로운 꿈을 꾸고 계획하게 만드는 것 같습니다.

그리고 한 잔의 커피가 맛있게 느껴지고, 좋은 커피라고 느끼게 하려면 많은 것을 필요로 한다고 생각했습니다. 먼저 그 맛을 알기 위해 열린 마음으로 커피를 공부해야 했고, 멋스러운 공간을 만들기 위해 디자인 공부도 했습니다. 음악 선곡에도 신경을 썼습니다.

2007년 자그마한 제조 공장, 작은 커피 매장, 교육장으로 문을 열고 4년이 조금 지난 지금은 해외 매장을 포함하여 25개 매장이 있으며, 공장 설비도 여섯 배로 늘렸습니다. 연매출은 각 매장 매출을 합산하면 약 60억 원 정도가 됩니다.

창업을 꿈꾸는 이들에게

창업을 준비할 때는 남에게 조언을 구하는 것도 중요하지만 무엇보다도 자신과 대화를 많이 해야 한다고 생각합니다. 정말 하고 싶은지 할 수 있는지 자신에게 충분히 물어본 다음 결심하고 나서는 철저하게 준비해야 합니다. 시장 조사, 자료 조사부터 꼼꼼히 시작하면서 꿈을 향해 조금씩 속도를 내야 합니다. 제 경우에는 사실 지푸라기라도 잡아야겠다는 심정으로 지금껏 죽을힘을 다해 열심히 해오고 있습니다. 조금 덜 놀고 조금 덜 자고 하는 것이 습관이 되어버린 것 같습니다. 회사에 들어가서 배우겠다는 생각도 좋지만, 저는 크든 작든 무조건 창업을 권합니다. 동기부여가 되기 때문입니다.

특히 저처럼 커피와 관련한 창업을 준비하는 분들에게 꼭 드리고 싶은 말은, 열린 마음으로 커피를 접하라는 것입니다. 또한 커피와 관련된 다양한 사업이 있기 때문에 여러 각도로 커피를 바라봤으면 하는 마음입니다.

에피소드

저희의 작은 행동이 누군가의 큰 기쁨이 되었을 때 큰 보람을 느낍니다. 창업한 이래 저와 동료들은 급여의 5%를 모으며 커피 생산지의 한 농장과 꾸준히 왕래하고 있습니다. 커피 농가들은 너무나 빈곤한데, 그 처참함은 말로 다 표현할 수가 없기 때문입니다. 그래서 그 농가에 아주 큰 도움은 못 되겠지만, 저희가 모은 돈으로 커피 농가 아이들의 학용품과 의약품을 사거나 집을 짓는 일 등을 하고 있습니다. 집이 완성되었을 때 그들이 기뻐하던 모습은 정말 감동적이었습니다. 언젠가 커피 농장 관계자께서 이런 말씀을 하시더군요. 이곳은 전 세계 커피 회사에서 한 번씩은 오는 곳인데 저희 회사만 이런 일을 한다면서 정말 고맙다고, 그리고 농부들도 몹시 고마워한다고 말입니다. 그 말에 마음이 저릿저릿했습니다. 안쓰러워서 돕는다기보다 당연히 해야 할 몫이라고 생각합니다. 그리고 한말씀 더 덧붙이자면, 커피 한 잔이 나오기까지 수많은 사람이 고생하므로 커피 마실 때 절대로 남기지 않았으면 좋겠습니다.

아직은 알아주는 곳이 많지 않지만 5년, 10년 뒤에는 전 세계 모든 사람이 커피 하면 코페아커피라는 브랜드를 떠올릴 수 있도록 바쁘게 움직이고자 합니다. 그리고 가난한 커피 농부들처럼 어려운 상황에 처한 사람들에게도 기회를 주고 싶습니다. 그러려면 지금보다 더 바쁘게 살아야 할 것 같습니다. 취업을 준비하는 분들에게 로레알에 관한 책에서 보았던 문구를 소개합니다.

"시인처럼 상상하고 농부처럼 일하라." 상상만으로 끝내서는 안 됩니다. 그렇다고 상상도 하지 않은 채로 일만 하는 것도 곤란합니다. 얼마든지 자유롭고 느긋하게 꿈꾸고, 부지런히 움직이시기 바랍니다.

소신을 가지고 재능과 적성을 살려보자

안상준
삼성 엔지니어링 토목건축팀 대리
애리조나 주립대학교 토목공학과 졸업

삼성 엔지니어링은 1970년에 설립된 대한민국 최초의 엔지니어링 회사입니다. 엔지니어링 분야는 플랜트 사업 및 시설물 연구, 기획, 타당성 조사, 감리, 시운전, 유지 보수를 진행하고 관리하는 전문 영역을 말합니다. 플랜트 사업을 전문으로 하는 업체의 특성상 해외에서 이루어지는 프로젝트가 대부분이며, 시장 확장 및 사업 다각화에 많은 노력을 기울이고 있습니다.

저는 이곳 에너지 사업본부 토목건축팀에서 토목설계 엔지니어로 일하고 있습니다. 현재 말레이시아 사바 오일·가스 터미널 프로젝트 Sabah Oil & Gas Terminal Project의 토목설계 담당자로서 프로젝트 업무를 수행하고 있습니다. 주요 업무는 정유 및 화공 플랜트 기기의 콘크리트 기초 구조물 설계 및 배수 설비, 교량과 도로, 접안 시설 같은 플랜트의 토목 시설물 설계입니다.

취업 동기

전공을 살려 엔지니어링 업계에서 경력을 쌓고 싶었는데, 그중에서도 삼성 엔지니어링을 선택한 구체적인 이유를 들어보자면 세 가지로 요약할 수 있습니다.

첫째, 실무자에게 많은 기회가 주어지겠다는 생각이 들었습니다. 엔지니어링업은 그 특성상 엔지니어 개개인의 경험과 역량이 프로젝트의 성공에서 많은 부분을 차지합니다. 학교에 다니면서 세계를 무대로 활동하고 싶다는 생각을 많이 했는데, 삼성 엔지니어링은 매출의 90% 이상이 해외에서 발생하고 있습니다. 이러한 사업의 특성과 해외시장 진출 가능성이 매력적으로 느껴졌습니다.

둘째, 토목공학을 전공하면서 시공 건설사 현장기사에서 나아가 설계 엔지니어로 성장하고 싶었습니다. 플랜트 분야는 각각의 시설물 규모는 작을 수 있지만, 프로젝트를 진행하며 다양한 토목 관련 시설물 설계를 직접 접해볼 수 있는 장점이 있습니다. 또한 설계 엔지니어는 다양한 분야를 다뤄야 하기 때문에 항상 공부해야 하는데, 실무자의 실력 향상을 위해 회사가 지원을 많이 해준다는 점도 회사 선택의 동기가 되었습니다.

마지막으로, 먼저 입사한 선배를 통해 들은 기업 문화가 마음에 들었습니다. 사람이 최고의 자산인 엔지니어링업의 특성상 자기계발을 강조합니다. 구성원 각자가 자신의 분야에서 전문 엔지니어로 업무를 수행하기 때문에 일반 제조업 회사에 비해 분위기가 자유롭습니다. 또한 전문성이 강조되다보니 담당 업무에 대해서는 직급에 관계없이 본인 의견을 표현하는 데 거리낌이 없습니다. 저 역시 신입 사원 시절 업무에 대한 의견을 내놓으면서, 내가 이렇게까지 이야기해도 되나 싶은 경우가 있었습니다. 자신의 의견이 반영되어 업무가 진행되면 책임감으로 마음이 무겁지만 보람도 그만큼 크다는 것을 겪어본 사람들은 알 것입니다.

취업 전략

엔지니어링 회사 취업과 관련하여 일반적인 지원 자격은 플랜트 사업을 하는 회사들 홈페이지에서 쉽게 확인할 수 있습니다. 삼성 엔지니어링을 기준으로 설명하자면, 거의 모든 업무가 외국어로 진행되기 때문에 어학 능력이 필수입니다. 저 역시 앞서 말씀드린 대로 세계 무대에서 일하고 싶다는 생각을 가진 뒤부터 꾸준히 외국어 공부를 했습니다. 점수를 따기 위한 공부가 아니라 외국 문화와 언어에 대한 거부감을 없애고 외국인과 의사소통을 원활히 하고 싶어서 시간이 날 때마다 신문이나 텔레비전 같은 미디어를 통해 외국어를 사용하는 환경에 자연스럽게 적응하고자 했습니다. 또한 실력은 부족했지만 번역 자원봉사나 펜팔을 통해서 외국어를 많이 써보고 말하고자 했던 노력이 현재 회사 업무를 하는 데 큰 도움이 되고 있습니다.

직업을 선택할 때, 본인이 하고 싶은 일이 있고, 잘할 수 있는 일이 있고, 해야 하는 일이 있는 것 같습니다. 저도 입사하고 보니 일과 적성의 상관관계가 보이는 것 같습니다. 몇 가지 회사 업무에서 예를 들어보면, 엔지니어링 분야의 설계 업무를 담당하려면 매우 꼼꼼해야 합니다. 한편 프로젝트 관리는 업무 전체를 관장해야 하기에 관계 형성이나 소통을 잘해야 하고 넓은 시야로 일을 바라볼 수 있어야 합니다. 그리고 공사 직무는 해외 현장에 대한 두려움이 없고 체력과 리더십을 갖춘 사람이 적합합니다. 같은 회사라도 직무에 따라 요구되는 자질이 다르기 때문에, 이러한 것들도 충분히 고려하면서 준비하는 것이 좋다고 생각합니다. 입사 전 회사 밖에서 바라보던 업무와 입사 후 직접 겪어본 업무는 서로 다르기에 일에 대한 비전이 바뀔 수도 있는데, 우리 회사는 입사 후에 직무 변경을 신청할 기회가 있어 임직원의 역량을 최대한 발휘할 수 있습니다. 입사 전 업무에 대해 조사하는 것도 중요하겠지만, 직무를 변경할 수 있는지 확인해보는 것도 필요합니다.

학창 시절에 취업을 준비하는 것도 필요합니다만, 취업 자체를 녹석으로 학교에 다니는 것은 가치 전도가 아닐까 합니다. 저는 학교에 다니면서 취업 자체를 염두에 두고 공부하지는 않았습니다. 비교하는 것을 별로 좋아하지 않아 다른 사람들이 하는 대로 무작정 따라 해본 적도 없습니다. 학창 시절에 무엇을 하고 싶은지 그리고 그것을 하려면 어떤 경험이 필요한지 많이 생각했고, 그에 필요한 경험을 쌓으려고 했습니다. 전공 지식 자체를 많이 아는 것보다 하나라도 이해하는 것이 중요합니다. 제 경우는 학교 동아리 활동을 통해 콘크리트 카누Concrete Canoe라든가 강교Steel Bridge 모형을 직접 만들고 시험해보는 활동을 하면서 전공 지식에 대한 이해도를 높이며 흥미를 키웠습니다.

또한 의미 있는 경험을 하라고 말씀드리고 싶습니다. 여행이든 봉사 활동이든 본인만의 이야기를 만들 수 있는 경험은 어떤 형태로든 인생의 자양분이 됩니다. 저는 자원봉사 활동을 다양하게 한 편입니다. 그중에서 'Habitat for Humanity(사랑의 집짓기)'라는 활동이 의미 깊었고, 제 전공과도 관련이 있어 지금의 회사에 입사하는 데 도움이 된 것 같습니다. 간접적으로나마 건설 현장을 경험하며 제가 하려는 일에 대해 생각해보고 부족한 점을 돌아볼 수 있었고, 봉사 활동에 참여한 여러 사람들과 함께 지내며 대인관계와 커뮤니케이션 방법에 대해서도 많은 것을 배웠습니다. 그런 경험은 취업 자체는 물론이고 이후 사회 생활에도 많은 도움이 되고 있습니다.

대학 졸업을 앞둔 마지막 학기에 '6개월 뒤에 내가 어디에 있을까'라는 생각을 하며 막막해하던 기억이 떠오릅니다. 그때 친한 친구가 "언제인지는 모르겠지만, 어디든 가게 되어 있으니 너무 조급하게만 생각하지 말고 차분히 준비하고 기다려라"라는 조언을 해주었습니다. 덕분에 제 소신을 유지하면서 진로를 결정하고 지금까지 온 것 같습니다.

"취업은 끝이 아니라 시작이다"라고 말씀드리고 싶습니다. 일찍 취업했다고 반드시 인생에서 이기는 것은 아니며 늦게 출발한다고 해서 반드시 지는 것도 아니라는 것을 사회 생활을 통해 느끼고 있습니다.

자만하지도 말고 또 절망하지도 말고 지금 눈앞에 보이는 경계선을 뒤바꿀 수 있다는 소신을 가지고 노력하면 꿈을 펼칠 좋은 기회가 여러분에게 열릴 것이라고 믿습니다.

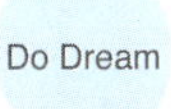

겉으로 보이는 것보다
실질적 성장을 생각하자

김덕호
SLS Company Co., Ltd. 이사 · 세일즈 앤드 마케팅 팀장
한국외국어대학교 서반어학과 졸업

SLS Company는 제가 모 기업에서 일할 때 인연이 되었던 분들과 구상하고 준비하여 2009년 12월 창업한 무역회사입니다. 현재 주요 아이템은 냉동 수산가공품이며, 돼지고기 및 커피 등의 수입을 준비하고 있습니다. SLS는 'Sky Land Sea'의 약자로, 특정한 영역 없이 모든 아이디어로 비즈니스를 창출하고자 합니다.

저는 마케팅 팀장을 맡고 있으며, 베트남과 중국에 지사 및 파트너를 두고 냉동 수산물을 수출입하고 있습니다. 해외 바이어 상담을 통해 베트남·중국·한국 냉동 수산물을 유럽·미국·남미 등지에 수출하고 있으며, 동시에 매월 매출 계획 및 관리를 책임지고 있습니다. 또한 창업

주주로서 앞으로 추진할 신규 비즈니스 모델을 구상하고 있습니다. 대표이사, 중국 지사장 그리고 제가 이사회를 이루고 있습니다.

기업 문화

SLSC는 단순히 이익만을 목적으로 하는 영리회사가 아닙니다. 함께하는 모든 구성원이 지속적으로 새로운 사업 개발을 추진하도록 독려하고 있습니다. 그렇기에 도전의식이 강하고 에너지와 열정이 넘치는 인재를 찾습니다. 일정 기간을 거쳐 매니저로 활동하기 시작하면서부터는 최고의 대우를 보장할 뿐만 아니라 새로운 사업 추진의 권한과 책임을 부여합니다. 복지 및 성과 제도는 지속적으로 만들어가고 있습니다.

창업 동기

이전에 저는 대기업에서 일했습니다. 안정된 직장을 그만둔 후 창업을 결정하는 것이 쉽지만은 않았습니다. 하지만 제 미래 모습이라 알 수 있는 회사 간부들의 업무 및 만족도가 그리 긍정적으로 보이지 않았습니다. 또한 언젠가 '내 사업'을 하겠다고 구상하고 있었기에 몇 년 더 일하다 퇴사하는 것은 큰 의미가 없다고 생각했고, 직접 사업에 뛰어들고자 했습니다. 사실 처음부터 대기업을 선호하지 않았지만 경험과 경력 관리 차원에서 입사했습니다. 덕분에 업무 시스템에 대해 많이 배웠고, 인맥도 넓힐 수 있었습니다.

중소기업의 창업 주주가 아닌 직장 선배로서 말씀드리자면, 중소기업에서 폭넓은 업무를 배우고 전문 지식을 쌓으면 대기업이든 창업이든 힘들 것이 없습니다. 저 역시 중소기업에서 시작해서 대기업을 거쳐 현재의 위치에 이른 것입니다. 처음 중소기업에서 무역의 기본을 익혀 그것을 바탕으로 대기업 해외 마케팅 업무를 맡았습니다. 겉으로 보이는 것에 얽매이지 않고 스스로 자신의 일을 개척해간다고 생각한다면, 대기업보다는 중소기업에서 더 많은 기회를 찾을 수 있다고 생각합니다. 또한 어디서든 실력을 인정받으면, 승진과 연봉은 저절로 따라옵니다. 실제로 저는 대기업에서 일할 때 연봉보다 중소기업 시절 연봉이 더 높았습니다. 지금은 기본 연봉 이외에 연말 매출 및 손익 수준에 따라 추가수당을 받습니다. 내가 일한 만큼, 성과를 낸 만큼 돈을 버는 것입니다.

대기업과 중소기업은 규모의 잣대로 사회가 만든 분류입니다. 또한 한국에서 유독 의미 있는 분류이기도 합니다. 본인이 어떤 성향이며 추구하는 것이 무엇인지 먼저 판단할 필요가 있습니다. 중소기업에서는 많은 인재를 필요로 합니다. 여러분의 힘찬 도전을 기다립니다.

맞춤 준비를 통한 취업 성공기

박다혜
GE FMP
전 삼성전자 재무팀
서강대학교 경영학과 졸업

대학 생활

저는 예전에 삼성전자 재무팀에서 세무 파트를 맡아 근무했습니다. 세무 파트는 사업부 내에서 발생하는 모든 비용에 대한 세금을 책정하여 처리하며, 결산을 위한 세무 보고를 진행하는 역할을 합니다. 제 전공을 살려 입사한 만큼 즐겁게 일했고, 담당 업무 외에도 다양한 분야에 관심을 갖고 자기계발을 위해 노력했습니다.

물론 전공을 살려 취업하기까지 방황과 어려움이 있었습니다. 저는 조기 졸업을 했지만 졸업 후 취업하기까지는 결코 순탄치 않았습니다.

3년 반의 대학 생활은 제게 많은 것을 가져다주었습니다. 경영학과 학생 활동보다는 영어 조교로 일하면서 많은 사람과 다양한 생각을 교류했고, 제 가치관을 확립할 수 있는 인생의 큰 전환점을 겪었습니다. 대학 생활을 하면서 연합 동아리 활동이나 공모전을 통해 해외여행도 마음껏 다녔고, 그러면서 기업법 전문가가 되고 싶다는 막연한 생각에 미국 로스쿨 진학을 준비했습니다.

일 년 남짓 혼자 미국에서 공부했던 기간에도 많은 것을 배우기는 했지만 너무나 외롭고 힘들었습니다. 아무런 소속감 없이 세상에 내던져졌다는 생각이 들 때도 많았습니다. 하지만 그럴수록 악착같이 매달려 10개 대학에 지원을 한 후, 한국에 돌아왔습니다. 그중 두 군데로부터 입학 허가를 받았으니, 지금 생각해보면 결과가 그리 나쁜 편은 아니었습니다. 하지만 로스쿨 진학을 포기했습니다. 무엇보다 부모님의 반대가 있었습니다. 부모님은 딸이 타지에서 고생하기를 원치 않으셨고, 안정적으로 생활하기를 바라셨습니다. 그리고 저 역시 전공인 경영학을 뒤로하고 로스쿨에 진학해 법을 공부하는 것이 옳은 결정인지 확신을 갖지 못했습니다. 어릴 적부터 가져왔던 경영에 대한 꿈을 저버리는 것 같은 생각이 들어, 결국은 로스쿨 진학을 포기했습니다.

진학을 포기했으므로 일 년의 시간이 아깝다고 생각할 수 있지만, 대가는 분명히 있었습니다. 영어로 된 시험 중 가장 어렵다는 로스쿨 입학시험을 준비하면서 영어 실력이 엄청나게 늘었습니다. 그래서 취업을 하기 위해 처음 본 토익에서도 만점을 받을 수 있었습니다. 또 혼자 지내면서 자립심을 기를 수 있었습니다. 그리고 무엇보다도 제가 하고 싶었던 공부를 후회 없을 만큼 끝까지 해보았기에, 전혀 그 시간이 아깝거나 후회스럽지 않았습니다. 또 조기 졸업을 했기에 남보다 반년 앞서 있어서 시간을 낭비했다는 생각도 들지 않았습니다. 아마 다시 돌아간다고 해도 같은 길을 걸었을 것입니다.

취업 과정

로스쿨 진학을 포기한 후 바로 구직 활동을 시작했습니다. 하지만 무엇 하나 제대로 준비하지 못하고, 급하게 취업 시장에 뛰어들었던 것 같습니다. 부랴부랴 토익을 봤고 부랴부랴 인턴 생활을 시작했습니다. 좋은 영어 점수 덕택에 대기업에서 인턴 생활을 하게 되었지만, 하고 싶은 일이 무엇인지 또 직업 선택의 중요성이나 방법에 대해서도 정확히 인지하지 못했습니다. 그렇게 또 겨우 몇 개월을 보내고 하루에 한 곳씩 입사지원서를 썼습니다. 그러나 지원하는 회사마다 자기소개서를 매번 다르게 수정하여 지원했습니다. 어디에든 통하는 '박다혜'에 대한 소개서가 아니라 기업 하나하나를 위한 '박다혜'의 소개서를 만들려고 노력했습니다.

취업의 'ㅊ'도 몰랐던 제게 가장 큰 도움을 준 이들은, 함께 취업을 준비한 스터디 친구들이었습니다. 스터디를 통해 이전에는 알지 못했던 취업에 대한 실질적인 정보를 얻었습니다. 취업 스터디는 매일 모여서 서로의 자기소개서와 자료를 이용해 모의 면접을 해보고 정보를 공유했습니다. 지원서나 자기소개서는 스스로 아무리 고쳐봐야 객관적인 평가를 내릴 수 없기에 스터디 친구들에게 보여주고 신랄한 비판을 받으며 거듭 수정한 것이 큰 도움이 되었습니다.

무엇보다도 중요한 것은 그 무렵 제가 원하는 직무가 무엇인지 확신을 갖게 되었다는 것입니다. 경영학을 공부하면서 제가 가장 좋아하고 잘할 수 있다고 생각한 일이 재무였습니다. 따라서 지원하는 모든 기업은 항상 재무 직군으로 고정되었습니다. 그렇게 일관성을 가지고 지원했기 때문에 자료와 정보를 수집하는 데 많은 도움이 되었습니다.

재무 직군에 취업하려고 그 밖에도 몇 가지를 준비했습니다. 먼저 매일 아침 경제신문을 읽었습니다. 그렇게 사회적 이슈에 대한 정보를 수집했고, 또 제 생각을 정리해 글을 써보기도 했으며, 삼성경제연구소나 엘지경제연구소 등 경제연구소의 연구 논문들을 읽으며 경제 동향을 파악했습니다. 그리고 지원한 회사별로 각 회사의 재무 이슈와 업계 소식에 대해 지속적으로 자료를 수집하여 분석해두기도 했습니다. 이런 노력 덕분에 지원했던 기업 대부분에 합격했습니다. 합격한 기업 중에서 삼성전자를 선택해 입사했고, 삼성전자에서 쌓은 경력을 바탕으로 현재는 GE에서 근무하고 있습니다.

취업에 특별한 비법은 없습니다. 다만 하고 싶은 일을 찾고, 입사하고자 하는 기업의 인재상을 잘 파악해 자신의 특화 분야를 부각하고, 직무적성평가, 토론평가, 인성평가 등 기업별 채용 과정을 꼼꼼하게 검토해서 준비한다면 좋은 결과가 있을 것입니다. 그리고 원하는 기업에

서 원하는 일을 한다고 끝이 아닙니다. 저 역시 입사 후 새로운 분야를
접하면서 또다시 새로운 꿈을 꾸고 있습니다.

Do Dream

깨알 같은 경험이 모여
경쟁력이 된다

박소은
제일기획 BTL 캠페인팀
고려대학교 노어노문학과 졸업

제일기획은 전 세계 주요 국가에 거점을 보유한 글로벌 광고회사입니다. 사실 저는 광고회사라는 말보다는 '마케팅 커뮤니케이션 회사'라고 우리를 표현하고 싶습니다. '아이디어 회사'라고 말할 수도 있겠고요. 우리 회사는 단순히 텔레비전, 라디오, 잡지 광고만을 만드는 회사가 아닙니다. 물론 광고가 제일 큰 부분을 차지하지만, 광고주의 상황에 맞는 '마케팅 솔루션'을 찾는 것이 무엇보다 중요합니다. 그 솔루션은 광고가 될 수도 있고 온라인 캠페인이 될 수도 있고 대규모 행사 개최가 될 수도 있습니다. 목표와 현재 상황에 부합하는 전략을 짜고 새롭고 창의적인 아이디어를 내고 또 그 아이디어를 실행하면서 새로운 가치를 창조하는 것이 우리의 일입니다.

현재 저는 BTL 캠페인팀에서 일하고 있습니다. 마케팅을 공부한 분들은 책에서 보았겠지만, BTL은 'Below The Line'의 준말입니다. ATL(Above The Line)이 텔레비전, 라디오, 신문, 잡지 등의 매체에 실리는 광고를 말한다면, BTL은 그것을 제외한 나머지 마케팅 커뮤니케이션 활동을 말합니다. 올림픽 스폰서십과 같은 스포츠 마케팅이 될 수도 있고, 전시회나 엑스포 개최가 될 수도 있고, 트위터와 페이스북을 활용한 온라인 캠페인, 언론을 통한 홍보 등 그 영역은 무궁무진합니다.

기업 문화

보통 광고회사의 분위기는 자유로울 것이라고 생각하는 분이 많은데, 실제로 자유롭습니다. 큰 기업이다보니 제일기획에는 연차가 높은 선배도 많지만, 나이에 상관없이 자유롭게 의사를 표현하는 사람도, 개성 있는 복장을 하는 사람도 상대적으로 많습니다. 직급을 모두 '프로'라고 통일한 것도 이러한 자유로운 분위기를 반영한 것이기도 합니다. 제일기획에서는 사장도 프로, 신입 사원도 프로라고 부릅니다. 이태원 본사 건물 계단은 층마다 센스 넘치는 벽화를 그릴 수 있는 사내 갤러리로 활용하고 있고, 아이디어가 샘솟는다는 의미의 'I-SPA'라는 공간은 만화책을 포함한 일반 단행본, 안마의자 등이 구비되어 직원들의 쉼터가 되고 있습니다.

광고업계 취업을 위한 노력

생각해보면 저는 일과 삶이 구분되는 듯하면서도 교묘하게 하나인 삶을 사는 것 같습니다. 우리네 '마케팅' 일이 그런 것 같습니다. 저는 다양한 분야에 관심이 많습니다. 사진 전시회도 즐겨 찾고, 재즈에서 뮤지컬, 일렉트로니카까지 음악도 다양하게 듣습니다. 요즘엔 드럼을 배우는데 올해 안에 공연을 해보는 것이 목표입니다. 야구나 축구 같은 스포츠도 챙겨 보고 국내외로 여행도 틈틈이 열심히 갑니다. 술과 음식, 디자인과 온라인 커뮤니케이션에도 관심이 많습니다. 독서도 다양한 주제를 넘나들며 즐깁니다.

길지는 않지만 제 회사 생활을 돌아보니 이러한 관심사 하나하나가 바로 취업과 직결된다거나 업무 성과와 직결된다고 볼 수는 없겠지만, 세상에 대한 관심, 경험 그리고 다양한 활동에서 만나는 사람들이 차곡차곡 쌓여 귀중한 자산이 되는 것 같습니다. 여러분도 다양한 경험을 통해 삶의 폭을 넓혔으면 좋겠습니다. 주변의 작은 것에도 호기심을 가지고 끊임없이 배우고자 하는 자세로 여행하듯 하루하루를 최선을 다해 즐겼으면 합니다.

멋진 멘토처럼 보이지 않을지는 모르겠지만 저는 어렸을 때부터 '광고회사에 들어가야지!' 하고 한길만 보고 걸어온 것은 아닙니다. 사실 대학교에 다닐 때는 직업에 대한 구체적인 그림을 그리지 못했습니다. 광고, 홍보, 마케팅 분야에서 일해보고 싶은 마음은 한결같았지만 뒤돌아보니 구체적이진 못했던 것 같습니다. 실제적인 정보가 부족하기도 했고 그만큼 제 노력이 부족하기도 했습니다. 요즘 대학생들을 보면 인턴십도 열심히 하고 온오프라인에서 정보를 얻는 방법도 굉장히 다양한 것 같아 대단하다고 느낄 때가 많습니다.

그렇지만 또 한편으로 혹시 제 글을 보는 후배 중에 자신이 그리는 꿈이 아직 구체적이지 못한 것 같아 불안한 이가 있다 해도 그렇게 좌절할 필요는 없다고 꼭 말씀드리고 싶습니다. 다만 최선을 다해 도전하고 부딪쳐보길 바랍니다. 다양한 경험과 시행착오 속에서 모호했던 꿈이 조금씩 구체화되는 것을 느끼는 날이 반드시 올 거라고 믿습니다. 저도 이제 8년차이니 긴 경력은 아닐지언정 지금까지 해온 일은 참 다양했습니다. 신규 사업 전략기획부터 온라인 광고, 언론 홍보까지. 늘 새로운 것을 배워야 했고 그래서 남몰래 힘들어한 적도 있었습니다. 그렇지만 참 신기하게도 그 작은 순간순간의 경험이 모여 나만의 노하우가 되었습니다. 아마 경험해본 분들은 그 기분을 알 것입니다. 마치 내가 이 일을 하려고 이 사람을 만나려고 예전에 그 경험을 했구나 하고 무릎을 탁 치게 되는 기분 말입니다.

후배님들, 이 길이 맞을까 아닐까 고민만 하며 혹은 어떤 일을 시작하고 나서도 이래도 되나 안 되나 하며 미지근하게 사는 인생, 재미없지 않나요? 오늘 하루도 많이 도전하길! 가끔 실패해서 좌절하더라도 '다시 하면 되고' 정신으로 툭툭 털고 일어나는, 꿈꾸는 우리가 되었으면 합니다. Do Dream!

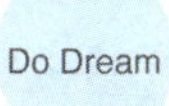

다양한 단체 활동을 통해
나만의 강점을 만들자

허훈
하나은행 리테일 사업부 대리
가계대출 금리전략 담당
서강대학교 신문방송학과 졸업

업무 소개

은행의 고객은 크게 기업과 개인으로 나뉘는데, 리테일retail 사업부
에서는 개인 고객과 관련한 각종 여수신 상품 및 서비스를 개발하고 나
아가 은행의 성장 전략을 수립합니다. 저는 그중에서 가계대출 부문을
담당하고 있습니다.

　금융권 취업을 위해 준비했던 것은 딱히 없었습니다. 당시에는 특별한 금융 관련 자격증도 없었고, 오히려 취업과 관련이 없는 과외 활동을 하느라 취업 준비도 다른 친구들에 비해 비교적 늦은 시기인 대학교 4학년이 되어서야 관심을 가졌습니다.

　저는 연극 동아리 활동을 했습니다. 그리고 제 전공은 신문방송학입니다. 매 학기 방학 동안 과 선후배들과 함께 연극을 준비했고, 개강 후에 교내 극장에서 공연했습니다. 저는 4학년 여름방학 때까지 연극을 했습니다. 취업과 연극은 상반된다고 생각할 수 있습니다. 저 역시 제 이력이 취업에는 크게 도움이 되지 않는다고 생각했습니다. 하지만 지금 돌이켜보면, 한 편의 연극을 위해 준비하는 과정에서 선후배들의 의견을 조율하고 공연을 홍보했던 경험이 취업뿐만 아니라 사회 생활에도 많은 도움이 되었습니다. 회사에서도 목표를 위해 여러 사람이 함께 일하는데, 연극 상연을 위해 많은 사람이 노력하는 과정과 유사합니다.

　동아리 활동만 하다가 취업을 준비하려 했을 때, 막막하기만 했습니다. 하지만 저는 취업 스터디에서 많은 것을 배웠습니다. 가까운 친구들과 하면 해이해지는 경우를 봐서, 교내 게시판을 통해 참가 인원을 모았습니다. 아무래도 전공도 다르고 친분도 없는 사람들이 모이다 보니 긴장감도 높고 취업 정보도 다양하게 얻을 수 있었습니다. 특히 모의 면접에서 제가 면접관이 되어보니 "이런 모습이 면접관에게 좋은 인상을 주는구나" 하는 아이디어도 많이 얻을 수 있었습니다. 물론 모의 면접이 좋은 결과를 보장해주지는 않습니다. 저도 수차례 실제 면접에서 떨어지고서야 면접에서 자신감을 찾을 수 있었습니다.

생각나는 면접 에피소드를 하나 말씀드리겠습니다. 제가 하나은행 면접을 보게 되었을 때, 수많은 면접자를 평가해야 하는 면접관들도 피곤할 거라는 생각이 문득 들었습니다. 그래서 비타민C를 챙겨서 들어갔습니다. 면접관이 몇 분이나 계실지 모르기 때문에 넉넉히 열 개 정도 챙겨서 들어갔고, 자기소개를 하게 되었을 때 소개에 앞서 비타민을 나누어 드렸습니다. 순간 면접관들의 표정이 부드러워지고 분위기가 편안해졌던 기억이 납니다. 나중에 합격자 발표 후 면접관이셨던 인사팀 담당자께서 엉뚱하지만 신선했다고 말씀해주셨습니다. 딱딱한 분위기에 주눅들기보다 분위기를 이끌 수 있는 다양한 시도를 해보는 것도 중요한 면접 전략의 하나라고 생각합니다.

취업 전략

요즘은 스펙 경쟁이 더욱 심해지는 것 같습니다. 저는 자기 진로를 위해 자격증을 준비하거나 공모전에 참여하는 것은 좋다고 생각합니다. 다만 본인이 생각하는 이상과 현실의 괴리가 발생하지 않도록 선배나 지인 들에게 끊임없이 의견을 구하고 점검하는 시간이 필요하다고 봅니다. 실제로 오랜 기간 준비해서 금융권에 입사한 분들 중에 입사 후 실제 업무가 본인이 생각해온 근무 환경 혹은 직무와 달라 실망해 떠나는 분들도 있습니다. 더불어 개인적으로 드리고 싶은 말은 다양한 단체 활동을 경험했으면 하는 것입니다. 어떤 활동도 좋습니다. 봉사 활동도 좋고 취미 생활도 좋습니다. 더 욕심을 내자면, 단순히 참가하는 것뿐 아니라 활동을 주도해본다면 더 좋을 것 같습니다. 회사에서는 다양한 사람과 협업을 하기 때문에 단체 활동 경험이 취업 준비과정만이 아니라 취업 후에도 도움이 될 것입니다.

2007년 서브프라임 모기지 사태, 2008년 리먼브라더스 파산, 2010년 유럽의 과도한 재정 적자 등 심각한 글로벌 금융 위기를 겪으면서, 금융권에서는 "Back to the basic(기본으로 돌아가자)"이라는 슬로건이 화두가 되고 있습니다. 금융권 취업을 준비하는 분들에게도 이 슬로건이 의미심장하지 않을까 생각합니다.

저도 아직 제 꿈을 이루어가는 과정에 있습니다. 사회 생활이 만만치 않아 매일 시행착오를 겪고 있습니다. 하지만 어제는 좋았던 일이 오늘은 안 좋아지기도 하고, 처음 나에게 해가 되었던 일이 나중에 도움이 되기도 합니다. 그래서 요즘에는 끝까지 가보지 않고는 아무것도 알 수 없다는 생각을 많이 합니다. 취업을 준비하는 분들, 혹은 취업에 이미 성공하신 분들 혹은 어떤 다른 꿈을 위해 노력하는 분들 모두 마음먹은 바는 중간에 포기하지 말고 끝까지 가보자는 마음을 가졌으면 좋겠습니다. 그러면 여러분이 기대하는 것 이상을 얻으리라 믿습니다.

모든 경험이 나를 키우는 기폭제

태경진
크라운해태제과 고객상담실
광운대학교 국제통상학부 졸업

〈국희〉라는 드라마를 본 적이 있다면 크라운제과의 역사에 대해 아실 것입니다. 1947년 '영일당'으로 시작해서 2005년 해태제과를 인수해 지금은 크라운해태 제과전문그룹으로 불리고 있습니다. 그 역사가 오래된 만큼 스테디셀러 제품이 많습니다.

저는 현재 고객상담실에서 일하고 있습니다. 제가 생각하는 고객상담실 업무란, 고객의 소리를 듣고 개선 사항이 제품과 서비스에 반영될 수 있도록 다리 역할을 하는 것입니다. 따라서 우리 부서의 최종 목표는 회사의 경영 이념과도 같은 '고객 감동'이라고 생각합니다.

입사 후 저는 영업자로 일하다가 고객상담실로 발령이 나서 지금까지 이곳에서 일하고 있습니다. 입사 후 일 년간 영업자로 일하고 이후에 관리직이나 연구직으로 배치되는 것이 우리 회사의 원칙입니다.

고객상담실 업무

고객상담실에서 일하면서 고객의 다양한 의견과 불만 사항을 접했습니다. 사소한 것에 대한 지적부터 여러 가지 제품과 서비스에 대한 불만과 의견까지 듣고 있습니다. 워낙 다양한 요청이 있어서 요구를 다 들어주기란 불가능합니다. 게다가 동일한 클레임이 발생해도 고객의 성향에 따라 상담이 굉장히 어려워지기도 합니다.

하지만 어려움만 있는 것은 아닙니다. 그만큼 고객 관리 업무에 대한 나름의 보람과 자부심도 있습니다. 『아마존은 왜? 최고가에 자포스를 인수했나』라는 책에서 "고객서비스야말로 가장 효과적인 마케팅이며 상상 이상의 부가가치를 만들어낸다고 믿는다"라는 구절을 읽었을 때 많이 공감했습니다. 실제로 고객의 소리가 모여 제품이 개선되었을 때 그리고 클레임 처리에 대한 감사 편지를 받았을 때 일하는 보람을 느꼈습니다.

고객상담 업무를 하기 위해 미리 준비해야 하는 특별한 요구 사항은 없습니다. 그러나 굳이 한 가지를 들자면, 굳은 애사심이 필요할 것 같습니다. 제품 개선과 발전의 다리 역할을 하는 데 회사를 아끼는 마음이 없으면 역할을 올바르게 수행하기 힘들기 때문입니다.

대학 생활을 하며 대학생으로서 누릴 수 있는 것은 다 해보려고 했습니다. 공부도 그랬고 노는 것도 그랬습니다. 대개 저를 모범생으로만 아는데, 사실 공부만큼 노는 것도 좋아합니다.

3학년 때 거시경제연구회라는 모임을 하며 계량경제 관련 수업을 정말 재미있게 들었습니다. 그 수업이 계기가 되어 한국은행 통화경시대회에 나갔고, 제 인생 처음으로 플래카드에 제 이름이 적힌 것을 봤습니다. 그리고 가장 즐거웠던 때는 교환학생으로 미국에서 일 년간 지냈을 때입니다. 생각해보면 배낭여행도 그렇고, 대학 때 여행을 다녔던 일이 제일 잘한 것 같습니다.

사실 대학 다니면서 학점 관리와 영어 등 학업에만 전념하기도 힘든데 이런 경험이 사회 생활에 도움이 될까 하고 생각할지도 모르겠습니다. 교환학생 때를 돌아보면, 공부만 하는 친구들이 있었는데 저는 오히려 매일 놀러 다니는 건수 만드는 것이 일이었습니다. 이 기간에 외국 문화의 다양한 면을 접했는데, 사회 생활의 기본이 여러 사람이 함께하는 것이라 그런 점에서 사람들과 공감할 수 있는 안목이 넓어진 것 같습니다.

취업 준비는 미국에 다녀온 후에 본격적으로 시작했습니다. 마지막 학년을 교환학생으로 미국에서 보냈기 때문에, 사실 그동안 하고 싶은 것들을 하나씩 해왔던 것 외에는 취업 시장에 뛰어들 준비가 안 되어 있었습니다. 그래서 교환학생 프로그램을 마치고 돌아와서 취업 스터디에 참여하고 토익 시험을 보면서 취업을 준비했습니다.

대학 생활을 마감하면서 하고 싶은 일이나 분야를 막연하게만 정해 놓았었는데, 취업 특강을 듣고 책을 읽으면서 하고 싶은 일 혹은 해보고 싶은 일을 찾으려고 노력했습니다. 게다가 취업 준비가 늦은 편이어서 딱히 스펙을 올릴 수 있는 것도 없었습니다. 그래서 취업을 준비하는 과정이나 면접을 볼 때 나라는 사람이 장점도 있지만 부족한 면도 있다는 것을 인정했고, 그렇지만 어느 자리에서는 정말 필요한 역할을 할 것임을 의심하지 않았습니다. 다만 적성에 맞는 자리를 찾으려면 정보력이 중요했습니다. 그래서 선배들도 만나보고, 취업 특강이나 스터디를 통해서 좋은 정보를 얻으려고 애썼습니다.

제가 제일 좋아하는 말은 유명 스포츠용품 제조회사의 슬로건 "Just do it!"입니다. 하루하루 즐겁게 열심히 보내고도 되돌아보면 아쉬운 게 대학 생활인데, 우선은 즐거웠으면 좋겠고 뭐든지 일단 시도하는 대학생이었으면 좋겠습니다.

또한 아무리 하고 싶은 일을 한다고 해도, 흔히 말하는 '신입 사원 사춘기'를 거치면 조금씩 마음의 변화가 생길 수 있습니다. 이때 초심을 떠올려보시기 바랍니다. 인생의 궤도와 목표를 따라 제대로 움직이는지 끊임없이 점검해야 합니다. 그래야만 조금은 나태해졌다가도 다시 열심히 살아갈 수 있을 테니까요.

인사 담당자에게 어필할 방법을 찾아라

박현준
넥센타이어 해외영업부 유럽팀
한국외국어대학교 경영학과 졸업

해외영업

저는 해외영업부 내 유럽팀에서 외국 바이어로부터 오더를 수주하고 오더 투입과 그에 대한 프로포마 인보이스(Proforma Invoice, 견적 송장)를 발행하며, 바이어의 클레임 상담 및 문제 해결 등의 업무를 담당하고 있습니다.

지금 와서 생각해보면 어린 시절부터 외국에 대한 막연한 동경이 있었던 것 같습니다. 많은 대학생들이 해외시장을 누비는 자신의 모습을 한 번쯤 꿈꿔보는데, 저도 그랬습니다. 더 넓은 세상을 보고 느끼고 싶은 마음이 막연하게 있었습니다.

　엄밀히 말해 제가 지금 하는 일은 해외영업 관리에 가깝습니다. 해외영업이라 하면 보통 공공칠가방을 옆에 들고 해외시장을 누비며 바이어에게서 성공적인 협상 결과를 이끌어내는 모습을 상상합니다. 하지만 그런 업무는 나중에 주재원으로 갔을 때 해당되는 일이고, 저는 지금 수주된 오더가 바이어의 구미에 맞도록 잘 관리하는 일을 하고 있습니다.

취업 전략

　해외영업을 하려면, 미리 준비하면 도움이 되는 것들이 있습니다. 당연하지만 영어가 중요합니다. 저도 아직 많이 부족하다는 생각이 들어 실력 향상을 위해 항상 노력하고 있습니다. 그리고 막연하게 해외영업을 하겠다는 의지보다는 이 업무가 어떤 일인지 잘 알아두어야 합니다. 자신이 회사에서 어떤 일을 하게 될지 모르고 이력서나 자기소개서에 두루뭉술하게 해외영업에 대한 막연한 동경만을 쓴다면, 인사 담당자에게 어필하기 힘들 것입니다. 앞서 말했던 프로포마 인보이스, 선적 관리, 오더 관리 및 수주, 인보이스 관련 용어, 인코텀스(Incoterms, 국제적으로 허용되는 무역용어 해석에 관한 국제규칙) 등을 사전에 공부해둔다면 면접에서도 좋은 점수를 얻을 것입니다. 그에 더해 특별한 해외 경험이 있다면 더욱 좋습니다.

대학 시절을 돌이켜보면, 저는 공부를 열심히 하는 학생은 아니었습니다. 군입대 전 학점 관리를 못해서 복학생 시절에 계절학기 수업도 꽤 많이 수강했고, 도서관에 지긋이 앉아 있기보다는 교내외 활동을 많이 했습니다. 기억에 남는 활동을 생각해보면, 패러글라이딩을 배웠던 일을 들 수 있습니다. 어린 시절 하늘에서 낙하산을 타고 내려오는 사람들을 보았는데 나중에 알고 보니 그것이 패러글라이딩이었습니다. 그래서 인터넷을 뒤져 패러글라이딩 스쿨에 찾아갔습니다. 하늘을 난다는 건 정말 재미있습니다. 놀이동산의 그 어떤 놀이기구보다 수백 배 더 짜릿한 스릴을 느낄 수 있습니다. 한 번쯤 시도해보기 바랍니다.

그리고 대학 3학년 때, IWO(국제워크캠프기구)라는 단체를 통해 3개월 동안 아프리카로 봉사 활동을 다녀온 적이 있습니다. 산골 오지 마을에서도 한 달 정도 지냈는데, 먹을 수 있는 것이라고는 옥수수죽밖에 없었습니다. 잊지 못할 경험이었고, '이런 곳에서도 살았는데 못할 것이 어디 있어'라는 자신감을 얻었습니다.

대학 시절부터 무언가 남이 하지 않는 것, 못해본 것, 새로운 것에 도전하기를 좋아했습니다. 다른 사람과 똑같이 행동하고 싶지 않은 나름대로의 오기도 있었습니다.

취업 특강을 갔다가 우연한 기회에 마케팅 동아리에도 가입했습니다. 취업 특강 강사님이 운영하는 'HellioN'이라는 이름의 동아리였는데, 마케팅 공부만이 아니라 제가 하고 싶은 것이 무엇인지 깨닫고 자아를 찾는 데 매우 큰 도움이 되었습니다.

개인적인 생각으로는 이러한 활동이 학점 1점 올리는 것보다 제게 더 많은 도움이 되었다고 확신합니다. 물론 열심히 공부하는 것도 중요하지만, 대학 시절에 남들이 하지 못한 다양한 경험을 해본 사람은 생각하는 것도 남들과 좀 다르지 않을까 싶습니다.

군복무를 마치고 복학하면서부터 막연한 미래에 대해 걱정했습니다. 그러면서 본격적으로 취업 준비를 시작했습니다. 4학년이 되기 전부터 교내외 취업 관련 특강이나 세미나가 있으면 부지런히 참석했습니다. 그러면서 제 자신을 취업 시장에 특별하게 내놓으려면 어떻게 해야 할지 많이 고민했습니다. 스펙도 그다지 좋은 편은 아니었습니다. 입사 당시 해외영업팀 동기 여섯 명 중 제 토익 점수가 가장 낮았습니다. 앞서 말씀드렸던 독특한 경험을 인사 담당자와 임원 들이 좋게 보았던 것 같습니다. 스펙이 높지 않아 서류 통과가 그다지 수월하지 않았고, 면접을 보러 가면 항상 들었던 이야기가 "박현준씨는 학점이 낮은 편이네요"였습니다. 그래서 학점보다는 제가 가진 독특한 경험이 앞으로 회사 생활에 더 많은 보탬이 될 것임을 강조했습니다.

대학을 졸업하면 부모님이 엄청난 부자가 아닌 이상 취업이든 창업이든 일단 무언가 일을 해야 합니다. 그것이 무엇이든지 본인이 급하다면 부지런히 두 발로 뛰는 실행력이 필요합니다. 취업을 하려면 열심히 취업 특강과 관련 세미나를 찾아다녀야 합니다. 잘 찾아보면 훌륭한 모임도 많고 의외로 대학생이나 취업 준비생을 도와주는 분들도 꽤 많습니다. 도서관에 앉아 학점을 높이고 토익 점수 올리는 공부도 물론 중요하지만, 부지런히 뛰어다니면서 정보를 얻어내는 것도 스펙 쌓기 이상으로 중요합니다.

소위 스펙이 좋고 취업 스터디도 열심히 하는 친구들은 취업에 큰 어려움이 없을 것입니다. 하지만 그 반대라면 다른 곳에서 자신의 강점을 찾으려는 노력을 해야 합니다. 취업을 원한다면 반드시 능동적으로 움직이라고 당부하고 싶습니다. 가만히 앉아서 기다리는 것보다는 먼저 직접 찾아나서는 자세가 중요합니다.

전공 지식이 중요하다

김주형
ASML Korea 인사부 대리
웨스턴온타리오 대학교 사회학과 졸업

ASML은 네덜란드 기업으로 반도체 장비 업체입니다. 여러분이 사용하는 휴대전화나 많은 전자 기기에 들어가는 반도체를 만들려면 ASML의 노광 장비, 즉 리소그래피 장비를 통해야만 가능하다고 보면 되겠습니다. ASML은 현재 전 세계적으로 7000명 이상이 일하는 글로벌 기업으로 한국에서는 약 420명이 ASML 장비로 고객이 원하는 반도체 칩이 생산될 수 있도록 노력하고 있습니다.

리소그래피는 반도체의 재료가 되는 얇은 판 웨이퍼에 집적회로를 구현해내는 장비입니다. 새로운 차세대 칩을 생산하려면 ASML의 장비가 웨이퍼 위에 칩의 형태를 구현해낼 수 있어야 합니다. 따라서 반도체 공정에서도 핵심 공정에 들어가는 장비입니다. 2010년을 기준으로, 전체 리소그래피 시장의 80% 이상을 ASML이 점유했습니다. ASML Korea의 2010년 매출은 2조 3000억 원가량이었습니다. ASML의 리소그래피 장비는 양산 장비 NXT의 경우 600~700억 원에 달하는 고가의 장비이고, 신규 장비 EUV의 경우에는 1000억 원에 달하는데 반도체 공정 장비 중에서는 최고가이면서 미세 공정을 실행하는 장비입니다.

저는 ASML Korea 인사부에서 근무하며 현재 직급은 대리입니다. 채용 및 인력 수급 업무를 주로 하고 있습니다. 저는 캐나다의 웨스턴 온타리오 대학에서 사회학을 전공했고, 그후 캐나다 맥길 대학에서 인사 관련 자격증을 취득했습니다.

기업 문화

ASML의 조직 문화에는 외국계 기업의 특성이 많이 나타납니다. 먼저 수평적인 조직 문화가 특징입니다. 예를 들어, 국내 회사에서는 어려울 수 있는 임원과의 대화나 의견 표출이 자유롭습니다. 그리고 영어를 활용할 수 있는 환경이기도 합니다. 그에 더해 우리 회사는 엔지니어링 회사의 특성상 공학적 탐구 정신이 왕성한 인재를 원합니다. 따라서 지원자의 서류 전형에서도 전공에 연관된 프로젝트 경험을 중요하게 생각합니다.

채용 과정

ASML은 다른 외국계 회사들과 마찬가지로 수시 모집은 연중 진행합니다. 또한 신입 사원 공채는 매해 4월과 5월에 실시하며, 하반기에도 두 차례 진행합니다. 이렇게 두 번씩 하는 이유는, 필요한 인력을 한꺼번에 충원해 기업의 효율성만을 높이는 것이 아니라 채용 기회의 폭을 최대한 넓히고자 하기 때문입니다.

전형은 서류 전형, 영어 면접, 기술 면접 순서로 진행됩니다. 서류 전형에서는 전공 성적과 자기소개서의 내용을 보고, 왜 ASML에서 근무하고 싶어하는지 관심 있게 봅니다. 그리고 많은 지원자가 영어 면접에 부담을 가지는데 실제 업무에서 의사소통이 가능한지 간단한 영어 테스트를 거친다고 보면 됩니다. 우리 장비나 어려운 기술에 대해서는 묻지 않습니다. 기술 면접에서는 여러분이 학교에서 배운 내용 중 핵심적인 내용을 숙지하고 있는지 확인합니다. 자신의 전공과 관련된 프로젝트를 설명하는 형식으로 진행됩니다. 2011년에는 100명가량 채용하는 것을 목표로 했습니다.

채용 사례

지금까지 채용된 사람 대부분이 ASML의 인재상에 맞는다고 볼 수 있습니다. 열심히 전공을 공부하고 그것을 기초로 ASML 장비 교육을 받을 수 있는 기본 영어 실력만 있다면 도전할 수 있습니다.

한 예로, 신입 사원으로 입사한 분 중에 여성 지원자가 있었습니다. 업무 특성상 여성 지원자가 많지는 않은데, 그분은 왜 자신이 ASML에서 근무하고 싶은지 소신 있게 밝히고, 다른 지원자들도 어려워하는 전공 관련 질문에도 답변을 잘하더군요. 이분처럼 대학 4년 동안 열심히 전공을 공부하고 사회에 나와 세계 최고의 기술력을 배우고 산업 현장에 이바지하는 엔지니어가 되고자 하는 분들이 우리에게 가장 중요한 인재입니다.

취업 전략

최근 지원자들의 모습은 예전에 비해 많이 변했습니다. 저도 스펙에 대한 부담감은 있었지만, 대학교 4학년이 되어서야 취업에 대해 걱정하고 준비했던 것 같습니다. 하지만 지금은 대학에 입학하자마자 여러 가지 활동을 하며 스펙에 신경을 쓰는 모양입니다. 스펙에만 관심이 많고, 학점만 생각해서 실제 필요한 공부에 소홀한 경우를 많이 봅니다.

자격증이나 영어 실력은 자격 요건 중 하나일 뿐, ASML은 그것만으로 인재를 선별하지 않습니다. 그러므로 의미 없는 스펙을 쌓으려고 노력하기보다는 학교 생활을 열심히 하면서 공대생으로서 어떠한 능력이 엔지니어라는 꿈을 이루는 데 필요한지 고민해야 합니다. 또한 자신이 준비하는 공부에 얼마나 확신을 가지고 있는지도 생각해볼 필요가 있습니다.

취업 때문에 여러 가지 고민이 많으리라 생각합니다. 하지만 가장 중요한 것은 여러분이 가진 열정입니다. 모든 사람이 원하는 직장이 과연 자신에게도 맞는 직장인지 한 번쯤은 생각해봐야 할 것입니다.

그리고 영어 때문에 고민하는 분이 많은 것으로 압니다만, 영어는 업무 수행과 의사소통을 위한 하나의 도구입니다. 따라서 그 도구를 사용하려면, 전공 지식이나 업무에 대한 소양이 우선 갖춰져야 효과를 낼 수 있습니다. 영어만 잘한다고 해서 해결되는 부분은 아니라는 것을 깨달았으면 좋겠습니다. 이 점은 저처럼 유학생 출신인 분들도 고민하고 성장하기 위해 애써야 하는 점이라고 생각합니다.

여러분이 지금 겪는 성장통은 아프지만 누구나 겪는 일이니 꿋꿋하게 이겨나가시길 바랍니다.

새로운 길을 개척하기 위한 마음가짐

백성필
방송인, 작가, IT 전문가
열정 인큐베이터 대표
감성 프레젠테이션 코치
『키노트 가이드북』 출간, 삼성 · 제일기획 등에서 강의
방송통신대학교 인터넷정보학과 졸업

그동안 책을 통해 많은 분께 인사드리지 않았나 싶습니다. 저는 매킨토시 관련 서적을 집필하고 다양한 방송과 강연을 통해 여러분과 만나고 있습니다. 다양한 영역에서 활동하기에 본업을 물어보는 질문을 받을 때가 가장 난감합니다. 저는 꼭 '본업'이라는 것이 필요하다고 생각하지 않습니다. 집필, 강의, 방송 등 지금까지 제가 열정을 쏟을 수 있는 일에 최선을 다해왔습니다. 하지만 아무래도 가장 비중을 두고 있는 일은 집필이 아닐까 합니다. 또 마케팅과 기획에도 관심이 많아서 현재는 '바닐라브리즈'라는 애플리케이션 개발 업체에서 마케팅 매니저로 일하고 있습니다.

저는 매킨토시, 아이폰 등과 관련된 책을 일곱 권 집필했습니다. 사실 처음 책을 쓰게 된 계기는 스티브 잡스를 동경해서만은 아니었습니다. 스티브 잡스의 마인드에 이끌려 애플 제품을 쓰다보니 애플 제품의 직관적이고 단순한 시스템에 푹 빠져버렸습니다. 그후 계속해서 매킨토시를 사용해왔는데, 어느 날 국내 매킨토시 점유율이 매우 낮고 사람들의 인식이 너무나도 냉소적이고 부정적이라는 것을 알게 되었습니다. 그래서 한국 매킨토시 사용자들이 실제로 무엇을 원하는지 알아내기 위해 국내 애플스토어에서 세일즈를 시작했습니다. 이렇게 3년 가까이 세일즈를 하면서 얻은 경험을 바탕으로 첫 책인『매킨토시 가이드북』을 쓰게 되었습니다. 그후 많은 분이 사랑해주신 덕분에 새로운 운영체제나 아이폰 업무술 그리고 키노트 프레젠테이션까지 다양한 분야에 대한 책을 쓸 수 있었습니다.

또한 이런 집필 활동 덕분에 방송에도 출연하게 되었습니다. YTN의 〈스마트폰 따라잡기〉에 모바일 비즈니스 전문가로 출연했는데, 당시에는 애플리케이션과 관련된 방송이 없었기 때문에 상당히 좋은 반응을 얻었습니다. 지금은 머니투데이에 마찬가지로 스마트폰 전문가로 출연하고 있으며, 『PC사랑』이나 『유니타스브랜드』 같은 마케팅 잡지부터 일반 정보지까지 다양한 지면에 칼럼을 연재하고 있습니다.

저는 재미를 느낄 수 있고 보람을 느낄 수 있는 일이라면 언제라도 도전하는 성격입니다. 2010년부터는 기업과 대학 등을 대상으로 강의를 시작했습니다. 모바일 비즈니스에 관련된 공개 세미나도 몇번 개최했고, 최근에는 공개 강연보다는 맞춤형 기업 강의 위주로 활동하고 있습니다. 이외에도 다양한 기업의 애플리케이션 개발 자문으로 활동하기도 합니다. 그리고 얼마 전 키노트에 관한 책을 출간한 후로는 제일기획과 삼성 등에서 프레젠테이션 코칭 강의도 하고 있고, 기업 CEO 개인 코칭도 하고 있습니다.

특히 경영자들의 프레젠테이션 개인 코칭은 최근에 가장 심혈을 기울이는 일입니다. 저는 사람과 소통하는 방법에 가장 많은 노력을 기울입니다. 만남, 대화, 소통 이 모든 것에서 가치를 느낍니다. 그것이 IT 기술이든 마케팅이든 경제학이든 의학이든 간에 말입니다. 그렇기 때문에 그 수단이 되는 책, 강의, 방송, 발표, 모든 것이 소중합니다. 그래서 항상 제가 누구에게 이야기하고자 하는지 그리고 무슨 말을 하고자 하는지에 집중합니다.

시간 관리

이런 다양한 활동을 하려면 도대체 어떻게 시간 관리를 해야 하는지 궁금할지도 모르겠습니다. 하지만 저도 남과 다를 것 없이 아침에 일어나서 출근하고 저녁에 잠드는 생활을 합니다. 그저 남들보다 조금 늦게 잘 뿐입니다. 아침에 일어나면 일단 학원에 가서 수업을 하고 끝나면 회사로 출근해서 마케터로서의 소임을 다합니다. 그리고 퇴근 후에는 저를 위한 시간을 가지려고 노력을 많이 하는 편인데, 주로 집필을 하거나 강의 자료를 준비하는 데 시간을 쏟습니다. 저는 밤잠이 별로 없는 편이어서 보통은 밤 한두 시까지 제 개인 업무를 봅니다. 이야기하다보니 업무라고 표현했는데, 저는 절대로 '일'이라고 생각한 적이 없습니다. 모든 것이 제가 좋아서 하는 것이고 하면서 즐거움을 느끼기 때문에, 단 한 번도 억지로 한다는 생각이 들거나 힘들었던 적은 없습니다.

학창 시절

저는 어려서부터 하고 싶은 것은 해야 직성이 풀리는 성격이었습니다. 어려서부터 관심이 가는 것은 질릴 때까지 가지고 놀았습니다. 그렇게 매킨토시에 대해서도 열심히 놀면서 파고들다보니 국내 매킨토시 사용자들이 너무나도 힘들게 매킨토시를 배우는 것에 안타까움을 느꼈고 집필을 결심하게 되었습니다. 이후 사용자의 요구를 파악하려고 세일즈를 시작했고, 그걸 묶은 책이 많은 사랑을 받게 되면서 강의·자문·방송 출연에 이르는 폭넓은 분야에서 활동하게 되었습니다.

저는 항상 할 수 있다는 마음가짐을 유지하려고 노력합니다. 근거 없는 자신감이 아니라 자신감을 뒷받침할 수 있는 실력을 갖추고자 항상 노력합니다. 그리고 뭔가 큰 것을 이루려고 뛰다보면 금방 지치기 때문에 작은 성취를 이어나가기 위해 항상 작은 목표들을 세우고 실천하는 데 집중하고 있습니다.

주위를 둘러보면 많은 청년이 주어진 길을 그대로 답습하는 경우를 봅니다. 그 길을 따라 걷다보면 안정된 결과를 얻을 수 있고 조금 더 편할지도 모른다는 생각 때문일 것이라고 추측합니다. 그러나 몇 가지 생각만 바꾸면 여러분도 충분히 남이 가지 않은 길을 개척할 수 있습니다. 그 몇 가지를 정리하면 다음과 같습니다.

1. 젊음을 낭비하지 마라. 가만히 있지 마라(차라리 게임이라도 해라).
2. 자신의 힘을 길러라. 내게서 회사를 제외했을 때 남는 것이 진정한 나다.
3. 부정적인 비판론자가 되지 마라(비판이 실력이라는 것은 착각이다).

IT기술과 모바일 기술이 발전하면서 스마트폰이다 뭐다 해서 세상이 점점 편해지고 있습니다. 굳이 발로 뛰어다니지 않아도 손안에서 많은 것을 해결할 수 있는 세상이 되었지만, 직접 뛰지 않으면 얻을 수 없는 것이 한 가지 있습니다. 바로 경험입니다. 경험은 몸으로 겪지 않으면 얻을 수 없기 때문에 계속해서 몸을 움직여야 합니다. 평소 제가 스마트한 세상을 강조하기는 하지만 한 가지 변하지 않는 신념은, 세상이 아무리 좋아져도 직접 몸으로 느끼는 것이 가장 빠르고 강력하다는 것입니다. 안타깝게도 요즘 청년들은 너무 쉬운 것만 찾고, 빠른 길만 찾고, 안정적인 길만 찾느라 많은 시간을 허비합니다. 하지만 모든 것은 경험에서 나오기 때문에 일단 첫발을 내딛고 뭐든지 시도해보고 도전해보려는 마음으로 움직이는 것이 무엇보다 중요합니다.

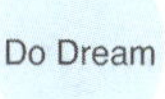

돌아가더라도 원하는 일에 도전하자

서종환
엑스엑스엘 대표
인창고등학교 졸업
xxlstyle.com

엑스엑스엘은 2001년 xxlstyle.com이라는 온라인 커뮤니티로 출발했는데, 2011년 5월 『XXL STYLE』이라는 잡지까지 발행하기에 이르렀습니다. 『XXL STYLE』은 액션 스포츠, 예를 들면 스노보드, 스케이트보드, 서핑 픽스드기어 바이크 등의 정보와 패션을 다루고 있습니다.

『XXL STYLE』은 일반 잡지와 거의 같은 모양새를 갖추고 있습니다. 액션 스포츠용품을 취급하는 대부분의 매장과 전국 서점에서 판매되고, 커피 전문점 2500여 곳에도 비치되어 있습니다. 액션 스포츠를 다루는 월간지는 국내에서 찾아볼 수 없기에, 확실히 차별화된다고 생각합니다.

저는 고등학교 때까지 학업에 열중하지 못한 탓에, 원하던 대학에 들어갈 수 없었습니다. 대학 1년을 마치고 중퇴한 후 군대에 갔습니다. 제대 후 어학연수를 가고 싶어서 6개월간 일을 했는데, 그것이 사회 생활의 시작이었습니다. 낮에는 백화점에서 일하고 밤에는 커피숍에서 새벽 5시까지 일했습니다. 지금은 24시간 운영하는 커피숍이 많지만, 그때가 마침 심야 영업이 가능해진 시기였기에 운이 좋았다고 생각하면서 일했던 기억이 납니다. 덕분에 어학연수를 떠나는 시기를 앞당길 수 있었습니다.

이렇게 6개월간 모은 돈으로 일본에서 어학연수를 했습니다. 하지만 학비를 내고 숙소 비용을 지불하니 3개월도 안 되어 돈이 다 떨어져서 일본에서도 계속 일을 했습니다. 덕분에 한국에 돌아올 때는 오히려 일본에 가지고 갔던 돈 이상을 벌어서 돌아올 수 있게 되었습니다.

비록 일 년이라는 짧은 기간이었지만, 일본에서의 생활은 지금까지 살아온 인생에서 가장 소중한 시간이었습니다. 중고등학교 때 하지 못했던 공부에 대한 미련을 어학 공부로 어느 정도 해소할 수 있었고, 뭐든지 할 수 있을 것 같은 자신감을 얻기도 했습니다. 또 일본 전체 인구 1억 2000명과 의사소통이 가능하게 된 것도 새로 얻은 기쁨이었습니다.

일본에서 벌어 온 돈으로 동대문에 작은 옷가게를 열었습니다. 하지만 3개월을 못 버티고 문을 닫았습니다. 그 일이 사회에 나와서 겪은 첫번째 시련이었지만, 지금의 자리에 있게 된 계기가 된 것 같아서 그 경험을 소중히 간직하고 있습니다. 그후 취직을 했는데, 스노보드 매장 판매직이었습니다. 이 일을 계기로 스노보드에 푹 빠져 살았습니다.

매장 판매직이라고 하면 가볍게 생각할 수도 있지만, 저는 이곳에서 모든 것을 배웠습니다. 5년이라는 재직 기간에 고객들에게 최선을 다해 서비스를 했는데, 자연스럽게 고객이 무엇을 원하는지 깨달았고 고객이 원하는 것을 찾아 외국의 다양한 브랜드에 직접 접촉을 시도하면서 여러 가지 경험을 쌓을 수 있었습니다.

스노보드 매장이 저에게는 학교와 같은 배움의 장소였습니다. 퇴사한 후 그 배움을 밑천 삼아 적은 금액으로 회사를 세웠습니다. 수입할 수 있는 물건들을 조금씩 수입해서 도매업과 소매업을 병행하며 조금씩 회사 규모를 키워나갔습니다. 초반에는 생각 이상으로 아주 잘되었습니다. 직원이 급격히 늘어나면서 매장도 운영하게 되었고 계속해서 성장하는 듯했지만, 수입이 주요 업무였던 회사이기에 환율 급등으로 어려웠던 시기도 상당히 많았습니다. 하지만 가족처럼 함께해온 직원들이 있었기에 극복할 수 있었습니다.

그러면서 다시 또다른 일을 구상했습니다. 스노보드를 타기 시작하던 시기에 늘 외국 잡지를 보면서 정보를 얻었던 기억도 있고, 십여 년 전에 xxlstyle.com을 개설하면서 꼭 잡지도 내보겠다고 마음속으로 다짐했던 터였습니다. 그 약속을 지킨 것 같아서 기분이 매우 좋습니다. 요즘은 대부분의 시간을 『XXL STYLE』을 만드는 데 집중하고 있습니다.

처음 『XXL STYLE』이 발간되고 나서 정말 많은 분에게 격려를 받았습니다. 제일 많이 들었던 말은 창간호 같지 않게 뛰어나다는 내용이었고, 그런 격려가 다음 호를 준비하는 데 부담이 되어 오히려 힘들 정도였습니다.

출판계에서 일한 적도 없었는데 창간호부터 좋은 반응을 얻었던 것은, 비록 실행에 옮기는 데 시간이 오래 걸리기는 했지만 늘 머릿속에서 구상을 해왔기 때문인 것 같습니다. 또한 국내에는 그때까지 액션 스포츠 관련 서적이 없었기에 창간 그 자체로 반겨줬던 면도 있었다고 생각합니다. 그렇기에 앞으로 더욱 열심히 해서 폐간되지 않고 10년, 20년 장기간 발행할 수 있는 잡지로 만들고 싶습니다.

액션 스포츠를 주로 다루는 잡지이기에 동영상을 쉽게 볼 수 있도록 전자책도 개발하고 있습니다. 액션 스포츠에서 파생되는 사진과 동영상 같은 여러 가지 콘텐츠를 개발하는 데 참여하기를 원하는 후배를 많이 만나보고 싶습니다.

물론 저의 도전이 여기까지는 아닙니다. 계획하는 일이 한 가지 더 있습니다. 현재 십분의 일 정도는 한 것 같은데, 앞으로 열심히 해서 꼭 해내고 싶은 일입니다. 제가 지금까지 일을 해오면서 국내에 수입한 상품보다 더 많은 양을 수출하고 싶습니다. 퍼플카우라는 의류 브랜드를 기획해서 디자인하고 있는데, 현재는 일본, 홍콩, 폴란드 등지로 수출하고 있습니다. 앞으로 더 다양한 나라로 수출해볼 계획입니다.

주위에는 학벌이 낮고 주변 환경이 받쳐주지 않는다며 지레 꿈을 접는 청년이 많습니다. 이런 청년들에게 해주고 싶은 말이 있습니다.

저는 고등학교 때부터 다양한 아르바이트를 틈틈이 해왔습니다. 하지만 아직까지 못 해봐서 아쉬운 것이 하나 있습니다. 편의점 아르바이트입니다. 20대 초반에는 편의점의 유통 과정이 정말 궁금했습니다. 기회가 닿지 않아 경험해보지 못했지만, 만약에 제가 편의점 아르바이트를 해봤다면 분명 그곳에서도 많은 것을 배웠으리라 생각합니다. 이처럼 주변에는 소소하게 도전해볼 만한 일이 많습니다. 주어진 환경을 탓하지 말고, 원하는 곳까지 조금 돌아가더라도 도전해서 원하는 것을 얻었으면 좋겠습니다.

많은 청년이 번뜩이는 아이디어를 무기 삼아 취업에 도전할 채비를 하고 있을 것입니다. 물론 철저한 준비로 실패 없이 성공한다면 제일 좋을 것입니다. 하지만 한 번이라도 실패를 해봤다면, 더 멋진 아이디어를 만났을 때 더 큰 그림으로 성공시킬 수 있을 것입니다. 실패를 두려워하지 말고 꼭 멋지게 도전해보길 바랍니다. 또 한 가지 당부하고 싶은 것은, 창업을 한다면 피곤해서 쓰러져도 괜찮다는 생각으로 온 힘을 쏟아부었으면 합니다. 스스로 평가해도 후회 없는 도전이 되길 바랍니다.

스스로 만족할 수 있는 직업을 선택하자

김영창
스포티즌 콘텐츠 개발팀 야구 분야 담당
연세대학교 체육교육학과 졸업

제가 하는 일을 말씀드리기 전에, 제가 일하는 곳에 대한 설명이 필요할 것 같아 회사를 먼저 소개하겠습니다. 스포티즌은 스포츠 마케팅과 컨설팅을 전문으로 하는 회사로, 선수 매니지먼트뿐 아니라 스포츠와 관련된 광범위한 마케팅을 하는 회사입니다. 즉 스포츠를 통한 모든 마케팅을 담당하고 이를 상품화하는 곳이라고 생각하시면 됩니다.

이곳에서 저는 야구 분야를 담당하고 있습니다. 야구 분야는 크게 프로야구와 사회인야구 두 분야로 나눌 수 있습니다. 프로야구의 경우 구단의 스폰서십 또는 기업의 홍보 관련 마케팅을 대행하는 업무를 주로 합니다. 사회인야구는 현재 폭발적으로 증가한 사회인야구대회의 기획, 운영, 홍보 등 대회 전반을 총괄 기획하고 시행하면서 점차 발전되고 세련된 비즈니스 모델을 찾아나가는 일을 맡고 있습니다.

스포츠 마케터

스포츠 마케터라는 직업에 대해 정확히 정의를 내리라고 하면, 아직은 저도 주저하게 됩니다. 스포츠 마케터는 스포츠에 대한 열정을 가지고 자신의 상상력과 현실을 접목하는 커뮤니케이터라고 생각합니다. 설명이 어렵게 느껴질 수도 있겠지만, 쉽게 말하면 여러 스포츠 종목을 콘텐츠로 삼아 자신이 가진 상상력을 동원해 아이디어를 창출하고 구체화해서 기업에 제안하고 이를 시행하는 사람입니다.

현재 우리나라 스포츠 마케팅 시장이 그리 크진 않지만 골프, 야구, 축구 등 프로 스포츠의 급격한 성장 덕분에 더욱 크게 발전할 수 있는 시장이라고 생각합니다. 그래서 미래가 더 밝은 직업이라고 볼 수 있고요.

한편 스포츠 마케팅은 정해진 일정에 따라 움직이는 일이 아니어서, 정신적으로나 육체적으로 힘들 때도 있습니다. 게다가 재화를 만들어 파는 생산 업무가 아니라 무에서 유를 창조하는 일이기에, 스트레스도 꽤 큽니다.

대학 생활

제가 대학교를 졸업할 당시 스포츠 마케터를 준비하는 친구들은 거의 경영학을 전공하거나 경영학과 체육학을 복수전공하는 경우가 대부분이었습니다. 제 경우 학사 이외에 다른 공부를 하는 것이 불가능했기 때문에 스포츠 마케터라는 직업은 다른 세상의 이야기일 뿐이었습니다.

저는 대학 시절에 주로 아르바이트를 하며 시간을 보냈습니다. 등록금의 일부를 장학금으로 충당하긴 했지만, 나머지 등록금과 생활비가 필요했기 때문에 아르바이트를 많이 해야 했습니다. 그래도 짬짬이 시간을 내서 선후배들과 동아리 활동을 하며 교류했습니다. 특히 선배들과 만나는 기회를 최대한 많이 만들려고 노력했습니다. 그러나 아르바이트에 많은 시간을 할애해야 했기에 대학생만이 할 수 있는 여러 경험, 이를테면 MT나 어학연수, 해외여행, 기업 인턴 같은 경험을 해보지 못한 것이 아직도 큰 아쉬움으로 남아 있습니다.

사회 생활

대학 시절 아르바이트를 하던 스포츠센터에서 대학 4학년 1학기부터 정식 근무를 한 것이 저의 첫 사회 생활이었습니다. 계속 하던 일이었기에 회사에 적응하는 것은 크게 문제가 되지 않았지만, 아르바이트와 달리 정직원으로 일을 하게 되니 생각지 못한 여러 가지 문제가 발생했습니다. 경제적인 문제도 그렇고 생활 패턴이 보통 회사원과 다르다보니 여러 가지로 힘들었습니다.

2년 정도 근무하던 스포츠센터를 그만두고 제약회사로 자리를 옮겨 현장 영업을 배웠습니다. 제약회사에 재직하며 사람과 소통하는 다양한 방법을 알게 되었는데, 그게 곧 영업의 기본이라는 것을 깨달았습니다.

그후 전공했던 체육교육을 살리고자 임용고시를 두 차례 준비했지만 미흡한 실력으로 실패를 맛보았습니다. 하지만 이러한 여러 경험이 지금 하는 일에 많은 도움이 되고 있습니다.

실패의 극복

직업을 갖는 데 있어 가장 중요한 것이 자기만족이라고 생각합니다. 제약회사 영업사원으로 일하면서 남부럽지 않은 경제적 여유를 갖게 되었지만 일로 인한 심리적 육체적 스트레스가 많았던 것도 사실이었습니다. 게다가 결정적으로 일에 대한 제 자신의 만족도가 생각했던 것보다 훨씬 낮았습니다. 마침 그때 교사인 대학 동기들을 많이 만나게 되었는데, 그 친구들을 보면서 생활의 여유나 일에 대한 자긍심이 정말 부러웠습니다. 체육교육과를 졸업한 터라 임용고시를 치를 수 있는데다 체육교사라는 일에 도전해보고 싶은 욕심이 생겨 다니던 회사를 그만두고 임용고시를 준비했습니다.

임용고시를 준비한 첫해에 건강하시던 아버지가 갑자기 쓰러지셨고

4개월 만에 돌아가셨습니다. 그러다보니 이것저것 처리할 일이 상당히 많아서, 첫번째 시험에서 실패했습니다. 이듬해에는 기간제 교사를 병행하며 시험을 준비했지만, 임용고시가 매우 어렵다는 것을 새삼 깨달았습니다. 두 번의 실패를 경험하고 후회 없이 교사에 대한 미련을 버렸습니다. 그때 제 나이가 서른둘이었습니다. 시험에 대한 부담감도 있었지만, 제 인생에서 가장 중요할지도 모르는 시간을 시험 준비만 하며 보내기엔 너무 아깝다는 생각이 들었습니다.

처음 시험에 실패했을 때는 좌절을 느낄 여유조차 없었습니다. 아버지 장례를 치르고 처리해야 할 일이 너무 많았기에, 솔직히 시험 결과에 기대도 하지 않았습니다. 두번째 시험에선 나름대로 최선을 다해 공부했지만, 떨어지고 나니 좌절감보다는 오히려 후련함이 느껴졌습니다. 임용고시가 나와는 인연이 없나보다 하고 생각했습니다. 끈기가 없다고 생각할 분도 있겠지만, 제 입장에선 할 만큼 하고 난 후의 실패였기 때문에 더이상 미련은 남지 않았습니다. 물론 결과 발표 후에 조금의 실망감도 없었다고 하면 거짓말이겠지요. 하지만 저는 자신에게 닥친 현실을 얼마나 긍정적으로 생각하고 대처하느냐에 따라 많은 것이 변한다고 생각합니다.

스포츠 마케터에 적합한 자질이란 것은 없다고 생각합니다. 스포츠를 좋아하고 약간의 상상력과 꼼꼼함이 있다면, 누구나 스포츠 마케터가 될 수 있습니다. 물론 성실함은 기본입니다. 그에 더해 스포츠에 대한 애정이 남들보다 좀더 많다면 스포츠 마케터가 되는 데 더 유리하겠지요.

취업을 준비하는 여러분 중에는 자기가 하고 싶은 일이 아니라 안정된 직업만을 찾아 준비하며 스트레스를 받고 시간을 보내는 분도 더러 있으리라 봅니다. 그런 분들에게 말씀드리고 싶습니다.

어떤 이에겐 평범할 수도 있고 또 어떤 이에겐 특이할 수도 있다고 생각되는 저의 모든 경험이 현재까지 제 인생에 다 도움이 되었다고는 말씀드리기 어렵습니다. 하지만 여러 가지 경험을 통해 만나고 인연을 쌓아온 '사람'이라는 재산이 저에겐 가장 큰 스펙이고 자랑이라고 생각합니다.

'인맥'이라는 새로운 통로를 통해 생각지도 못한 기회를 만날 수도 있고, 그로 인해 인생이 바뀔 수도 있다는 점을 말씀드리고 싶습니다. 또한 자기가 하고 싶은 일을 찾아 하는 것도 굉장히 중요하겠지만, 과연 자기가 잘하는 일이 무엇일까 하는 고민도 곰곰이 해보고 직업을 선택하시기 바랍니다.

차별화된 전략과 적극성으로
면접을 통과하자

박상아
동원시스템즈 액세스 사업팀
한국항공대학교 정보통신공학과 졸업

동원시스템즈?

많은 사람이 동원그룹을 참치캔 제조회사로만 기억하고 있을 것입니다. 동원그룹에 대해 간단히 설명하겠습니다. 동원그룹은 동원산업·동원F&B·동원홈푸드·동원데어리푸드·삼조쎌텍 등이 식품 사업을 주로 하고 있으며, 동원엔터프라이즈·동원CNS·동원시스템즈 등이 IT 분야로 사업을 확장해나가고 있습니다. 동원시스템즈에는 건설·교육 기자재·통신·포장재 등 다양한 사업군이 모여 있는데, 그중 통신사업부는 광전송장비·무선중계기·가입자 장비 등을 개발하고 판매하는 종합정보통신 장비 업체라고 할 수 있습니다.

저는 동원시스템즈 통신사업부 액세스 사업팀 소속입니다. KT, LG, SK 같은 이동통신사의 가입자 장비 사업을 파악하고, 이들 기업을 상대로 'B to B(Business to Business)' 영업을 하고 있습니다. 각 가정에서 인터넷을 사용하는 데 필요한 모뎀을 가입자 장비라고 하는데, 저는 더 많은 분이 동원의 가입자 장비를 쓸 수 있게 힘쓰는 역할을 합니다. 저는 2010년 7월 하계 인턴십에 합격해 2개월간 인턴 사원으로 일한 후, 9월부터 정식 사원으로 발령받았습니다.

외고에서 이과를 선택

저는 중학교 때부터 문과보다는 이과 과목에 더 관심이 많았습니다. 그럼에도 외국어고등학교를 선택했던 이유는 이과생이어도 영어 경쟁력을 갖고 싶었기 때문입니다. 보통 외고라고 하면 무조건 문과 계열 지망생이 가는 곳으로 생각하는 분이 많은데, 사실 외고에서도 문과반과 이과반이 나뉘어 있습니다. 영어를 공부하는 시간과 양이 많은 점을 제외하면 일반 고등학교와 대동소이하다고 할 수 있습니다. 그리고 제 관심사에 따라 항공대학교에 진학했습니다.

대학교 때를 떠올리면 워낙 노는 것을 좋아해서 모범생은 절대로 아니었다는 생각이 듭니다. 대학 생활을 동아리 활동을 하는 데 모두 바칠 정도로 동아리 활동에 푹 빠져 있던 학생이었습니다. 항공대 교내 방송국 ABS에서 다양한 활동을 했습니다. 가장 기억에 남는 활동은 방송제 때 상영할 영상 작품을 만들었던 일입니다. 제목은 〈신항대판 사랑과 전쟁!!〉. 드라마 〈사랑과 전쟁〉을 패러디해서 저희 항공대 캠퍼스 커플들의 만남과 사랑, 이별 등을 그린 미니 드라마였습니다. PD로서 제 이름을 걸고 만든 첫 작품이라 애착도 많이 가고 재미있는 추억도 많이 만들었습니다. 나중에는 그 작품이 경기 케이블TV에서 방영되기도 했습니다.

동아리 활동에 매진하다보면 성적 관리에 소홀해지는 경우가 많은데, 집안 사정이 여유롭지는 못해 학비를 제 스스로 해결하기 위해 노력했습니다. 1학년 때 어느 날 꿈을 꾸는데 어머니가 울면서 제 손을 꼭 잡고 이렇게 말씀하셨습니다. "상아야, 이번에 장학금 꼭 받아야 한다. 이 엄마의 소원이다." 장학금에 대한 집착이 심해서 꿈까지 꾸게 되었던 것 같습니다. 그래서 장학금을 안 놓치려고 학점 관리는 악착같이 했습니다. 덕분에 장학금도 자주 받고 학점도 항상 4점대를 유지할 수 있었습니다.

요즘은 많은 대학생이 스펙을 쌓으려고 철저한 계획하에 활동을 합니다. 그러나 저는 스펙을 위해서 특정 활동을 계획적으로 하진 않았습니다. 흥미로운 일을 발견하면 거기에 빠져 최선을 다해 임했을 뿐입니다. 방송국 활동이든 학과 활동이든 가리지 않고 최선을 다했습니다. 그런 다양한 활동은 취업을 위한 이력서 한 줄로 끝나는 것이 아닙니다. 하고픈 일에 열정을 쏟아본 경험이 있으면, 어떤 일도 자신감 있게 열심히 할 수 있습니다.

사실 방송국 활동을 하면 바빠서 학과 공부를 할 시간도 없고 방학 때 제대로 놀거나 공부하기도 힘듭니다. 그렇지만 바쁜 만큼 남은 시간을 쪼개서 쓰다보니 시간을 관리하는 능력을 키우게 되었습니다. 모르는 사람에게 무작정 찾아가 인터뷰를 시도하는 대범함도 생기고, 활발하게 활동하다보니 성격도 밝아지고 자신감이 생겼습니다. 그리고 무엇보다 소중한 것은 다양한 활동을 통해 만난 사람들입니다. 화려한 스펙보다는 힘들 때 옆에서 힘이 되어주는 사람들이 있다는 사실이 취업하는 데도 더 도움이 되었던 것 같습니다.

본격적인 취업 준비

방송반 활동에 학과 공부에 정신없이 2년을 보내고 3학년 1학기가 되어 뒤를 돌아보니, 학점과 동아리 활동 외에는 취업을 위해 아무것도 준비한 것이 없는 저를 발견하게 되었습니다. 그 순간 가슴이 철렁했습니다. 과연 내가 취업을 할 수 있을까 하는 두려움이 생겼습니다. 그래서 그때부터 인턴십을 하고, 토익 성적을 만들고, 공모전이나 봉사 활동에도 많이 참여하려고 노력했습니다. 늦게 시작한 만큼 힘도 많이 들었습니다. 스펙 쌓기로 대학 생활이 왜곡된다고들 하지만, 취업에 대해, 내 적성과 장래에 대해 진지하게 고민하는 것이 얼마나 중요한지를 그제야 깨달았습니다. 저는 그 시점에 적성에 맞는 일이 무엇인가 고민하느라 굉장히 힘들었습니다.

취업 성공을 위한 차별화

저는 스펙이 화려하진 않지만, 가고 싶은 회사를 정해서 전략적으로 그 회사가 원하는 바가 무엇인지 파악하려고 노력했습니다. 이러한 노력이 남들과 다른 차별화된 취업 준비였다고 생각합니다. 지금 다니는 동원시스템즈에도 면접을 보기 전에 무작정 회사에 찾아갔습니다. 그런데 회사가 얼마 전 이전했다는 것입니다. 다행히 남은 작업을 하느라 남아 있는 부장님 한 분을 만날 수 있었습니다. 그분이 새로 이전한 곳의 위치를 알려주면서 더 자세히 안내해줄 직원의 연락처까지 주셨습니다. 새로 이전한 회사로 찾아갔을 때, 사업지원팀 부장님이 직접 제 질문에 일일이 친절하게 설명을 해주셨습니다.

동원그룹 하계 인턴십 면접을 함께 치른 분들은 모두 저보다 스펙이 훨씬 좋았습니다. 영업직 면접이었기 때문에 운전면허증이 있는 사람을 우대해준다고 했는데, 그것도 저만 없었습니다. 자격증도 없고 해외 경험도 없는 제가 합격할 수 있었던 것은 바로 자신감 때문이었습니다. 자기소개 첫머리부터 "저를 봐주시기 바랍니다. 제가 여자라서 연약해 보일 수도 있겠지만, 저는 남자 못지않은 추진력과 당당함이 있습니다"라고 말했습니다. 그러자 이력서만 보고 계시던 면접관들이 저를 보며 웃으셨습니다. 그때 '성공했구나!'라고 생각했습니다.

계속 적극적으로 말했습니다. 면접 보기 전에 회사를 방문했던 이야기를 하면서 정말 이 회사에 애정이 있다는 것을 표현하기도 했고, 면접이 끝날 때쯤 직접 만든 쿠폰을 면접관님들에게 나눠드리기도 했습니다. 일명 '상아와 술 한잔 쿠폰'이라는 것인데, 제 사진과 연락처를 넣어서 만든 쿠폰입니다. 그 쿠폰을 드리면서 "기회가 된다면 면접관님들에게 술을 대접하면서 사회 생활과 동원에 대해 더 많이 배우고 싶습니다. 연락 주시기 바랍니다"라고 말했습니다. 그리고 정말 연락이 왔습니다. 면접관으로 참여했던 지금의 우리 팀장님이 인턴 합격자 발표도 나기 전에 전화를 주셔서 당당하고 적극적인 모습이 맘에 든다며 당신 팀으로 데려가고 싶다고 말씀해주셨습니다. 여러분도 본인만의 전략을 세우기를 바랍니다.

입사 이후

입사 이후 가장 중요한 것은 적응이었습니다. 회사는 학교와는 하는 일도 분위기도 전혀 다른 곳이기에 업무에 적응하는 것이 최우선이었습니다. 업무를 빨리 익히려면 회사의 선배님들과 친해지는 것이 우선이라고 생각했습니다. 그래서 회식 자리가 생기면 빠지지 않고 참석하려고 노력했고, 회사 안에서는 모든 분께 마주칠 때마다 몇 번이고 밝게 인사했습니다. 그랬더니 다들 좋아해주시면서 일에 대해 많이 알려주셨습니다. 그리고 저는 팀 내의 멘토 과장님과 정기적으로 티타임을 가지면서 회사 생활에서 겪는 어려움을 상담하고 업무에 대해 피드백을 받았습니다. 멘토 과장님 덕분에 업무를 익히는 데 많은 도움이 되었습니다.

물론 이렇게 적응을 위해 노력했음에도, 저 역시 신입 사원 사춘기를 겪었습니다. 입사한 지 한 3개월 정도 되니까 이곳이 나에게 정말 맞는 곳인가, 이 회사에 계속 다녀야 하는가, 아니면 더 크고 좋은 회사에 다니기 위해 다시 시작해야 하나 하는 고민이 생기기 시작했습니다. 그때 취업 스터디의 멘토였던 박원철님이 큰 힘이 되어주셨습니다. "어떤 회사에 가든 지금 같은 고민은 생길 것이고, 그때마다 참을성 없이 관둔다면 어느 회사도 널 받아주지 않을 것이다. 꾸준히 참고 견디면서 자기계발을 해나가면 분명 좋은 기회가 찾아올 테니 고민하지 말고 지금 회사에서 더 즐겁게 적응하며 생활해라." 이렇게 조언해주셨습니다. 신입 사원 사춘기는 혼자만의 고민으로는 절대로 해결할 수 없습니다. 주위의 선배나 멘토를 찾아가 상담하는 것이 가장 좋은 해결책이라고 생각합니다.

영업직에 필요한 능력

많은 분이 영업직에 관심을 두고 있을 것입니다. 영업은 회사 내 사업에 대해 정확하게 파악하고 분석하는 능력, 영어 실력, 마케팅, 회계 지식, 전공 지식 등이 필요하므로 회사에 입사해서도 꾸준히 공부해야만 하는 부서입니다. 그래도 가장 중요한 것은 아무래도 인맥 만들기가 아닐까 싶습니다. 얼마나 많은 사람을 아는가보다는 사람의 마음을 움직일 수 있는 진심과 노력, 커뮤니케이션 능력, 협상 능력을 키우는 데 관심을 가지고 준비하면 많은 도움이 될 것입니다.

저는 이제 갓 졸업했고 일한 지도 얼마 안 된 신입 사원이지만, 벌써 대학 생활에 대한 아쉬움이 많이 남습니다. '좀더 부지런했다면 더 많은 경험을 할 수 있었을 텐데' 하는 생각을 합니다. 지금 당장 수첩을 꺼내서 하고 싶었던 일들을 쭉 정리해보고 당장 실천하기 바랍니다. 회사에 입사하고 나면, 생각보다 하기 힘든 것이 많습니다. 특히 여행은 무조건 많이 하고, 연애도 놀기도 많이 해보는 것이 좋습니다. 회사에 와보니 학점도 중요하지만 사람들과 조화롭게 생활할 수 있는 능력이 매우 중요하다는 것을 새삼 느끼고 있습니다. 다만 자신만의 목표는 항상 잃지 말아야 합니다. 놀 때 놀고 공부할 때 공부할 줄 아는 사람이 성공한다고 생각합니다. 취업의 노예가 되지 말고, 긍정적인 마음으로 취업을 준비하기를 바랍니다.

지금 내가 행복한 일에 몰입하자

이대근
IBM IT 보안 전문가
Young Leaders Club 활동, 영국 대학연합배 스포츠댄스 2위
중앙대학교 컴퓨터공학과 졸업

IBM

IBM은 'International Business Machine'의 약자입니다. CTR 라는 타자기 회사로 시작한 IBM은 2011년에 창립한 지 딱 100주년을 맞았습니다. 예전엔 검은색 투박한 노트북 싱크패드ThinkPad로 유명했지만, 현재는 기업 고객만을 대상으로 하고 있어서 IBM이 생소한 분도 있을 겁니다. 외국계 IT기업 IBM은 현재 도곡동에 본사가 있고, 약 2000명이 근무하고 있습니다.

제가 담당하는 일은 IBM IT 보안입니다. 글로벌 IBM의 표준화된

보안 정책이나 절차를 한국 IBM 혹은 고객에게 전달하고, 제대로 운영할 수 있도록 컨설팅도 하고 교육도 합니다. 쉽게 설명해서 요즘 연이어 발생하는 각종 해킹 사건이 발생하지 않도록 주도면밀하게 준비하고 방어하는 일을 합니다.

저는 배우기 위해 IBM에 지원했습니다. 운좋게도 이미 IBM에서 근무하는 훌륭한 멘토를 알고 있었습니다. 그분들을 여러 번 찾아뵈면서 IBM의 문화, IBMer들의 사고방식, 인재 양성 프로그램에 대해 알 수 있었습니다. 신입 사원에게 높은 연봉을 제시하는 회사는 있어도, 신입 사원에게 많은 것을 가르치는 회사는 많지 않다고 봅니다. 경영학의 많은 사례 연구에서 주된 연구 대상인 IBM을 몸소 체험할 수 있다는 사실은 저를 전율하게 했습니다.

후진 아이에서 당당한 아이로

부끄럽지만 이 자리를 통해 저는 조금 더 살아본 선배로서 제가 걸어온 길에 대해 이야기하고자 합니다. 저는 직장을 오래 다닌 것도 아니고, 척척 준비해서 취업을 한 사람도 아니고, 그렇다고 달변가도 아닙니다. 대단하진 않지만 후회 없이 행복했던 제 과거를 허심탄회하게 말씀드리고 싶습니다.

지금 생각해보면 저는 참 철도 없고 끈기도 없는 아이였습니다. 하기 싫은 일은 죽어도 안 했고 좋아하는 일만 골라서 했습니다. 요즘 학생들은 미래에 대한 설계 속에서 진로를 준비하고 전공을 결정하지만, 저는 단순히 정말 게임을 좋아했기 때문에 제 전공을 택했습니다. 게임을 하는 게 재밌으니 게임을 직접 만들어봐도 재밌을 것 같다는 단순한 논리였습니다. 하지만 막상 대학에 들어가서는 공부에 바로 흥미를 잃었습니다. 특별히 관심이 가는 과목이 없으니 수업에 빠지는 날이 대부분이었고, 밤샘 과제는 지루하기 짝이 없었습니다. 학교에 실망한 나머지 재수를 생각하기도 했습니다. 그런데 그것도 결심이 제대로 서지 않아 그만뒀습니다. 정말 무엇 하나 꾸준히 못하는, 근성이 부족한 아이였습니다. 많이 방황하고 친구들과 어울려 놀기에만 바빴습니다.

그러다가 결국 가족의 권유로 끌려가듯 들어간 곳이 군대입니다. 따분한 군대 생활에서 제가 흥미를 붙일 곳은 책밖에 없었습니다. 그러던 어느 날 우연히 읽은 책 『너 외롭구나』에서 다음과 같은 구절을 발견했습니다. "대학이 후진 것은 멋진 대학생이 없기 때문이다. 당신이 멋져야 할 바로 그 대학생이다." 이 구절은 제 삶의 관점 자체를 바꿔놓았습니다. 제 인생이 재미없고 후진 것은 바로 제가 재미없고 후지기 때문이었던 것입니다. 대학 생활 내내 환경이나 다른 사람에게 책임을 돌리면서 덧없이 시간을 보내고 있었던 것입니다. '모든 결과의 책임은 어느 정도는 내게 있다. 내 인생을 스스로 결정하고 끝까지 책임지는 사람이 되자.' 이렇게 생각을 고쳐먹으니 세상이 달리 보이기 시작했습니다. 그때부터는 제가 제 삶의 주인공이었습니다.

취업 준비

군대를 제대한 후에는 모든 것이 달라져 있었습니다. 따분했던 캠퍼스도 제 무대라고 생각하니 등굣길에 가슴이 설렜습니다. 사실 대학에서 배우는 모든 수업은 크게 다르지 않습니다. 그리하여 저는 학문 자체보다 학문을 닦는 과정과 사람들을 만나는 과정에서 '인생의 교양과 깊이'를 쌓으려고 노력했습니다. 여자친구를 통해 알게 된 '영 리더스 클럽Young Leader's Club'은 제게 또하나의 즐거운 무대였습니다. 영 리더스 클럽은 전경련 산하의 경제연구 대학연합 동아리입니다. 제 자신을 새로운 무대에 올리고 새로운 사람들을 만나는 것은 한편 부끄럽기도 하지만 행복한 일이었습니다. 평일엔 영 리더스 클럽에 전념했고, 토요일엔 취미로 시작한 스윙댄스에 심취했고, 일요일엔 '한국외국인근로자지원센터'에서 외국인 근로자들에게 한국어와 컴퓨터를 가르치는 봉사 활동을 했습니다.

어느 것 하나 취업을 바라보고 하지는 않았습니다. 사실 그럴 정도로 머리가 좋은 사람도 아닙니다. 또한 솔직히 취업을 바라보고 했다면 그렇게 열심히 할 수 없었을 것 같습니다. 제가 그렇게 바쁘게 살 수 있었던 이유는, 그 모든 것이 정말 행복했기 때문입니다. 지속적인 몰입은 지속적인 행복과 함께하기 때문입니다.

학점은 좋지 않았지만 다행히 영어 점수는 좋은 편인데다 관심도 많아서 여러 번 학교 국제 교류부를 기웃거렸습니다. 학교에서 제공하는 좋은 프로그램을 모르는 학생이 많아서 그랬는지 운좋게 영국에 교환학생으로 갔습니다. 1년간 교환학생으로 있다가 돌아와, 마케팅에 관심이 많았던 저는 외국계 기업 지멘스Siemens 메디컬 마케팅 부서에서 인턴 생활을 했고, IBM 공채 일정에 맞춰 IBM에 지원했습니다.

시련의 극복

제가 결국 스펙이 좋아서 취업에 성공했다고 생각할 수도 있습니다. 믿을지 모르겠지만, 그저 그 순간 저를 가장 행복하게 하는 일에 매달렸고 최선을 다했습니다. 제 삶의 행복을 위해 살아온 길이 제 스펙입니다. 스스로 책임졌던 삶에 제가 자신 있는 것은 당연한 일이었습니다. 또하나 말씀드리면, 저는 토익 점수가 없습니다. 교환학생을 마치고 돌아왔을 때가 4학년 2학기였는데, 토익 시험을 포기하고 무작정 국토대장정을 떠났기 때문입니다. 취업 준비를 하지 않는 저를 주변에서 많이 걱정했는데, 그 당시에 어떤 용기로 그렇게 할 수 있었는지 모르겠습니다.

그 때문에 구직 활동을 하던 시기에는 솔직히 좀 힘들었습니다. 아무것도 준비하지 못한 상태였으니 지원 자체도 몇 군데 하지 못했고, 짧은 시간 안에 면접관의 의도를 잽싸게 파악해서 대응해야 하는 대기업의 압박 면접에서 떨어지기도 했습니다. 바쁜 지원 일정에 친구들의 합격 소식이 하나둘 전해지자 갑자기 불안해졌습니다. 친구들에 비해 뒤처지는 것 같아 자존심도 상했고, 부모님 기대에 부응하지 못하는 것

136

같아 부끄러웠습니다.

그러던 중 갑자기 우울한 제 자신이 조금 우습다는 생각이 들었습니다. 스스로 선택해 살아온 삶이고 순간순간 행복했음에도 그 흔적에 당당하지 못했던 저를 용서할 수 없었습니다. 그리하여 저는 제 인생을 간단히 요약해서 하고 싶은 말 몇 가지를 골라 솔직한 제 자신을 보여주자고 마음먹었습니다. 그때부터는 오히려 면접에 자신감이 붙었습니다. 면접관이 어떤 질문을 하든지 적절한 타이밍에 제가 꼭 하고 싶어 준비했던 말을 진솔하게 풀어냈습니다. 그때는 불편했던 면접장마저 제 무대가 된 것입니다. 모두 다섯 군데에 지원해서 앞서 지원한 세 군데에서 떨어지고 이후 두 군데에 합격하여 그중 IBM을 선택했습니다.

먼저 외국계 회사에 대해 말씀드리겠습니다. 외국계 회사는 소통을 중시하고 책임감 있는 사람을 선호하는 편입니다. 본인의 이름을 걸고 진행하는 업무가 많기 때문에 확실하게 소명 의식을 가지고 일해야 합니다. 철저하게 업무를 기반으로 소통하기 때문에 관계가 수평적이고 업무 분위기도 유연한 게 사실입니다. 책임감을 강조하기 때문에 개인을 신뢰하고 일을 위임하므로 개인의 성과를 중요하게 여깁니다.

취업 준비에 한창인 분들에게 꼭 드리고 싶은 말씀이 있습니다.

첫째, 무슨 일을 하더라도 본인이 스스로 즐겁게 할 수 있는 일을 하면 좋겠습니다. 그러면 미래의 성공을 장담할 순 없어도 미래의 행복은 장담할 수 있습니다. 행복한 스펙을 쌓으십시오. 스스로 즐거울 수 있을 때 당신의 재능이 빛을 발할 것입니다.

둘째, 취업할 때 중요한 것은 그 일을 하고자 하는 열망입니다. 객관적 지표인 스펙조차 더이상 믿을 수 없다는 신문 기사는 이제 새삼스럽지도 않습니다. 인플레 현상이 심한 스펙에만 집중하다보면 스스로를 돌아볼 시간이 없어집니다. 스펙보다는 현재 관심 분야에서 일하는 선배들을 만나보시기 바랍니다. 입사 초기에 무슨 일을 하는지, 어떤 비전을 갖고 있는지, 그리고 내가 그 일을 즐겁게 할 수 있는지 고민해보기 바랍니다.

셋째, 본인의 이미지를 가꾸어야 합니다. 같이 일하고 싶은 사람은 눈빛부터 다릅니다. 본인의 행동, 나아가 삶을 책임질 줄 아는 사람은 그런 눈빛을 가졌습니다. 거울을 보며 노력하십시오. 여러분이 사장이라고 칩시다. 같이 일하고 싶은 사람이 거울 속에 있나요?

어느 조직이든 꾸준히 열심히 일하는 사람을 선호하기 마련입니다. 앞서 말했지만 지속적인 책임감은 지속적인 몰입, 행복이 함께해야 합니다. 미래의 입신양명을 위해 현재의 불행을 참는 이의 이미지가 훗날 어떻게 변할지 저는 책임질 수 없습니다. 재능의 발견은 인생의 목표와도 같습니다. 그리고 재능은 무엇을 얼마나 잘하느냐가 아니라 얼마나 그것을 즐길 수 있느냐 하는 것입니다. 사석에서 이런 이야기를 하면 제가 아직 어리다는 말을 많이 듣습니다. 고마운 충고입니다. 제가 세상을 모르고 하는 말일 수도 있습니다. 하지만 매 순간 행복하게 사는 것이 어리게 사는 것이라면 저는 평생 어리게 살고 싶습니다.

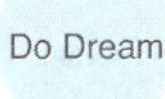

꾸준히 페달을 밟으면
언젠가는 목적지에 도착한다

정태일
포스코켐텍 홍보팀
『바이시클 다이어리』『서른 살, 회사를 말하다』 지은이
서울시립대학교 국어국문학과 졸업

진짜 홍보인이 되기 위한 열정의 페달 밟기: 정태일에게는 스토리가 있다

SCENE #1: 탈락 그리고 하고 싶은 게 하나도 없다는 공포

2005년, 대학 졸업 후 바로 군 입대를 했다가 막 전역한 사회 초년
생이었을 당시만 해도 세상은 만만해 보였고 가슴은 끓었습니다. 남들
하는 만큼 공부도 마쳤고 그럴듯한 대학까지 나왔으니, 이젠 깔끔한 양
복을 차려입고 종로나 강남의 고층 빌딩으로 출퇴근하는 일만 남았다
고 생각했습니다. 눈에 차는 회사는 별로 없었지만, 혹시나 하는 마음
에 안전하게 몇 군데 눈을 낮춰 이력서를 냈습니다.

그런데 결과는 탈락, 탈락, 탈락, 탈락 또 탈락. 3개월 동안 40번째 서류 전형에서 떨어지고 나니 처음의 패기는 코딱지만큼도 남지 않았습니다. 초라했고 부끄러웠고 심지어 무서웠습니다. 상황이 꼬일수록 저는 불안감을 지우기 위해 스펙 쌓기에 더욱 집착하게 되었습니다. 그러다 문득 깨달았습니다. '나의 가장 심각한 문제는 스펙이 아니다!'라고. 서른이 다 되도록 진짜로 하고 싶은 게 뭔지 아리송하다는 것, 그거야말로 끔찍한 공포였던 것입니다.

아버지는 그런 저를 불러 술잔을 채워주셨습니다. 조금 늦더라도 가장 하고 싶은 게 무엇인지 찾아보라며 "자전거로 유럽을 달려보는 건 어떠냐?" 하는 놀라운 말씀을 꺼내셨습니다. 저는 그때 '유럽을 자전거로 여행하려면 도대체 얼마만큼의 의지가 필요할까, 내가 과연 할 수 있을까?'라는 걱정이 앞섰습니다. '자전거로 유럽을 달린다고 해서 내 인생이 과연 달라질까' 하는 의문은 여전히 남아 있었습니다. 하지만 내가 이것을 해낸다면, 내 삶에 어느 정도 자신감을 가질 수 있겠다고 생각했습니다.

딱 하루를 치열하게 고민하고 2주 후 프랑스행 비행기에 자전거를 실었습니다. '빨간 비늘'이라고 이름 붙인 자전거를 타고 새로운 세상을 기분좋게 나아가는 모습을 상상하면서. 유럽에서 64일 동안 이력서와 토익, 자격증은 모두 잊고 프랑스와 스페인, 독일에서 미친 듯 페달을 밟고 또 밟았습니다. 제 청춘에 열정이 가득차길 간절히 바라면서. 처음에는 지도를 보며 불안하게 움직였지만 다행히도 제 젊은 심장은 금방 그곳에 적응했습니다. 무엇을 꼭 봐야 한다는 의무감도, 여기만은 꼭 가야 한다는 생각도 사라졌습니다.

몸으로 부딪친 자전거 유럽 여행은 낭만과는 거리가 멀었습니다. 싸구려 유스호스텔에서 홀로 숙박하는 일은 다반사였고, 때로는 노숙도 피할 수 없었습니다. 힘들었습니다. 하지만 그럴 때마다 이상하게도 저를 응원해주는 사람들을 계속 만났습니다. 그들의 응원에 힘을 얻으며 누가 시키지도 않았는데 내친김에 자전거를 타고 국경을 넘어보기로 했고, 결국 성공했습니다. 그때의 기분은 이루 말할 수 없습니다. 만약 기차로 이동했다면, 유럽의 바람이 제 볼을 어루만지고 지나갈 때의 느낌을 알 수 없었을 것이고, 그때의 감정을 지금처럼 선명하게 글로 전할 수도 없었을 것입니다.

SCENE #2: 『바이시클 다이어리』, 청춘의 열정을 찾아 떠난 자전거 여행

한국에 돌아온 후 일주일이 흘러서야 '내가 정말 자전거로 유럽을 달렸구나'라는 게 실감났습니다. 64일간 약 3500킬로미터를 달렸고, 700만 번 페달을 밟았으며, 하루 평균 10시간을 자전거 위에서 보냈습니다. 햇빛에 팔다리가 새까맣게 타 원래의 피부색이 어땠는지 기억조차 할 수 없었습니다. 타이어가 다섯 번이나 펑크가 났고 손톱은 세 번이나 깨졌지만, 현지인 50여 명과 만났습니다. 돌아보니, 제가 그 자전거 여행에 성공할 수 있었던 이유는 세 가지였습니다. 첫째, 저를 응원해주는 사람들을 만났다는 것. 둘째, 목적지를 향해 심장이 터질 때까지 꾸준히 페달을 밟았다는 것. 셋째, 이 모든 일이 가능할 거라는 열정과 의지를 가진 것입니다.

저는 이때의 기록을 『바이시클 다이어리』라는 책에 담았습니다. 자전거 유럽 여행을 통해 얻은 가장 큰 수확은 스토리텔러로서의 성장 가능성을 세상에 증명해 보였다는 점입니다. 스토리텔링은 SNS 시대를 이끌어가려는 홍보인이 갖춰야 할 핵심 역량이니, 저는 커다란 무기 하나를 갖춘 셈입니다. 또 이러한 경험을 바탕으로 '유니브엑스포' '세계 견문록' 같은 모임에서 대학생들과 소통하며 '여행과 자기계발'에 대해 발표하는 기회를 여러 번 가졌습니다.

이후 '스토리가 스펙을 이긴다'라는 명제를 증명하듯 취업 합격을 알리는 해피콜을 여러 번 받았습니다. 그중 영어교육 전문기업 홍보팀과 인연이 닿아 2007년부터 본격적으로 언론 홍보, 사내 커뮤니케이션 업무를 맡았습니다. 너무나도 하고 싶던 일이었지만, 실제 그 업무에 익숙해지고 만족할 만한 성과를 내기까지는 어려움이 있었습니다. 부족한 점도 많았고, 게으름이 불쑥불쑥 튀어나오기도 했습니다. 그럴 때마다 유럽에서 흘린 땀방울을 기억하면서 5년간 홍보인으로서 갖춰야 할 역량과 노하우를 차곡차곡 쌓았습니다. 영어교육은 업체 간 경쟁이 치열하고, 차별적인 이슈 개발은 매우 어려운 특성을 갖고 있습니다. 분명한 비전을 제시하고 구체적인 성과를 만들어내는 것이 관건입니다. 이를 위해 생생한 현장의 에피소드를 발굴하고 고객 참여형 스토리텔링을 구축하는 데 주력했습니다.

SCENE #3: 딱딱한 꼰대에게 전하는 말랑말랑한 뒷공론

돌이켜보면 사회 생활 7년차가 되기까지 몇 번의 고비를 넘겼습니

다. 제가 가진 열정의 크기가 줄어드는 기분도 느꼈습니다. 1년을 못 참고 그만두는 동료와 후배 들을 지켜보며 어떤 때는 공감하기도 했고, 어떤 때는 조금 더 멀리 봐야 하지 않을까 안타까움을 느끼기도 했습니다. 그런데 매스컴은 조기 퇴사하는 신입 사원의 단견만 비난했습니다. 제가 지금 막 건너온 신입 사원 시절을 돌이켜보고 후배들을 인터뷰하며 신입 사원을 위한 이유 있는 변명을 대신해주고 싶었습니다. 두번째 책 『서른 살, 회사를 말하다』는 그렇게 썼습니다.

짧은 직장 생활 경험을 가지고 이러쿵저러쿵 회사를 객관적으로 평가할 위치에 서 있지는 못합니다. 하지만 조금 부족하더라도 부족한 대로 진짜 이야기를 모아보면 나름대로 의미 있는 내용이 되지 않을까 하는 생각을 조심스럽게 합니다. 386세대 혹은 그전 세대인 임원들이 팔짱을 낀 채 멀리서 바라보는 회사와 신입 사원이 몸으로 부딪치며 살아가는 회사가 같을 수는 없기 때문입니다.

실제로 요즘 신입 사원들은 엄청난 스펙으로 무장했지만 1년을 채 버티지 못하고 퇴사하는 경우가 허다합니다. 그런데 이것이 단순히 그들을 개념 없는 애송이 정도로 취급해버리면 끝나는, 간단한 문제는 아닌 것 같았습니다. 처음에는 이들을 대체 어떻게 이해해야 할까 혼란스럽기도 했습니다. 그래서 갓 취업한 1년차 후배들한테 전화를 걸어 소주 한잔 마시면서 이야기를 들어봤더니, 겉보기엔 말짱했던 후배들도 사실은 속으로 끙끙 앓고 있었습니다. 소위 '루저'가 되기 싫어서 '묻지마 이력서'를 넣어 어떻게든 입사는 했는데, 막상 회사 생활을 해보니 상상했던 직장 생활과는 완전히 딴판이라는 겁니다. 참 아이러니한 일입니다. 취업할 땐 영혼이라도 팔 것 같았던 신입 사원들이 막상 입사하고 나면 퇴사하고 싶어 안달이라는 것입니다.

그래도 좋은 말로 후배들을 다독거려서 회사 생활 열심히 하라고 격려하는 수밖에 없었습니다. 그래서 도움이 될 만한 신입 사원 자기계발서를 사려고 했는데 이래라저래라 하며 가르치는 말만 있고, 신입 사원들이 왜 '신입 사원 사춘기'를 겪는지, 어떤 고민 속에서 어떻게 좌절하는지를 그대로 보여주는 책은 없었습니다. 그래서 제가 직접 이 책을 써내게 되었습니다. 1980년 전후에 태어나 2005년 전후에 회사 생활을 시작한 이들이 회사에서 겪는, 살아 있는 고민을 담아보고 싶었습니다. 바로 저와 제 주변의 평범한 이야기에서 시작했습니다. 드라마 같은 효과를 위해 책 속에선 인물과 상황을 전형적으로 묘사했습니다.

처음 책을 내고 주위의 반응은 대략 7 대 3 정도였습니다. 아쉽게도 "너 이런 책을 내고도 회사 계속 다닐 수 있겠니?"라는 분노 섞인 걱정을 하는 분들의 반응이 7이었습니다. 무능력하거나 일중독에 걸린 상사를 흉보기도 하고, 회사의 낡은 시스템을 신입 사원 입장에서 한참 꼬집기도 했기에, 그런 점이 불편했던 것 같습니다. 직장인이라면 다 알지만 아무도 말하지 않는 회사 생활의 부조리랄까, 그런 것을 이야기하니 아무래도 불편했을 겁니다. 반면에 "이거 바로 딱 내 이야기다. 속 시원하다! 재밌다!"라며 공감과 응원의 메시지를 보내준 분도 여럿 있어서 힘이 났습니다.

제가 겪은 신입 사원 사춘기를 말씀드리겠습니다. 저는 바로 불통不通에

144

서 사춘기를 겪었습니다. 비전의 불통, 가치관의 불통, 다름의 불통입니다.

첫번째, 기업과 신입 사원의 비전이 통하지 않는 이유는 바로 '묻지 마 이력서' 때문입니다. 자기가 무엇을 하고 싶은지 진지하게 고민 한번 제대로 하지 않고 일단 붙고 보자는 식으로 덤벼들기 때문에 비전이 통하지 않을 수밖에 없습니다. '묻지 마 취업'은 상당히 위험합니다. 지금 당장이 아니라, 내가 10년 후까지 무엇을 하고 싶은지 진지하게 고민해보고 이력서를 넣어야 합니다. 능력은 좋은데 무엇을 하고 싶은지 모르는 것은 능력이 없는 것보다 더 큰 문제입니다. 반대로 회사가 신입 사원에게 비전을 제시하지 못하는 경우도 있습니다. 이제 막 걸음을 뗀 신입 사원이 자신의 일에 밥벌이 이상의 의미를 가질 수 있도록 비전을 심어주는 것이 필요합니다. 저는 회사와 신입 사원 모두가 이 문제를 해결할 책임이 있다고 생각합니다. 이를 중재해줄 수 있는 롤모델이 필요합니다.

두번째는 회사가 신입 사원에게 기대한다고 말한 것과 신입 사원이 회사에서 만나는 상황은 각각 다르다는 겁니다. 회사는 창의성, 도전의식, 열정 등 듣기만 해도 힘이 나는 단어들을 내세우며 면접을 진행합니다. 그런데 막상 업무 현장에서 듣게 되는 말은 정반대일 때가 많습니다. "하던 대로 해" "나도 다 해봤어" "시키는 것만 해" 같은 말이 공공연하게 떠도는 분위기에서 이게 갓 사회에 발을 내디딘 신입 사원들이 무기력해지는 것은 당연합니다.

세번째는 서로 다르다는 점을 가볍게 여긴다는 겁니다. 화성 남자와 금성 여자만큼이나 다른 게 상사와 신입 사원입니다. 앞서 말씀드렸듯이, 이런 상황은 일부 부적응자들의 이야기가 아닙니다. 다르다는 것은 서로를 보완할 필요가 있다는 것인데, 무조건 윗사람을 따라가야 한다면 비슷한 사람들만 모여 지금까지 했던 것만 하는, 밥벌이로서의 직장에 그칠 수도 있습니다. 회사가 성장하려면 조직 구성원들 서로가 다르다는 것을 인정하고 그 장점들을 조합하는 기업 문화를 조성하려 노력할 필요가 있다고 생각합니다. 다르기 때문에, 그리고 다른 것을 받아들이기 때문에 성장하는 거라고 저는 배웠습니다.

지금까지 말씀드린 과정을 통해 저는 "냉정과 열정 사이"를 아우르는 균형잡힌 태도를 갖출 수 있지 않았을까 조심스럽게 스스로를 평가해봅니다. 덕분에 페이스북 최대의 대학생 그룹 F-KUSA에서 대학생들에게 직업 멘토링을 해주는 기회도 가질 수 있었습니다.

취업을 준비하는 대학생 후배에게

넥타이에 대한 환상을 깨자

『서른 살, 회사를 말하다』에 대한 이야기를 좀더 나눠보면 취업 준비생들이 넥타이의 환상에서 벗어나는 데 큰 도움이 될 것 같습니다. 넥타이 환상이란 취업만 하면 모든 일이 해결될 것이라고 생각하는 '묻지 마 지원'을 가리킵니다. 하지만 대학생만 되면 다 잘될 것이라는 캠퍼스 낭만이 금방 깨지는 것처럼, 넥타이 환상이 깨지는 것도 시간문제입니다. 직장은 경제적 성인이 자신의 꿈을 이뤄가는 어른들만의 생활

146

무대이지, 무의미한 실수와 아마추어리즘이 인정되는 연습장이 아니기 때문입니다.

그런데 실제로 요즘 신입 사원의 스펙은 점점 더 화려해지기만 합니다. 후배 중에 토익이나 공모전, 학점 같은 취업 3종 세트는 기본이고, 심지어 마술까지 배워오는 신입 사원도 봤습니다. '스펙을 보지 않고 뽑겠다'는 대기업의 발표가 여럿 있었지만 그것을 액면 그대로 믿는 취업자는 별로 없습니다. '스펙만으로 뽑지 않겠다'는 뜻으로 이해하는 게 더 정확합니다. 아무튼 이렇게 스펙이 화려해지고 이야깃거리도 풍부해진 신입 사원들은 예전 세대에 비하면 개인적 능력이 뛰어난 것은 분명한 사실입니다.

하지만 자세히 살펴보면 헛똑똑이가 더러 있습니다. 자기가 무얼 하고 싶은지 잘 모르는 경우가 있습니다. 회사에 대한 충성도도 떨어지는 게 사실입니다. 하지만 동기부여만 제대로 된다면 지금까지와는 달리, 빠르고 즐겁게 일을 해내기도 합니다. 불만만 많은 세대로 보일 때도 있지만, 열정적이고 여유를 즐길 줄 아는 세대이기도 한 게 바로 지금의 신입 사원들입니다. 한마디로 지금까지와는 분명히 다른, 종잡을 수 없는 세대인 것만은 확실합니다.

책 속에서 자주 사용되는 '신입 사원 사춘기'라는 표현은 한마디로 뚜렷한 이유 없이 "회사 가기 싫어"를 입버릇처럼 외치며 직장 일에 불만을 갖는 증세를 말합니다. 청소년기에 사춘기가 찾아오면 괜히 싱숭생숭하고, 난생처음 철학적인 질문들 앞에서 진지하게 고민하기도 합니다. 신입 사원이 딱 그렇습니다. '이 일이 나에게 맞는 일일까' '과연

이대로 계속 회사를 다녀도 되는 걸까' '왜 이 회사는 나한테 이런 하찮은 일만 시키는 걸까' 등 수많은 고민에 휩싸입니다. 그게 바로 신입 사원 사춘기입니다.

물론 "요즘 신입 사원들은 끈기 없고, 개념 없고, 예절도 모른다"라는 식의 '비난 3단 콤보'나 "일자리가 주어진 것만도 감사할 일인데 배가 불러서 하는 소리. 내가 왕년에는……" 하는 '전설의 고향'류의 훈계를 늘어놓는 부정적인 시각도 상당수 있는 게 사실입니다. 하지만 이것이 회사 생활에 적응하지 못하는 신입 사원 한두 사람만의 이야기가 아니라, 90% 이상의 이야기가 되면 상황은 달라집니다. 더군다나 이대로라면 앞으로는 더욱더 그 주기가 짧아지고 수도 많아질 텐데, 그렇다면 다른 각도로 짚어볼 만한 문제라고 생각합니다. 흔히들 3년이 고비라고 하는데, 이젠 3개월이 고비가 될 수도 있는 것입니다.

리더십에 어울리는 팔로워십을 갖추자

회사를 성장시키는 두 가지 축은 바로 상사의 리더십과 부하 직원의 팔로워십이 아닐까 생각합니다. 이 둘은 누가 먼저랄 것도 없이 서로를 북돋워주는 관계입니다. 그런데 반대의 경우도 종종 있습니다. 리더는 신입 사원의 이기심과 무례함, 무지를 탓하며 팔로워십을 문제삼고, 신입 사원은 리더의 무능력, 무책임, 배려 없음을 흉보며 리더십을 문제삼는 최악의 악순환 말입니다. 리더가 아무리 좋은 리더십을 발휘한다고 해도, 구성원의 팔로워십이 부족한 경우도 쉽게 볼 수 있습니다. 반면에 리더가 역할을 제대로 하지 못해 신입 사원들이 팔로워십을 갖추지 못하는 경우도 있습니다. 이것은 마치 닭이 먼저냐 달걀이 먼저냐 하는 문제처럼 어느 것이 잘못인지를 가리기 쉽지 않습니다.

이때 저는 어떤 경우든, 팔로워십보다 리더십이 문제라고 말하고 싶습니다. 회사가 사람을 뽑았을 땐, 그 사람을 이끌어야 하는 책임이 있습니다. 적절한 비유일지 모르겠지만 신입 사원은 훈련병과 같다고 생각합니다. 사격 못하고 행군하다 쓰러진다고 "우리 때는 안 그랬는데 저 훈련병은 왜 저렇게 못할까" 하고 내버려둘 수는 없는 것처럼, 리더는 신입 사원의 잘못된 팔로워십마저 바꾸는 리더십을 지녀야 한다고 생각합니다. 제 경험에 비춰보자면, 훈련을 따라오지 못하는 훈련병에게 윽박지르거나 무시하기보다는 편안하게 잘못된 부분에 대해 이야기해주는 노력이 필요합니다. 처음부터 열 발을 모두 맞히라고 다그치면 벌벌 떠는 게 당연합니다.

닭이 먼저냐 달걀이 먼저냐 하는 이 문제를 해결하려면 리더가 먼저 기다려주면서 신입 사원의 장점을 이끌어내야 하기 때문에, 사실상 팔로워십보다는 리더십이 훨씬 더 중요합니다. 다만 신입 사원이 올바른 리더십을 갖춘 상사를 만나는 행운을 얻지 못했다면, 운명을 탓하지만 말고 훌륭한 리더십에 걸맞은 팔로워십을 갖추는 게 최선일 것입니다. 그래야 신입 사원이 나중에 리더가 되었을 때 새로운 변화와 더 큰 성장을 기대할 수 있기 때문입니다.

회사가 먼저 신입 사원에게 비전을 제시해주어야 한다

예전엔 취업이나 이직이 지금보다 쉬웠어도 평생직장 개념이 강해서 한번 입사하면 그곳에 뿌리를 내린다는 생각으로 일했다면, 요즘은 일자리가 많지 않아 고용이 불안정한데도 이직률이 갈수록 높아지고 있습니다. 이런 현상은 다음과 같이 말할 수 있을 것입니다.

이직이 잦은 것은 회사를 바라보는 신입 사원의 가치관이 예전 세대와는 달라졌기 때문입니다. 지금 신입 사원들은 X세대라 불리는데, 사회학적으로 살펴보면 '대한민국 최초로 먹고사는 것을 걱정하지 않게 된 세대'라고 합니다. 그러다보니 월급이나 복지도 중요하지만 그보다 더 중요한 것을 찾게 되었습니다. 바로 보람이나 열정, 재미 같은 정신적 보상입니다. 그리고 어릴 적부터 인터넷을 통해 다른 나라의 문화를 접하거나 실제로 유럽이나 미국 문화를 체험한 사람이 부쩍 늘어나면서, 회사와 자신을 단순히 '고용자와 피고용자' '갑과 을'의 관계로만 규정짓지 않고 서로의 필요를 위한 파트너와 같은 존재가 되길 기대합니다. 물론 아직 현실은 그렇지 못한 경우가 많습니다. 이 점에서 갈등이 발생하는 것이 아닌가 생각합니다.

하지만 이직이 잦은 것이 문제는 아니라고 봅니다. 오히려 자신이 하고 싶은 일을 찾아 용기를 내는 것으로 해석할 수도 있으니까요. 다만 앞으로 회사는 인재를 확보하기 위해 예전보다 다양하고 창의적인 노력을 기울여야 할 것이라는 점만은 확실해 보입니다.

상사와 신입 사원, 욕만 하다가는 결국 서로 닮는다

신입 사원들이 생각하는 가장 훌륭한 상사는 어떤 상사일까 고민해봤습니다. 쉽게 말해 앞서 말한 3무無 상사의 반대가 아닐까 합니다. 능력 있고, 모르는 것을 꾸준하게 배우고, 책임을 나누기보다는 권리를 함께 나누고, 신입 사원들의 서툴고 부족한 모습을 참고 기다려주는 상사. 바로 '친절한 멘토'가 정답 같습니다.

물론 상사들 입장에서는 신입 사원들이 너무 개인주의적이고, 애사심도 부족하고, 스펙은 좋지만 실전형이 아니라고 생각할 수도 있습니다. 저도 개인주의나 애사심 부족에 대해서는 일부 공감합니다. 팀워크와 애사심은 직장인뿐 아니라 사회인으로서도 중요한 덕목입니다. 여러 자료를 참고하면, 형제가 적은 환경에서 일대일 과외를 받고 자라 자신을 중심으로 한 즉각적 피드백을 선호하면서 조직보다는 개인을 중요시하게 된 것 아닐까 생각합니다. 또한 신입이라는 말 자체가 드러내주듯이, 신입 사원은 상사들에 비해 경험이 부족할 수밖에 없어 실전에 바로 투입하기에는 어려움이 있습니다. 그래서 이 점은 충분한 동기부여와 멘토링으로 이끌어줘야 할 부분이라고 생각합니다. 신입 사원들은 회사 시스템을 무조건 비난하지 말고, 실수를 되풀이하지 않을 새로운 준비를 해야 합니다. 그래야 사춘기에서 빠져나와 발전할 수 있습니다.

"오랫동안 심연을 들여다보면, 그 심연 또한 너를 들여다보게 된다"는 니체의 말이 있습니다. "욕하면서 닮는다"라는 말과 통한다고 할 수 있습니다. 마찬가지로 회사를 비난하고 뒷공론하기만을 좋아하다가는 사춘기에서 헤어나오지 못하고 결국 자기가 가장 싫어했던 모습으로 변하게 될 겁니다. 제가 신입 사원 사춘기에 대해 썼지만, 그것을 무조건 옹호하는 것은 아닙니다. 사춘기는 누구나 겪지만, 그것을 겪어내고 나서 누구는 성장하고 누구는 주저앉는다는 것을 명심해야 합니다. 제가 신입 사원들의 변명 섞인, 날것 그대로의 이야기를 담은 것은 서로를 이해하는 소통의 가능성을 키워보자는 것이지, 그것을 모두 긍정한다는 것은 아니었습니다.

이야기는 힘이 세다. 단, 그것은 진짜여야 한다

산만하게 이야기했지만, 이제 메시지를 정리해야 할 것 같습니다. 돌이켜보면 유럽을 자전거로 달리며 '이게 무슨 미친 짓이야!' 하는 생각도 사실 여러 번 했습니다. 주변에서 좀더 적극적으로 말리지 않은 것을 원망할 정도였습니다. 하지만 이것 한 가지만은 확실하게 배웠습니다. 목적지를 향해 페달을 꾸준히 밟으면 언젠가는 목적지에 도착한다는 것 말입니다. 자전거를 타고 파리에서 출발해 스페인 국경을 넘었을 때 그 기분은 직접 겪지 않으면 절대로 알 수 없을 겁니다.

물론 힘들었던 점만 말씀드려 그저 고생만 한 줄로 아실 수도 있지만, 저는 그곳에서 50여 명에 가까운 현지인과 교류하면서 저만의 이야기를 풍성하게 채울 수 있었습니다. 그 이야기가 모일수록 저는 점점 더 열심히 살려고 노력하지 않을 수 없었고, 그 이야기를 모아 책으로 만들며 더 큰 성취에 관한 이야기를 지금 이 순간에도 열심히 만들어가고 있습니다. 그래서 저는 취업과 진로, 꿈을 이루기 위해 노력하는 취업 준비생 여러분에게 바로 이야기의 힘에 집중하라고 말씀드리고 싶습니다. 자기 안의 열정을 두드리는 분들의 이야기가 더욱더 풍성해지길 바랍니다. 이야기는 당신이 상상하는 것보다 힘이 셉니다.

취업 준비생이 자신에게
물어봐야 할 세 가지

이정택
매일유업 인재개발팀
서강대학교 경영전문대학원 졸업

세 이야기에 앞서 질문 하나 드리겠습니다.

기업이란 어떤 곳일까요? 기업은 어떤 인력을 필요로 할까요?

참고로 말씀드리면, 『포천』 선정 500대 기업의 평균수명이 40년에 불과하고, 일본과 유럽 기업의 경우 이보다 더 짧은 13년에 불과합니다. 그렇기 때문에 기업은 지속 가능한 성장을 실현하기 위해서 조직을 구성하고 급변하는 경영 환경에 언제든 대응할 수 있는, 리더십을 갖춘 전문가들을 필요로 합니다.

그래서 오늘은 제가 취업 준비생들이 꼭 스스로에게 물어야 할 질문들을 말씀드리고자 합니다. 제가 하는 질문에 "네"라는 답이 나오도록 준비한다면 반드시 취업에 성공할 수 있을 겁니다.

첫번째, 비전을 가지고 있습니까?

비전(꿈)은 살아 있는 목표이자 미션입니다. 그리고 다음의 구성 요건을 갖춰야 합니다. 바로 BHAG 즉 Big(크고), Hairy(아슬아슬하며), Audacious(대담한), Goal(목표)로서 장기적으로 내가 가고자 하는 방향입니다. 또 그만큼 고민하고 내가 가진 강점이 무엇인지를 알고자 노력하는 시간이 필요합니다. 취업 준비생들에게는 반드시 필요한 요건입니다.

두번째, 목표 관리를 하고 있습니까?

목표는 'SMART'해야 합니다. 즉 Specific(구체적이고), Measurable(측정 가능하며), Attainable(도달 가능하고), Relevant(관련성 있는), Time(시간 관리)이 그 요건이라 할 수 있습니다. 또 목표 관리 Management by Objective라는 것은 목표를 향한 헌신 또는 몰입 그리고 책임을 말하는데, 이는 자기 경영의 가장 기본적인 방법입니다. 목표 관리를 위해서 하루/주간/월간 단위로 계획하고 실천해야 합니다.

시간 관리는 굉장히 중요합니다. 시간 관리는 자신과 자신의 생활을 관리하는 데 주어진 시간을 극대화하여 의미 있게 사용하는 것입니다. 학창 시절에도 공부 잘하는 친구는 짧은 시간 집중해서 합니다. 높은 성과를 얻는다는 것은 단순히 일을 많이, 오래 하는 것보다 그 일을 얼마나 효과적으로 하는가에 달려 있다고 할 수 있습니다.

세번째, 주기적인 피드백을 하고 있습니까?

'수행의 효율성'과 '목표를 향한 진행 상황' 점검이 필요합니다. 물론 피드백 결과는 긍정적일 수도 있고, 부정적일 수도 있습니다. 미국의 교육학자 존 듀이John Dewey에 따르면, 피드백이 주어질 때 학습 효과가 높다고 합니다. 하지만 대부분의 사람들은 이 과정을 간과하는 경향이 있고, 또 쉽게 피드백을 하지 못하는 경우가 많기 때문에 인생의 멘토가 있어야 합니다. 결국 "주기적인 피드백을 하고 있습니까?"라는 질문은, "인생을 함께 설계할 수 있는 사람이 있고 그에게 언제나 연락할 수 있습니까?"라는 질문으로 대체할 수 있습니다.

인생은 짧지 않습니다. 학교 공부가 끝나고 50년 이상 경제활동을 해야 합니다. 이제 겨우 인생의 3분의 1도 지나지 않았습니다. 남아 있는 3분의 2 이상을 어떻게 살 것인가요? 세 가지 질문에 답할 수 있도록 지금 당장 행동하십시오.

Part 2

인생 선배에게 듣는
생생한 직업 정보

취업 준비생이라면 누구나 어느 회사는 토익 점수만 잘 나오면 된다더라, 어느 회사는 봉사활동 경험이 중요하다더라, 하는 소위 '카더라 통신'에 혹해본 경험이 있을 것입니다. 정작 해당 기업의 인사 담당자들은 알지도 못하는 잘못된 채용 기준에 따라 의미 없는 스펙을 쌓다 시간을 허비하는 청년도 많습니다. 이처럼 구직자들이 뜬소문에 귀가 얇아지는 이유 중 하나는 기업 내부의 실무자들에게 접근하기가 그만큼 어렵기 때문일지도 모릅니다. 이번 장에서는 현장에서 뛰고 있는 인생 선배에게 업계별 인재상과 취업 전략에 대해 들어봅니다.

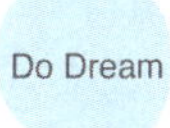

패션업계 취업 가이드

박광호
이랜드 리테일 전략본부 과장
전 이랜드그룹 채용 팀장
연세대학교 체육교육학과 · 신문방송학과 졸업

이랜드는 패션 브랜드로 가장 많이 알려졌습니다만, 최근에는 레저와 외식 사업에도 많은 투자를 하고 있습니다. 또한 패션 유통업은 국내뿐 아니라 해외에서도 좋은 성적을 거두고 있습니다. 특히 1990년대 초 진출한 중국에서는 독보적인 성공을 거뒀다고 평가받고 있습니다. 2010년에는 중국 패션계에서만 매출이 1조 3천억 원을 넘어섰는데, 이 수치는 두번째, 세번째 규모의 회사들과 비교하면 꽤 큰 차이가 나는 것입니다. 이외에도 뉴코아아울렛, NC백화점, 이천일아울렛, 킴스클럽, 패밀리레스토랑 애슐리, 뉴발란스, 티니위니, 로이드 등이 이랜드그룹이 운영하는 브랜드입니다. 켄싱턴 호텔, 리조트 등을 운영하는 이랜드레저비스 역시 객실 수 기준으로 국내에서 업계 3위에 해당하는 규모라는 사실을 아는 사람은 그리 많지 않은 것 같습니다.

패션업계의 업무별 인재상

이랜드 패션 계열 사업은 크게 생산라인 조직과 디자인 조직으로 나뉩니다. 생산라인 조직에서는 상품의 콘셉트 등을 기획하고 그것을 실현하는 일을 합니다. 하나의 상품을 탄생시키는 일을 하기에 브랜드의 어머니와 같은 역할을 한다고 보시면 됩니다.

글로벌 소싱도 맡고 있습니다. 세계 여러 공장에서 가장 좋은 품질로 제품을 생산해 들여오는 일을 말합니다. 글로벌 소싱은 세계 각지를 누비며 공장을 개척하거나 제품 생산관리를 해야 하기에 외국어 능력이 매우 중요합니다. 따라서 취업 지원자가 영어나 중국어에 능통하면 취업에 매우 유리합니다. 섬유 관련 전공을 한 경우도 당연히 유리하겠지요. 대학생 시절 중국이나 동남아시아 오지 등에서 봉사 활동을 했거나 이 지역을 여행해본 경험이 있는 사람은 자기소개서에 그 점을 강조하면 좋은 평가를 받을 수 있습니다. 패션 브랜드 매니저는 상품의 판매와 유통망을 관리하고, 조직을 관리·경영하는 업무를 맡고 있습니다. MD의 역할과 비슷하기도 하고 패션 감각과 수치 관리 능력, 원활한 의사소통 능력이 중요합니다.

패션 브랜드 매니저는 프랜차이즈 영업 관리부터 시작하지만, 향후

각 브랜드의 리더로 성장할 것을 요구받습니다. 브랜드 규모에 따라 다르긴 하지만, 대리나 과장부터 브랜드 장으로 발탁됩니다. 리더십, 경영자로서의 전략적 안목, 조직 충성도 등이 필요한데, 이 모든 것은 실전 경험으로 증명되어야 합니다.

다음은 디자인 조직입니다. 디자인 조직은 크게 의상 디자인, 비주얼 머천다이징VMD, 광고 디자인, 인테리어 디자인 등으로 나뉩니다. 무엇보다도 디자인 능력이 가장 중요하지만, 예술 작품을 만드는 것이 아니라 제품을 만드는 것이므로 고객의 요구에 발 빠르게 대응하는 탄력적인 디자인 감각이 필요합니다. 포트폴리오 전형을 통해 디자인 감각 등을 평가하는데, 자신이 원하는 분야에 초점을 맞춰 포트폴리오를 준비하는 것이 중요합니다. 디자인을 산업적 관점에서 풀어내되, 그 안에 일관성 있는 스토리와 콘셉트를 담아낼 수 있어야 합니다.

아무래도 디자인 직무의 경우는 면접을 볼 때 입고 오는 복장부터 유심히 보게 됩니다. 평소 자신의 모습을 잘 표현하되 면접 때는 최대한 멋스럽게 입고 오는 것이 좋습니다. 단순히 비싼 옷, 화려한 옷이 아니라 얼마나 감각 있게 입었는지가 중요합니다.

이랜드그룹의 인재상

우리 그룹이 30여 년간 사업을 안정적으로 확장해올 수 있었던 비결 중 하나는 인재들의 맨파워라고 할 수 있습니다. 맨파워의 핵심은 단단한 기본기와 집요함입니다. 가장 기본적이지만 취업 준비생, 수습 사원, 신입 사원이 간과하기 쉬운 요건이 아닐까 싶습니다. 우리 회사의 리더들은 비즈니스뿐만 아니라 삶에서도 롤모델이 될 만한 분이 많습니다. 집요함을 갖춘 인재가 요즘 줄어드는 것 같습니다. 집요함은 다른 말로 하면 맡은 일은 악착같이 끝장을 보는 것이라고 할 수 있는데, 그만큼 주어진 업무에 최선을 다한다는 뜻입니다. 이것은 단순히 업무 태도에 국한되는 것이 아니라, 인생에서 성취와 보람을 얻는 기본 자세가 아닐까 싶습니다.

이랜드의 기업 문화

우리 그룹은 창업 초기부터 기부 문화를 중요하게 생각해왔습니다. 그래서 이익의 10%를 어려운 이웃을 돕는 데 사용합니다. 또 해마다 성탄절이 되면 '송페스티벌'을 하는데, 전 직원이 참여하는 큰 잔치이기 때문에 사원들이 사업부의 명예를 걸고 참여합니다. 그 수준은 어지간한 뮤지컬 이상입니다. 우승팀에는 소정의 상금도 지급되는데, 이는 불우이웃돕기 성금으로 쓰입니다. 이 밖에도 사원 가족들을 위한 다채로운 행사도 마련되어 있는데, 연초가 되면 전 직원이 2박 3일로 가족수련회를 떠납니다. 강좌를 듣기도 하고 스키와 관광을 함께 즐길 수 있는데, 이 행사를 통해 직장 동료의 배우자 혹은 가족과 인간적인 교제를 나누는 기회를 갖습니다.

또 우리 그룹은 술 권하는 문화가 없습니다. 회식 자리에서도 피자나 파스타 같은 음식을 먹으며 이야기를 나눕니다.

직무·업종 선택을 위한 조언

직무 혹은 업종은 일찍 선택하는 것이 좋습니다. 원하는 목표에 초점을 맞추고 준비하며 경험을 차곡차곡 쌓아나가야 하는데, 오랜 시간 쌓인 경험은 그 어떤 스펙보다도 강력하기 때문입니다. 직무나 업종을 선택하는 데에는 여러분을 잘 아는 사람이나 전문가의 도움을 받기를 권합니다. 사람마다 각기 자신만의 탁월한 강점과 재능이 있어서 남들이 좋다고 하는 일이나 회사가 나에게도 꼭 잘 맞는다고 할 수는 없기 때문입니다. 그것이 무엇인지 주변 사람들의 조언을 듣고 충분한 숙고를 통해 확인하고 그에 맞춰 직업을 선택하기 바랍니다. 업종에 대해서도 충분히 고민해야 합니다. 패션업은 부가가치가 매우 높은 지식산업입니다. 그렇지만 고객의 선호가 매우 빠르게 변화하는 산업이기도 합니다. 그렇다면 과연 어떤 분들이 패션업을 선택해야 할까요?

건설업계 취업 가이드

고범찬
대림산업 인재개발팀 교육 담당
경희대학교 컨벤션경영학과 졸업

대림산업은 우리나라를 대표하는 건설 전문 업체입니다. 특히 경부 고속도로를 비롯한 도로, 항만, 석유화학 공장 건설을 성공적으로 수행함으로써, 대한민국 국가 건설산업계 부동의 리더로 자리매김한 기업입니다.

건설업계 지원자가 갖춰야 할 덕목

건설업계를 비롯해 모든 기업이 안고 있는 문제이자 숙제는 단순한 인력 보충이 아닌 뛰어난 인재를 어떻게 확보할 것인가입니다. 하지만 아이러니하게도 취업 준비생과 기업은 서로 다른 꿈을 꾸고 있습니다. 지원자들은 취업이 어렵다고 하고 기업은 뽑을 사람이 없다고 합니다. 취업 전쟁과 인재 전쟁, 이를테면 각기 다른 전쟁터에서 서로를 찾고 있는 셈입니다. 이러한 상황에서 자신에게 잘 맞는 기업과 직무를 선택한다는 것은 굉장히 어려운 것이 사실입니다. 그렇기 때문에 전략적인 접근과 행동이 필요합니다.

우리 회사는 건설업에 대한 이해와 관심 즉 직무 전문성을 지닌 인재, 그리고 회사의 핵심 가치를 보유한 인재, 조직 구성원으로서의 기본 소양을 갖춘 인재를 이상적인 인재상으로 보고 있습니다. 건설회사는 업무도 그러하거니와 문화도 다소 보수적입니다. 보수적일 수밖에 없는 이유는 업무에서의 작은 실수가 자칫 대형 사고로 이어질 수 있기 때문입니다. 따라서 건설업계 지원자가 갖추어야 할 덕목 중 책임감은 필수입니다. 또한 대부분의 공정이 협업을 통해 이루어지기 때문에 팀제로 작업이 진행됩니다. 따라서 팀 안에서 맡은 책임을 다하고 협업을 통해 성과를 낼 수 있는, 팀워크가 뛰어난 인재가 필요합니다.

취업 전략

건설업계 지원자들이 취업을 준비하는 데 있어 가장 먼저 선행되어야 하는 것은 건설업에 대한 이해입니다. 또한 여기에서 멈추는 것이 아니라, 현재 지원하고자 하는 회사에서는 어떤 고민을 하고 있는지 회사의 이슈를 습득하는 것이 중요합니다. 신문이나 방송, 공시 등 매체를 활용해 얼마든지 정보를 얻을 수 있습니다. 하지만 그것보다 더 중요한 것은 몸으로 체득하는 것입니다. 즉 관련 업계에 종사하는 선배를 만나 직접 이야기를 들어보는 것입니다.

다음으로, 현재 기업이 집중하는 활동, 캠페인, 광고를 통해 어떤 인재를 원하는지 확인해야 합니다.

그에 더해 회사와 자신의 상호 연관성을 찾아야 합니다. 제가 취업할 때 사용했던 방법인데, 단순히 건설업의 이슈를 파악하고 회사의 트렌드를 파악하는 것만으로는 충분하지 않습니다. 중요한 것은 회사와 자신의 정합성을 높이는 것입니다. 그렇다면 상호 연관성을 어떻게 찾을 수 있을까요? 본인의 기질, 경험, 경력, 자격, 학습 내용, 큰 성과를 냈던 경험과 실패했던 경험 등을 죽 적어 펼쳐보세요. 자신의 역사를 기록한다고 생각하고 소소한 내용까지 작성해나갑니다. 족히 하루가 소요될 수 있습니다. 하지만 일관성 있는 요소들을 엮기 위해 반드시 필요한 과정입니다. 그렇게 자신과 관련된 모든 것을 적었다면 연관성이 높은 항목을 찾아 연결해보세요. '강점'으로 연결될 수도 있고, '리더십'이라는 키워드로 연결될 수도 있습니다. 다양한 카테고리와 키워드로 묶일 것입니다.

이제부터가 중요합니다. 이렇게 묶인 키워드는 일관성이라는 면에서 설득력을 갖습니다. 이제 이 키워드를 회사가 중요시하는 부분과 연결합니다. 가령 가고자 하는 건설회사가 '팀워크'를 주요한 가치로 보고 있다면, 본인의 자료에서 '팀워크' 키워드에 속한 소스들을 가지고 오면 됩니다. 이 방법의 장점은 자신의 개성과 장점이 일관성 있게 묶여 하나의 완성된 이미지로 드러나 회사가 추구하는 부분과 쉽게 연결됨으로써 맞춤형 지원을 할 수 있다는 것입니다.

호텔업계 취업 가이드

정희진
JW메리어트 호텔 인사 팀장
연세대학교 MBA 졸업

메리어트 인터내셔널은 어떤 곳인가요?

메리어트는 '해가 지지 않는 호텔'이라는 별칭과 함께 '호텔 제국'이라 불릴 만큼, 전 세계 70여 개국에 3400여 개의 호텔을 가지고 있는 세계적인 호텔 체인입니다. 현재 20개의 다양한 브랜드를 가지고 차별화된 전략으로 전 세계 모든 고객의 필요와 요구를 충족시킴으로써 그 위상을 더욱 굳건히 하고 있으며, 한국에서는 JW메리어트를 비롯해 르네상스, 리츠칼튼, 코트야드, 메리어트 이그제큐티브 아파트먼트 등 모두 5개의 메리어트 계열 호텔이 운영되고 있습니다. 그중 JW메리어트 호텔 서울은 럭셔리급으로 구분되는 최상의 브랜드로, 2011년 현재 전 세계적으로 오직 45곳에서만 운영되는 호텔입니다.

어떤 부서가 있나요?

호텔은 고객의 모든 필요를 충족시켜줄 수 있어야 하기 때문에 부서 및 직무가 다양하게 나뉘어 있습니다. 특히 JW메리어트 호텔 서울은 객실 497개, 식음료업장 13개, 아시아 최대 규모의 피트니스 센터를 갖춘 만큼 40여 개 부서에서 다양한 업무를 맡아 고객에게 완벽한 서비스를 제공하고자 애쓰고 있습니다.

크게는 고객을 직접 대면하는 '운영 부서', 고객과 직접 대면하지 않는 '지원 부서'로 나눌 수 있습니다. 지원 부서 업무는 일반 회사 업무와 크게 차이가 없습니다. 인사부와 재경부가 있고, 판촉, 연회 및 객실 예약, 홍보를 담당하는 판촉부, 그리고 호텔 특성상 시설을 잘 유지하는 것이 중요하기 때문에 모든 시설의 유지 및 보수를 맡아 하는 시설부가 따로 있습니다.

운영 부서는, 고객이 체크인해서 체크아웃을 하는 순간까지 객실과 관련된 각종 정보 및 모든 서비스를 제공하는 객실부, 호텔의 청결과 관련된 모든 업무를 관장하는 객실관리부, 피트니스 센터를 이용하는 객실 고객과 회원을 대상으로 서비스를 제공하는 스파&피트니스, 레스토랑이나 바, 연회 등에서 사용되는 모든 식음료 서비스를 제공하는 식음료부와 조리부가 있습니다.

어떻게 지원할 수 있나요? 어떤 사람을 찾나요?

우리 호텔은 정기 공채보다는 결원이 생기거나 추가 인원이 필요할 때 수시채용 방식으로 직원을 고용합니다. 호텔업은 인적 자원이 가장 중요하기 때문에 지속적으로 훌륭한 인재를 찾고 있으며, 국내외에 새로운 메리어트 호텔이 계속 세워질 예정인 만큼, 채용의 기회는 꾸준히 열려 있습니다.

일반적으로 호텔에서 일하려면 호텔경영학과 같은 관련 학과 전공자가 지원해야 하는 것으로 생각하기 쉬운데, 결론부터 말씀드리면 반드시 전공자만 채용하는 것은 아닙니다. 물론 관련 학과 전공은 일에 도움이 되긴 하지만, 전공보다는 서비스 정신을 갖추고 호텔에서 경력을 쌓고자 하는 확실한 목표를 가지고 있는지가 무엇보다 우선시됩니다. 직무에 따라 요구되는 구체적인 능력은 물론 다 다르지만, 어떤 일을 하든 자신의 일을 사랑하며 넘치는 에너지로 주위 사람들도 그런 열정적인 분위기에 동화되도록 만드는 '반짝이는 사람'을 찾고 있습니다. 호텔리어는 무대에 선 배우라고 할 수 있습니다. 펼쳐진 공간, 무대 위에서뿐만 아니라 무대 뒤에서도 한결같이 흥을 가지고 끼를 발휘하는 사람만이 진정한 프로라고 할 수 있습니다. 자신의 관심 분야에서 확실한 목표를 정하여, 활력을 가지고 매일 충실히 다른 사람과 협력하여 일할 수 있는 분들이라면 도전해보시기 바랍니다.

어떤 자격을 갖추어야 할까요?

더 많은 단골 고객을 만들려면 차별화된 서비스가 매우 중요합니다. 게다가 호텔은 서비스의 꽃이라고들 하죠. 그 이야기는 최고급 호텔을 이용하는 만큼 고객은 더 높은 수준의 서비스를 기대하고, 모든 직원은 그 기대치를 넘는 최상의 서비스를 제공해야 한다는 사명을 안고 있다는 말과 일맥상통합니다. 따라서 투철한 서비스 정신은 아무리 강조해도 지나치지 않습니다. 하지만 사실 서비스 정신을 측정하기란 쉽지 않습니다. 실제 아무리 뛰어난 적성 검사라고 해도 한 사람의 서비스 정신을 정확하게 집어 점수화할 수는 없습니다. 따라서 우리 호텔에서는 면접을 볼 때, 과거 경험 즉 학교 생활을 하면서 또는 아르바이트나 인턴십을 하면서 겪었던 경험, 다양한 상황 설정에 대한 질문 등을 통해 지원자의 서비스 정신을 측정합니다.

또한 호텔은 내국인뿐만 아니라 다양한 나라에서 온 많은 외국인이 머무는 작은 지구촌이기에 외국어 실력이 매우 중요합니다. 좋은 서비스를 제공하려면 기본적인 외국어 의사소통 능력이 필요한 만큼, 토익이나 토플 같은 필기시험이 아니라 일대일 영어 면접을 통해 실력을 평가합니다. 많은 분이 완벽하게 영어를 구사해야 한다는 부담감으로 영어 인터뷰를 어려워하는데, 자신감을 가지고 주어진 질문의 핵심을 잘 파악하여 자신의 생각을 적극적으로 표현하려는 태도를 보여준다면 좋은 평가를 받을 수 있습니다. 참고로 모든 부서에서 고도의 영어 실력을 요구하는 것은 아닙니다. 외국인과 접촉하는 빈도에 따라 다른 수준의 영어 실력이 요구되므로, 자신의 외국어 실력을 알고 이에 맞게 지원하는 것도 또다른 취업 전략이 될 수 있습니다.

호텔에서 일하면 좋은 점 몇 가지만 알려주시겠어요?

출퇴근 시간을 오전 9시에서 오후 6시로 고집하는 지원자들에게 호텔 근무시간은 고민거리가 될 수 있습니다. 하지만 업무 시간에 최대한 효율적으로 업무를 마무리하여 불필요한 연장 근무와 휴일 근무를 하지 않을 수 있습니다. 무엇보다 성별이나 나이 등에 차별을 받지 않고, 능력에 따라 평등하게 대우하는 근무 환경 속에서 꾸준히 경력을 쌓을 수 있습니다.

서비스 분야는 단순한 기술로 할 수 있는 일이 아니라 다양한 실제 경험으로 쌓인 연륜과 지혜가 특히 필요한 일인 만큼, 본인의 의지에 따라 얼마든지 정년까지 일할 수 있는 직업입니다. 실제로 우리 호텔에는 정년이 지났지만 특별 연장하여 일하는 분도 계십니다.

호텔에서 일하면서 느끼는 여러 가지 장점 중 한 가지를 더 말씀드리면, 전 세계 메리어트 브랜드의 호텔을 파격적인 직원 할인가로 이용하며 다양한 나라에서 새로운 경험을 할 수 있다는 것입니다.

메리어트의 교육, 무엇이 다른가요?

다른 호텔이나 서비스 업체와 마찬가지로 메리어트에서도 지속적으로 서비스 교육이나 직무 교육이 다각적으로 이루어지고 있습니다. 특히 메리어트에서는 뻗어나가는 메리어트 호텔의 리더들을 키우고자 직원들에게 각각의 지위와 역할에 맞는 다양한 교육 프로그램을 제공하고 있습니다. 그중에서도 메리어트만의 특별함은, 서비스인으로서 동료와 고객에게 실천해야 하는 다양한 행동 사항이 적힌 '14가지 서비스 기본 수칙' 카드입니다. 모든 직원은 이 기본 수칙이 적힌 카드를 항상 소지하고 다녀야 하며, 모든 부서가 매일 15분간 미팅을 통해 기본 수칙을 반복적으로 익히고 실천할 수 있도록 하고 있습니다. 교육을 그때그때 필요에 따라 이루어지는 이벤트가 아니라 일상의 일부로 여기며, 모두가 꾸준히 "Learn it, Know it, Use it!" 할 수 있도록 함께 노력합니다.

메리어트의 지속적인 성장 원동력

메리어트의 문화는 "직원을 보살펴라. 그러면 직원은 고객을 보살필 것이고, 그러면 고객은 계속해서 우리를 찾을 것이다" "행복한 직원이 행복한 고객을 만든다"라는 창업주 J.윌리어드 메리어트의 사업철학을 근간으로 하고 있습니다. 85년의 세월 동안 '직원에 대한 서비스 정신' '고객에 대한 서비스 정신' '지역사회에 대한 서비스 정신'이라는 메리어트의 핵심 가치는 흔들림 없이 이어져오고 있습니다. 그에 따라 직원들이 자유롭고 적극적으로 의사를 개진하고 자기계발과 성장의 기회를 찾을 수 있도록 경영진과 직원의 적극적인 '의사소통'을 위한 다양한 제도가 마련되어 있습니다. 직원 의견 설문조사, 직원 고충 상담 전화, 오픈도어 제도 등을 통해 직원들의 의견과 고충, 제안 등을 공유하는데, 특히 총지배인과 직원들이 직접 격의 없이 대화를 나누는 그룹 토론Rap Session은 즉석에서 다양한 아이디어와 제안에 대한 총지배인의 답변을 들을 수 있어 직원들의 반응이 가장 좋은 프로그램입니다.

직원과 회사 간의 두터운 신뢰가 조성된 환경에서 즐겁게 일함으로써 직원들은 저절로 고객에게 좋은 서비스를 제공하고, 더 나아가 메리어트의 서비스 정신을 지역사회 봉사 활동으로 이어나가고 있습니다. 특히 꽃동네 김장 담그기, 사랑의 집짓기 운동, 자선 마라톤 대회, 사랑의 모자 뜨기 등 여러 가지 기금 조성 및 활동을 통해 매달 지속적으로 봉사 활동을 하고 있습니다.

새로운 미래를 준비하며 꼭 기억해야 할 것은 무엇일까요?

호텔업계 취업을 목표로 하는 분들에게 꼭 당부하고 싶은 말이 있습니다. 겉으로 보이는 호텔의 화려한 면만 보고 막연한 동경심을 품고 지원하는 경우가 상당히 많습니다. 실제 호텔에서 일하는 분들은 호텔리어를 '백조'에 비유합니다. 백조가 우아한 겉모습과는 달리 물속에서는 열심히 발을 움직이고 있는 것처럼 호텔 일은 열심히 노력하는 분들에게 적합합니다. 따라서 서비스 관련 분야에서 아르바이트나 실습 경험을 미리 해보기를 적극 권합니다. 먼저 체험한 후 본인의 적성 여부를 판단하고 지원한다면 인터뷰에서도 좀더 자신 있게 자신의 포부를 밝힐 수 있겠죠. 그 외에 서비스의 또다른 연장선이라고 할 수 있는 봉사 활동 경험이 있다면 더욱 좋습니다. 아울러 외국어를 포함하여 올바른 의사소통 기술을 갖춘다면 금상첨화라고 할 수 있습니다.

인사부에서 채용 관련 업무를 하다보면 많은 학생에게 수많은 질문을 받습니다. 그중 기억에 남는 학생이 하나 있는데, 호텔 홈페이지 채용 관련 게시판에 "제 꿈은 훌륭한 조리사가 되는 것이고, 나중에 메리어트 조리부에서 꼭 일하고 싶습니다. 그렇게 하려면 어떤 것을 준비해야 할까요? 공부를 잘해야 하나요?"라는 글을 올렸습니다. 답을 드리려고 연락했더니, 놀랍게도 중학교 2학년 학생이었습니다. 우리가 그 학생을 호텔로 초대해 같이 식사를 하면서 궁금한 점에 대한 답변도 해주고 본인이 일하고 싶어하는 부서를 직접 보여주었습니다. 그랬더니 본인의 꿈을 한 번 더 확실히 할 수 있는 계기가 되었다며, 즐겁게 배우고 열심히 노력해서 나중에 꼭 직원으로 오겠다고 했습니다. 〈열정으로 Do Dream〉, 이 프로그램의 제목처럼 도전하고 싶은 분야를 향해 열심히 뛰어가는 학생을 보면서, 진정한 의미의 열정이란, 도전이란 무엇인가 다시 한번 생각하게 되었습니다.

꿈을 향한 '즐거운 도전'을 계속해나간다면, 분명 원하는 결과를 얻을 수 있으리라 생각합니다.

김동준
한국 소니픽처스 관리부 대리
한양대학교 경영학부 졸업

영화 마케팅 취업 가이드

영화가 시작되기 전 영화사를 상징하는 이미지가 스크린에 등장하는데, 컬럼비아라는 이름 아래 젊은 백인 여성이 자유의 여신상처럼 횃불을 들고 있는 장면, 보신 적이 있을 겁니다. 우리 회사의 정식 명칭은 좀 깁니다. '한국 소니픽처스 릴리징 브에나비스타'. 세계의 영화 시장을 움직이는 할리우드 영화 제작사 중 하나이며 제작에서 배급까지 직접 담당하는 직배사 소니픽처스와 디즈니의 영화 부문을 담당하는 브에나비스타, 두 직배사가 한집 살림을 하기 때문입니다.

현재 우리나라에는 대표적으로 유니버설, 폭스, 워너브라더스, 그리고 우리 소니픽처스 릴리징 브에나비스타, 이렇게 네 개의 직배사가 주

로 활동하고 있는데, 시장점유율은 우리 회사가 가장 높습니다. 대표작
으로는 〈스파이더맨〉〈캐리비안의 해적〉〈토이 스토리〉〈007〉 시리즈
등이 있습니다.

영화 배급사의 주요 업무

크게 보아 프로모션을 담당하는 마케팅, 그리고 극장들에 대한 배급
영업, 이 두 가지가 핵심 업무입니다. 마케팅은 또 크게 방송국이나 언
론사 기자들을 상대로 하는 언론 홍보 파트와 점점 중요성이 부각되고
있는 온라인 홍보 파트로 나뉩니다.

프로모션은 다양한 기업과 제품군에 걸쳐 공동 작업이 이루어지기
때문에 각 기업의 홍보 담당자들과 각 사가 원하는 바를 조율해나가는
데, 재미있으면서도 가장 어려운 일 중 하나입니다.

종종 정말 좋은 영화가 마케팅에 실패해 흥행이 안 되거나, 반대로
별로인 영화가 입소문을 잘 타서 흥행에 성공하는 경우도 있습니다. 그
만큼 영화의 흥행에서 마케팅은 작품성만큼이나 중요한 요소입니다.

영화 마케팅 업무에 필요한 자질

가장 중요한 것은 영화에 관심과 흥미가 많아야 한다는 것입니다.

관객의 흥미를 유발할 수 있는 마케팅을 하려면 1년에 수십에서 수백 편의 영화를 관심 있게 보면서 모니터링을 해야 하기 때문입니다.

또한 텔레비전·잡지·지하철·버스·편의점·커피숍 같은 곳에 비치되는 영상이나 포스터, 인쇄물 역시 중요한 판촉 수단이기 때문에 다양한 분야의 사람들과 만나게 되는데, 이런 업무에서 협력 업체와 매끄럽게 의견을 조율할 수 있으려면 협동심, 사교성, 정확성이 필수입니다.

아무래도 극장, 상영관 수는 한정되어 있는데, 수십 개나 되는 국내외 배급사가 한 해에 쏟아내는 영화는 수백 편이다보니, 배급 영업 담당자들은 그야말로 극장 한 관, 상영시간 한 타임이라도 더 차지하기 위해 치열하게 극장 담당자와 만나야 합니다. 그러려면 적극성과 사교성은 필수입니다.

취업 전략

대부분의 영화 배급사에서 경력직을 많이 뽑습니다. 저 역시 현재 직장이 두번째 직장입니다. 그런데 직원들의 전직을 보면 굉장히 다양합니다. 일반 국내 제조업체, 해운업체, 외국계 기업은 물론 외신 기자, 극장, 광고대행사 등 정말 다양합니다. 그러나 공통점이라면, 대부분 영화를 좋아하고 항상 관심을 가지고 있다는 점입니다.

그리고 아무래도 외국계 직배사들은 늘 본사와 커뮤니케이션을 해야 하기 때문에 영어 능력이 좋을수록 업무에 큰 도움이 됩니다. 채용은 대부분 경력직을 뽑다보니, 수시로 이루어지는 경우가 많습니다. 영화 잡지나 채용 공고를 항상 눈여겨봐야 합니다.

기업 문화

국내 대기업에서 근무해본 제 개인적인 경험에 비추어볼 때 우리 회사는 외국계 기업이자 문화산업의 대표 주자라는 두 가지 성격을 지닌 회사입니다. 그래서 분위기도 자유롭고 프라이버시를 존중해줍니다. 파티션도 확실하고 공간도 넓습니다. 그런데 더 중요한 것이 있습니다. 부서별로 1년에 가장 바쁜 며칠을 빼고는 좀처럼 야근이 없습니다. 또 우리 회사 영화뿐만 아니라 국내외 다른 영화들도 업무 차원에서 원하는 만큼 자유롭게 볼 수 있고, 필요하다면 친구들에게 공짜로 보여줄 수도 있습니다.

마지막으로, 취업이나 이직을 앞둔 여러분에게 드리고 싶은 말씀이 있습니다. 저 역시 이제 불과 5년차 직장인이지만, 제 경우 국내 기업에서 외국계 기업으로, 제조업에서 서비스업으로, 나름대로 큰 변화를 시도했습니다. 그리고 현재 만족하면서 열심히 즐겁게 일하고 있습니다. 자신이 나아갈 길을 확실히 정해놓는다면 어디에서 무슨 일을 하든지 가능성도 열려 있고 성취감이나 기쁨 역시 열려 있지 않을까 생각합니다.

뷰티·헬스 업계 취업 가이드

김성미
아모레퍼시픽 마케팅 이노베이션팀 과장
서울대학교 경영전문대학원 GMBA

아모레퍼시픽은 우리나라의 대표적인 뷰티 기업으로, 1945년 창업한 이래 67년간 고객의 미와 건강을 위해 토털 케어를 제공하며 고객의 사랑을 가장 많이 받는 뷰티 기업으로 자리매김했습니다. 대표적인 브랜드로는 설화수, 헤라, 라네즈 같은 화장품 브랜드와 미쟝센와 해피바스 등 생활용품 브랜드, 설록차, 비비 프로그램 같은 건강 브랜드가 있습니다.

전 세계 고객에게 아시아의 문화가 품어온 미의 정수를 선보이는 기업이 되고자 해외 사업에 더욱 박차를 가하며, 전 세계 고객과 함께 '아름다움의 문화'를 만들어가고자 노력하고 있습니다.

기업 문화

아모레퍼시픽은 실생활에 밀접한 관련이 있는 뷰티(미용)와 헬스(건강) 산업을 주도하는 기업이다보니, 기업 문화가 상당히 감성적입니다. 이런 문화의 바탕에는 개방·혁신·친밀·정직·도전이라는 기업의 5대 가치가 근간을 이루고 있으며, 이는 제품뿐 아니라 감성과 경험을 담는 모든 곳에 녹아 고객과 소통하는 데 자연스럽게 활용되고 있습니다.

마케팅 부문 업무

뷰티·헬스 관련 분야에서 마케팅은 매우 중요한 위치를 차지합니다. 크게 마케팅 BM(Brand Manager) 분야와 마케팅 전략, 그리고 마케팅 지원 분야로 나눌 수 있습니다. 마케팅 BM은 주로 브랜드의 자산을 높이기 위한 제반 중장기 사업 계획 전략부터 브랜드 제품 및 신상품 전략의 모든 운영을 관리하는 업무까지 담당합니다. 마케팅 전략 분야는 브랜드와 소비자 간의 커뮤니케이션에 관련된 제반 업무를 수행하는데, 주로 광고 홍보 및 소비자 인사이트 조사 등을 수행합니다. 마지막으로 마케팅 지원 분야는 여러 가지 관점에서 고객 데이터를 예측·수립·관리하고, 고객서비스를 관리합니다.

직원들의 전공은 인문 계열이 많은 편인데, 경영 전략이나 마케팅 이론 등의 지식이 있으면 업무에 도움이 될 것입니다. 또 감성 마케팅에 맞는 창의적이고 종합적인 사고력, 풍부한 커뮤니케이션 능력, 직무에 따라서는 외국어 능력을 갖춘다면 더욱 좋을 것 같습니다. 아모레퍼시픽은 매년 인턴 프로그램을 운용하며, 마케팅 공모전이나 홈페이지 공지를 통한 수시 모집도 합니다. 선발 시기는 모집 분야에 따라 조금씩 다르지만, 공모전이나 홈페이지를 통한 수시 모집은 매년 꾸준히 진행하고 있습니다. 또 인턴 프로그램의 현업 참여도도 점점 높아지는 추세이니 여러분께 좋은 경험이 될 수 있을 것입니다.

자신이 정말 바라는 게 무엇인지 모르는 채 주변 분위기에 휩쓸려 무조건 대기업만 가고 싶어했던 친구들이 기억납니다. 취업에 앞서 자신이 진정 원하고 즐기면서 할 수 있는 일이 무엇인지 먼저 고민해보고 지원했으면 합니다. 그런 다음 자신이 원하는 분야에서 필요한 일을 최선을 다해 준비하기 바랍니다. 최소한의 지원 조건이 충족되지 못해 지원조차 하지 못한다면 무척 안타까운 일일 것입니다. 기회는 준비하는 사람에게 온다는 것, 준비하는 사람만이 그것이 기회임을 알 수 있다는 것을 말씀드리고 싶습니다. 긴장되어 심장박동 소리가 크게 들리나요? 그것은 여러분에게 기회가 왔다는 신호입니다. 당당하게 자신감을 가지고 준비하세요!

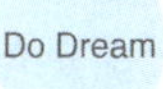

공연 기획자가 되기 위한 노하우

최용석
PMC 프러덕션 기획제작 부장
난타 해외 공연 투어 컴퍼니 매니저 및 무대감독
뮤지컬 〈달고나〉 〈금발이 너무해〉 〈대장금〉 〈젊음의 행진〉
〈뮤직마이하트〉 〈형제는 용감했다〉 등을 기획
뉴욕 브루클린 대학원 공연미술과 졸업

공연 기획이란

어떤 작품을 어떻게 무대에 올려서 어떻게 대중에게 다가가며 어떻게 성공할 것인가? 공연 기획이란 이러한 것을 고민하는 일입니다. 공연 기획자의 일반적인 역할은 다음과 같습니다. 먼저 작품의 소재, 즉 콘텐츠를 개발합니다. 그런 다음 크리에이티브팀을 결성하고, 배우와 스태프를 결정합니다. 그 밖에 자금 조달과 집행을 관리하고, 극장 대관과 마케팅 및 행정 업무 등을 총괄합니다.

많은 사람이 연출의 역할과 공연 기획의 역할을 혼동하는 경우가 있는데, 둘은 엄연히 다른 일입니다. 물론 기획자가 연출을 맡는 경우도 있지만, 특히 연극이나 뮤지컬 분야에서는 기획자가 작품의 안팎을 넘나들며 무대부터 마케팅, 행정 업무 등을 총괄합니다. 연출자는 무대에 올리는 작품을 스태프, 배우 들과 함께 극으로 만드는 일을 책임집니다.

필요 역량

어느 분야든 마찬가지겠지만, 특히 창작을 요하는 분야에서는 소재 개발에 늘 목말라 있습니다. 이 시대의 대중이 무엇을 원하는지, 또 내가 대중에게 전달하고 싶은 메시지는 무엇인지 늘 고민하고 발굴해야 합니다. 기획자는 창의적이고 독창적이며, 시대가 반영된 아이템 찾기를 그치지 않고, 만들기까지 성공해야 합니다. 밖에서 보기에는 화려하고 멋있을 것 같은 직업이지만, 많은 노력을 요한다는 것을 잊지 말아야 합니다.

작품의 규모에 따라 다르지만 공연 한 편을 제작하려면 짧게는 6개월에서 길게는 10년 이상 프리 프로덕션의 단계를 거치는 작품도 많습니다. 대체로 2,3년의 기획 단계를 갖습니다. 기획 단계가 길다고 해서 무조건 좋은 작품이라 할 수는 없지만, 오랜 기간 연구하고 수정하여 아이디어의 완성도를 튼튼히 다진다면 작품의 생명력도 그만큼 더 지속될 수 있습니다. 그래서 세심함, 끈기, 인내력도 필요합니다.

일을 하다보면 공들여 만든 작품이 대중에게 외면당했을 때가 가장 힘들고, 반대로 대중의 가슴에 감동을 전달했을 때 가장 보람을 느낍니다.

총괄자의 입장에서 큰일에서부터 작은 일 하나까지도 놓치지 않는 세심함이 필요합니다. 그리고 라이브 무대이기에 배우와 스태프의 건강을 챙기면서 안전사고도 방지해야 하므로 공연 종료일까지 오랜 시간 긴장을 놓지 않을 수 있는 강한 정신력을 요합니다.

또한 인재를 발굴하는 감각과 센스가 필요합니다. 예를 들어 식품 회사에서 가장 중요한 것은 신선한 재료이듯이, 공연 예술은 사람이 모여 만드는 작품이기에 각 분야에서 최고의 역량을 발휘할 수 있는 작가, 연출, 무대, 조명, 의상 디자이너 그리고 배우를 보는 안목과 인적 자원이 필요합니다. 그러려면 직간접적인 현장 경험이 절대적으로 필요하고 공연도 많이 접해야 합니다.

공연 문화 사업의 비전

최근 들어 영화 산업이 침체기에 접어든 반면 연극·뮤지컬 공연 산업은 빠르게 성장하고 있습니다. 2006년 총매출이 1천억 원이었던 뮤지컬 시장은 2009년에 접어들면서 3천억 원에 달했습니다. 인터파크 집계에 따르면, 2010년 한 해 약 7천 편이 무대에 올랐다고 합니다. 대기업이나 창업투자회사의 자금 유입으로 대규모 자본의 작품들이 제작

되어 공연 산업이 점차 활기를 띠고 있습니다. 그만큼 인적 자원의 수
요가 더 늘어날 전망입니다.

PMC 프러덕션은 공연 관련 학과 전공자만을 원하지는 않습니다.
본인이 가진 열정과 끼를 인터뷰에서 충분히 전달한다면, 함께 일할 기
회를 가질 수 있습니다.

몇 년 전만 해도 공연 기획자를 양성하는 전문 교육이 거의 없어, 주
로 해외 유학에 의존해야 했습니다. 그러나 최근 몇 년 사이 일부 대학
에 공연 관련 학과가 신설되었고, 아카데미나 전문 교육원 등에도 교
과과정이 마련되었습니다. 하지만 현장에서 직접 보고 배우는 것만큼
큰 공부는 없을 거라고 생각합니다. 아직 학생이지만 공연에 대한 열의
와 의지가 확고하다면, 공연 현장 진행 요원부터 아르바이트를 시작해
보는 것도 소중한 경험이 될 것입니다. 거기에서 맺은 인간관계로 많은
정보도 얻고 공연과 관련한 다양한 분야에 대해 배울 수도 있습니다.

무역 업무와 중소기업에 대하여

정지은
브릿지켐 영업지원팀
성신여자대학교 일어일문학과 졸업

우리 회사는 화학제품을 수출입하는 무역회사입니다. 교역 국가는 중국을 비롯해서 일본·유럽·인도·미국 등 다양하고, 주로 공업용·제약용·식품용 화학제품을 취급합니다.

저는 영업지원팀 소속으로, 재고 및 발주 관리 등 기본적인 영업지원 업무뿐만 아니라, 일본·인도·유럽을 중심으로 하는 수출입의 전반적인 프로세스를 담당하고 있습니다. 이것이 바로 중소기업에서 일하는 가장 큰 장점인 '다양한 업무 경험'이라고 할 수 있습니다.

업무 지원 동기

저는 일어일문학과 영어영문학을 전공했기에, 외국어 전공을 살리면서도 제가 잘할 수 있을 만한 일을 하고 싶었습니다. 저는 사람들과 만나는 것을 좋아할 뿐만 아니라, 어릴 때부터 말을 잘한다는 칭찬을 듣고 자랐기 때문에 외국인과 커뮤니케이션을 해야 하는 해외영업이나 무역 관련 업무에 관심을 가졌습니다.

대학 졸업반 때, 우연한 기회에 무역을 공부하게 되었습니다. 학교 경력개발센터에서 주최한 강좌였는데, 한마디로 '무역'이라는 분야에 첫눈에 반해버렸습니다. 강좌를 담당하셨던 분이 실제로 무역업계에 종사하는 분이셨고, 따라서 실무와 이론을 적절하게 배울 수 있는 커리큘럼이 마음에 들었습니다. 이렇게 한번 무역이라는 분야에 흥미가 생기고 나니, 욕심이 났습니다. 그동안 진로 문제로 4년을 방황했는데, 단 한 순간에 목표를 정하게 된 것입니다.

업무의 성취감

우리나라 사람들끼리도 흔히 "말이 안 통한다"는 표현을 종종 씁니다. 같은 언어를 쓰는 사람들끼리도 이러한데, 하물며 외국인과는 얼마나 심할까요? 글로벌 시대가 왔음에도 외국인의 사고방식은 한국인의 사고방식으로는 이해하기가 쉽지 않습니다. 일처리 방식부터 시간에 대한 개념, 하나의 상황을 바라보는 시각 등이 크게 달라 많은 점에서 어려움이 있습니다.

그런데 이것보다 더 어려운 것은 '실무' 그 자체입니다. 특히 입사한 지 얼마 안 되어 맡게 되었던 '수출' 업무는 무척이나 힘들었습니다. 수입과 달리 수출은 수출자 입장에서 처리해야 할 것이 많습니다. 수출 업무를 처음 하다보니, 잦은 실수는 물론이거니와 예정된 스케줄보다 지연되는 일도 많았고, 그것 때문에 팀장님께 많이 혼나기도 했습니다.

하지만 '고진감래'라는 말이 있듯이, 어려움을 이겨냈을 때의 기쁨은 힘들었던 시간만큼이나 매우 컸습니다. 또한 앞으로 비슷한 업무를 한다면 더 잘해낼 수 있다는 자신감도 생겼습니다.

취업 전략 및 전망

우선 수출입 업무를 하는 무역회사에 취업하려면 여러 가지를 준비해야 합니다. 기본적인 영어 실력, 급변하는 해외 정세에 빠르게 대처할 수 있는 상황 판단력, 다양한 문화에 대한 열린 마음 등 많은 요건이 필요합니다.

하지만 해외 업무에서 가장 중요한 것은 '도전 정신'인 것 같습니다. 이 '도전 정신'은 절대로 거창한 것이 아닙니다. 다른 나라 회사들과 비즈니스를 하기 위한 필요조건, 즉 '새로운 것을 두려워하지 않는 용기와 태도' 바로 그것입니다.

무역 업무를 하려면, 반드시 관련 전공이 아니더라도 학교 내 경력개발센터나 무역협회 등 학교 안팎에서 무역과 관련된 강의를 들어두는 것이 큰 도움이 됩니다. 저는 전공과 무관한 경영학에도 관심이 많아 종종 경영학과 전공 수업을 신청하여 듣기도 했습니다. 그때 배웠던 기본적인 경제·경영 관련 지식이 무역을 공부하는 데 많은 도움이 되었습니다. 또한 무역 자격증 공부를 했던 것도 입사 후에 실무를 이해하는 데 많은 도움이 되었습니다.

또하나의 중요한 요소는 당연히 외국어입니다. 무역회사에서 외국어 실력이란 단순히 그 나라의 언어를 구사할 줄 아는 데 그치는 것이 아닙니다. 그 나라의 문화에 대해 조금이라도 이해하려고 노력하는 자세, 그것이 무역에 대한 지식을 하나 더 아는 것보다 훨씬 중요하다고 생각합니다.

중소기업의 비전

앞서 중소기업의 장점 중 하나로 다양한 업무 경험을 언급했습니다. 사실 우리나라 일자리의 80% 이상이 중소기업에서 창출되는데, 많은 학생이 열악한 작업 환경이나 부족한 복지, 불안정한 미래 등을 이유로 중소기업을 꺼리는 경향이 있습니다. 그래서 직접 근무하면서 느낀 중소기업의 장점에 대해 좀더 짚어보고자 합니다.

저도 한때 대기업 취업에만 목을 매던 때가 있었습니다. 기업의 명성이나 연봉, 복지 등이 그 이유였습니다. 그런데 저보다 앞서 취업을 한 선배들이나 친구들을 보면서 점차 생각이 바뀌었습니다.

특히 대기업에 취업한 선배 중에서 저에게 대기업 취업을 권했던 선배는 그다지 많지 않았습니다. 물론 사람마다 생각과 가치관의 차이는 분명 있습니다. 하지만 제가 가장 자신 있게 말씀드릴 수 있는 것은, 대기업의 단점이 중소기업의 장점이 된다는 것입니다.

중소기업의 가장 큰 장점은 일을 '빨리' 배울 수 있고, '많이' 배울 수 있다는 점입니다. 실제로 저희 회사 거래처 중에는 대기업도 있는데, 저는 혼자서 다하는 일을 거래처에서는 담당자 여럿이 나눠서 하는 경우를 많이 보았습니다. 이런 경우, 누가 더 많은 실전 경험을 쌓고 성장할 수 있을까요?

복지 문제도 마찬가지입니다. 복지는 대기업과 중소기업 중 어느 쪽이 더 월등하다고 말하기 어렵습니다. 연봉이나 근무 환경도 그렇습니다. 그것은 회사 하나하나의 개별적인 차이이지, 결코 대기업과 중소기업의 차이는 아니라고 생각합니다.

대기업과 중소기업은 둘 다 일장일단이 있습니다. 중소기업의 장점이 대기업의 단점이 될 수도 있고, 대기업의 장점이 중소기업의 단점이 될 수도 있습니다. 중요한 것은 기업의 규모가 아니라 본인이 처음 하게 되는 업무가 무엇인가 하는 점입니다. 사회에 첫발을 내딛게 해주는 첫 직장도 중요하지만, 앞으로 본인의 진로를 결정지을 첫 업무는 더 중요합니다.

저도 여느 대학생들과 마찬가지로 취업 때문에 힘들어했고 절망도 해보았습니다. '백 번 써서 백 번 떨어지는' 경험도 해보았습니다. 하지만 목표가 없는 마라톤은 그저 달리기에 불과합니다. 아무리 고통스러워도 결국 결승점이 있다는 것을 알기에 마라톤 선수들은 힘을 낼 수 있습니다. 제게도 목표가 없던 시절이 있었습니다. 그때는 무엇을 위해 사는지, 무엇을 위해 이렇게 힘들게 달려가는 것인지 알 수가 없었습니다. 하지만 '무역전문가'라는 꿈이 생긴 뒤로 저는 그전보다 더 분발하게 되었습니다.

제가 정말 존경하는 안철수 교수님은 "꿈을 찾기 위해 방황하는 시간은 절대로 아까운 것이 아니다"라고 하셨습니다. 저 또한 과거에 꿈을 찾으려 노력하고 방황했던 시간이 있었기에, 이렇게 꿈을 위한 한 걸음을 내디딜 수 있는 것이라 생각합니다.

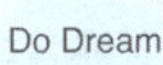

자동차업계 업무와
외국계 회사의 문화

박주선
르노삼성자동차 마케팅 오퍼레이션 광고판촉팀 과장
(CRM & SNS Manager)
이화여자대학교 불문학과 졸업
서울대학교 국제대학원 유럽지역학과 프랑스 경영대학 ESSEC MBA 복수 학위

르노삼성자동차는 2000년 9월에 첫 출범하여 그해 연말 제1회 외국인 투자기업상 수상, 부산시 올해의 차로 선정되었습니다. 고객 최우선, 최적의 효율성, 글로벌 현지화를 경영 방침으로 하여 지속적인 성장을 거듭했고, 출범 당시 하나의 모델에서 지금은 총 네 개의 모델을 생산해내고 있습니다. 2010년 10주년을 맞이했고, 9년 연속 고객만족도 1위를 달성한 회사입니다.

르노삼성자동차는 세계 4위의 자동차 업체 르노-닛산 얼라이언스의 일원으로, 선진 기술과 글로벌 네트워크 경영 노하우를 공유하며 함께 발전하고 있습니다. 프랑스 르노그룹과 일본 닛산의 제휴로 탄생한 르노-닛산 얼라이언스는 세계 자동차 산업을 이끌어가는 선두 기업으로 발전해왔는데, 르노자동차는 100여 년의 전통을 가진 유럽의 대표적인 자동차 회사이며, 닛산은 일본 3대 자동차 그룹 중 하나로, 뛰어난 기술로 세계에서 인정받고 있습니다. 그에 따라 르노-닛산 얼라이언스는 유럽과 아시아를 대표하는 두 기업이 각기 고유의 독자성을 유지하면서 협력을 통해 최상의 성과를 창출하여 얼라이언스의 좋은 모델이 되고 있습니다.

플랫폼과 파워트레인 공유, 교차 생산, RNPO(르노-닛산 구매조직)와 RNIS(르노-닛산 정보 서비스) 같은 여러 공동 기구 운영, 영업 사무소 공유 등 얼라이언스를 통해 이루어낸 성과는 매우 다양합니다. 르노-닛산 얼라이언스는 파견 근무, 공동 프로젝트 같은 활발한 인력 교환은 물론, '비교 문화 훈련' '팀으로 일하기 세미나' 등의 얼라이언스 업무 방법 프로그램Alliance Business Way Program을 통해 서로의 인적 자원을 최대한 활용함으로써 얼라이언스의 성과를 높여가고 있습니다.

르노삼성자동차의 고객 관리가 다른 자동차 브랜드와 차별화된 점이 있다면, 출고 후 7년간 지속적으로 고객에게 안내문을 보내는 감성 마케팅을 하고 있다는 점을 들 수 있습니다. 사실 자동차라는 상품은 고관여 제품High-involvement Product으로, 한번 구입하면 쉽게 바꾸기 어렵습니다. 그렇기 때문에 고객 관리는 더욱 신중하고 중요하게 다루어져야 하는 부분이라고 생각합니다. 조사에 따르면, 자동차 이용자가 차량 교체를 생각하는 시점이 평균 6, 7년 정도라고 합니다. 따라서 적어도 그 시점까지는 그때그때 적절한 안내로 꾸준하게 고객과 관계를 이어나가고, 한 번 고객은 영원한 고객으로 모실 수 있도록 철저히 고객 관리를 하고 있습니다.

업무 소개

르노삼성자동차에서 제가 현재 맡은 업무는 CRMCustomer Relationship Management입니다. 크게 보면 고객 관리 정책 기획이라고 할 수 있고, 작게 보면 고객과 지속적인 유대 관계를 맺기 위한 멤버십 서비스나 각 제품 모델 이벤트를 진행해 적절한 고객 마케팅 활동을 하는 다이렉트 마케팅Direct Marketing에 대한 전반적인 기획을 맡고 있다고 할 수 있습니다.

처음 회사에 입사했을 때는 시장 조사를 담당했고, 그후에 프로모션과 관련한 다이내믹한 일에 관심이 있어서 그 업무도 담당하다가 현재는 고객 관리 마케팅을 자연스레 맡게 되었습니다.

프로모션 업무로 가장 기억에 남는 것은 SM5 10주년 행사입니다. 10년 동안 꾸준하게 SM5를 사랑해주신 고객들에게 감사하는 의미로 'RSM 기네스북' 이벤트를 진행했던 적이 있습니다. 종목별 최고 기록자(르노삼성자동차를 가장 많이 보유한 가족, 가장 오랜 기간 보유한 기록, 가장 여러 번 구매한 고객 등)들을 모시고 행사를 진행했습니다. 어느 택시 기사님은 저희 제품으로 10만 킬로미터 이상을 주행해 실제로 한국 최고 기록에 등재되기도 했습니다.

기업 문화

르노삼성자동차의 인재상은 경영 방침과 그 방향을 함께합니다. 남보다 앞서 생각하고 행동하는 사람, 자신감 있고 세련된 사람, 협조적이며 신뢰할 수 있는 사람이라는 큰 테두리 안에서 개성 넘치는 인재들을 선발하고 있습니다.

프랑스 주재원들과 함께 일하고 있기 때문에 한국적인 문화와 유럽적인 문화가 적절하게 조화를 이룬 기업 문화를 갖고 있습니다. 예를 들어 회식이나 경로 우대 같은 문화는 한국적 특징이 유지되는 것 같고, 부서마다 차이는 있지만 자유로운 휴가 문화와 캐주얼 데이 등은 유럽 문화가 반영되어 있습니다.

또한 르노가 세계적인 자동차 회사이다보니, 르노와 카운터파트로 일을 진행하는 경우가 많습니다. 업무에 따라서 주재원으로 나가는 기회가 생기기도 합니다.

자동차업계의 미래

전기차 개발과 같이 앞으로 자동차 산업은 환경과 관련된 이슈와 함께 새로운 패러다임을 고민해야 할 것입니다. 다만 인류가 이동하며 생활하는 한 지속적인 발전 가능성은 풍부하다고 생각합니다. 또한 자신을 표현하는 수단으로 차량에 대한 생각의 전환이 일어나고 있는데 앞으로도 이러한 경향은 계속될 것으로 전망됩니다.

저는 체 게바라의 "우리 모두 리얼리스트가 되자. 그러나 가슴속에는 불가능한 꿈을 가지자"라는 말을 좋아합니다. 언제나 모든 출발점은 지금 여기 바로 이 순간입니다. 그 순간순간을 어떻게 엮어가는가, 바라보는 태도가 어떠한가에 따라서 자신의 미래도 달라진다고 생각합니다. 가슴 뛰는 꿈과 열정을 품고 살면서 현실에서도 최선을 다한다면, 모두가 불가능하다고 했던 일도 이루어지는 기적이 분명 일어날 것이라고 생각합니다.

지금의 시련이 좋은 대학, 좋은 회사에 들어가면 끝날 것 같겠지만, 삶이라는 것은 깨어 있는 한 계속됩니다. 그래서 하루하루 긍정의 힘으로, 자신의 꿈으로 살아가는 것이 중요하다는 생각이 듭니다. 자신이 좋아하는 일을 하는 것이 얼마나 중요한지 깨닫고 남들의 기준이 아니라 자기 자신의 삶의 기준을 세우는 것이 무엇보다 우선시되어야 할 것입니다. 대한민국 청년들의 꿈이 이루어지는 기적을 만나고 싶고, 또 응원합니다.

이예은
희귀 · 난치성 질환 자조회 사회복지사
백석대학교 사회복지학과 졸업

사회복지사 업무의 실제

희귀 · 난치성 질환

희귀·난치성 질환은 발생 빈도가 극히 낮고 많은 경우 사망 또는 영구 장애에 이르는 등 심각도가 매우 높은 질환을 말합니다. 대부분의 국가에서는 적절한 치료 방법과 치료약이 개발되지 않은 질환이거나, 설령 치료 방법과 치료약이 개발되었다 하더라도 유병 인구가 2만 명 이하이면 희귀·난치성 질환으로 정의합니다.

치료 방법이나 치료약이 없는 경우가 많아 사망이나 영구 장애에 이르게 되는 희귀·난치성 질환은 확진을 받기 위해 여러 의료 기관에서 고가의 검사를 받아야 하는데다 일단 확진을 받아도 엄청난 치료 비용과 절망을 감당해야 합니다. 이는 대부분의 의료 기관에서 진단이 어렵고 특수 정밀 검사를 통해서만 확진할 수 있기 때문입니다. 이로 인해 불필요한 중복 검사가 이루어져 과도한 의료 비용 지출이 발생하고 환자 불편이 가중되는데다 상태가 더 나빠지지 않도록 유지하는 데도 엄청난 비용이 발생합니다.

게다가 상대적으로 소수자이다보니, 행정부와 입법부의 관심이 적어 희귀·난치성 질환자들을 위한 정책 입안이 제대로 이뤄지지 않고 있습니다. 의학계에서도 체계화된 연구가 부족한 실정이고, 뜻있는 소수의 집단을 위주로 진행되는 것이 현실입니다.

저는 이런 질환을 겪고 있는 가족들과 환우들을 위해 연구 지원, 부모 교육 및 상담, 행사를 하고 있으며, 이를 통해 환우 가족의 삶의 질을 높이는 일을 하고 있습니다. 환우 보호자들은 크게 세 번 정도 힘들다고 이야기합니다. 첫번째는 희귀·난치성 질환 진단을 받았을 때, 두번째는 이후에 상태가 더 나빠졌을 때, 세번째는 부모보다 자녀가 먼저 세상을 떠나게 되었을 때입니다. 이렇게 큰 아픔을 겪는데, 하루하루 사는 것이 눈물이고 감동이라는 말을 들었을 때는 정말 가슴이 아픕니다. 작은 것에도 웃고, 감동받고, 때로는 눈물을 뚝뚝 흘리는 어머님들과 함께 있으면, 저도 그분들과 하나가 되어가는 것 같습니다. 힘든 상황에서도 밝고 긍정적인 어머니들을 보면 저도 힘이 나고 열심히 살아야겠다는 생각이 듭니다.

사회복지사 업무

저는 현재 음악회와 워크숍 등의 대규모 행사와 희귀·난치성 질환 연합회에서 주관하는 행사에 참여하고, 후원 홍보 사업, 의료 복지 사업, 연구 지원 사업, 가족 지원 사업 등의 업무를 진행하고 있습니다.

환우와 가족 들에게 구체적인 힘이 되어드리고 싶은데 주어진 일을 하다보면 행사에 치우치는 것은 아닌가 하는 생각에 마음이 아픕니다. 특히 제가 활동하는 곳은 일상생활을 전부 보호자에게 의지해야 하는 환우들이 있는 곳입니다. 어떤 환우는 전혀 몸을 움직일 수 없기 때문에 잠자는 자세도 20번 정도 바꿔주어야 합니다. 그래서 보호자들은 항상 수면 부족에 시달립니다. 잠이라도 편하게 자고 싶다는 그분들의 말씀을 들을 때마다 안타깝고, 저도 힘들다는 생각을 떨치고 더욱 열심히 해야겠다는 생각을 합니다.

물론 업무를 하면서 보람을 느낄 때도 많습니다. 워크숍 같은 대규모 행사가 사고 없이 무사히 끝나고, 가족 단위로 화목하게 지내는 모습이나 아이들의 환한 웃음을 볼 때 가장 큰 보람을 느낍니다. 또 "수고했어요"라는 한마디가 그동안의 고생도 잊게 하는 힘이 됩니다.

사회복지사라는 직업

사회복지학 공부는 사회복지사의 기본적인 바탕이어야 하지만, 실무는 또다른 배움의 연속일 것입니다. 제 경우에는 대학에서 배운 가족복지와 가족치료가 실무에서도 많은 도움이 되었습니다.

사회복지사 자격은 교육인적자원부가 인정한 정규 대학에서 4년을 이수하고 졸업하면 2급, 국가고시를 통과하면 1급을 취득할 수 있으며, 2년제나 사이버대학에서도 2급을 취득할 수 있습니다.

저는 대학에서 사회복지학을 전공하긴 했지만, 처음부터 사회복지사에 대한 확고한 의지를 가지고 있지는 않았습니다. 내 길이 맞는지 고민하던 중에 대학교 1학년 때 소록도 한센병 환자를 만나 돕고 싶다는 마음이 들면서부터 사회복지사를 해야겠다고 생각했습니다.

사회복지사의 일에도 아동·청소년·노인·정신보건 등 다양한 분야가 있는데, 제 어머니가 간호사이고 지금도 현업에 종사하셔서 그런지 저는 환우를 만나는 의료 사회복지에 자연스럽게 관심을 갖게 되어 이 일과 인연을 맺게 되었습니다.

사회복지사의 전망

아직 사회복지사를 직업으로 생각하기를 꺼리는 청년들이 있는 것 같습니다. 그래서 직업으로서의 사회복지사에 대한 제 생각을 말씀드리고 싶습니다.

많은 청년이 사회복지사는 힘들고, 돈을 잘 못 벌고, 어렵다고 생각하는 듯합니다. 그러나 저는 먼저 사회복지사는 훌륭한 직업이라고 말씀드리고 싶습니다. 복지가 전 국민적 이슈가 되고 있는 것도 앞으로 더욱 복지의 중요성이 커질 수밖에 없다는 반증이기도 합니다. 무상급식이나 반값 등록금 등 복지 비용이 너무 높아진다고 우려하지만, 복지가 잘되어 있는 유럽의 경우 대개 국가가 복지 비용을 GDP 대비 20% 이상 지출하고 있습니다. 반면 우리나라는 복지 비용이 GDP 대비 5% 대에 머물고 있는 것을 보면, 복지는 방법과 의지의 문제 아닌가 생각합니다. 고령화로 노령 인구가 계속 급증하는데 저출산으로 인해 노인을 자식이 부양하지 못하게 되는 상황이나 사회복지에 다양한 수요가 생기는 것 등으로 보아 앞으로 사회복지사가 더 많이 필요해질 것이라고 말씀드리고 싶습니다.

경영학을 전공했다면 사회복지와 경영을 접목해 이윤을 추구하는 사회복지 서비스를 새로운 직업으로 창출해낼 수 있고, 레크리에이션을 전공했다면 놀이와 사회복지를 접목해 치매 노인들을 위한 새로운 치료 방법을 개발할 수도 있습니다. 이처럼 다양한 전공과 결합할 수 있다는 점에서 사회복지 분야의 발전 가능성은 무궁무진하며, 지금보다 더 사회복지사의 수요가 늘어날 것이라고 생각합니다. 아울러 사회복지 분야는 다양한 직업이 생길 수 있는 블루오션이라고 볼 수 있습니다. 사회복지사는 도움이 필요한 분들에게 맞춤형 서비스를 제공함으로써 느끼는 보람과 함께 직업을 통한 자기만족까지 얻을 수 있는 훌륭한 직업이기에, 많은 청년이 사회복지사에 관심을 갖기를 권합니다.

청년 여러분, 다시는 오지 않을 소중한 시절임을 알면서도 여러분이 지금 느끼는 답답함을 저도 똑같이 느꼈습니다. 지금 가슴에 품고 있는 꿈을 포기하지 말고 자기가 선택한 길을 인내로 이겨냈으면 좋겠습니다.

Part 3

내일을 향해
꿈을 쏴라

캠퍼스의 낭만은 어디로 갔을까요? 청년 실업률은 연일 최고치를 기록하고, 대학교 도서관은 토익 공부나 자격증 시험 준비 등 스펙 쌓기에 혈안이 된 학생들로 북적댑니다. 이런 대한민국의 대학생들을 위해 대학내일의 박지호 기자와 한국취업신문의 김홍태 편집장, 취업 포털 사람인의 임민욱 홍보 팀장이 뭉쳤습니다. 재미도 있고 적성도 찾을 수 있는 공모전 활동 정보부터 알짜 중소기업과 중견기업 선별 전략까지, 취업의 전문가들에게 제대로 배워봅시다.

꿈을 위한 도전, 대학 생활 전략

대한민국에서 대학생으로 산다는 것

우리나라에서 대학생이 된다는 것은 '해방'이자 또다른 '속박'입니다. 요즘이야 덜하지만 몇 년 전만 하더라도 수험생 학부모들의 단골 레퍼토리 중 하나가 "대학 가면 너 하고 싶은 대로 해"였습니다. 지금 힘들더라도 대학교만 가면 모든 것이 해결되니 그때까지 참고 노력하라는 달콤한 말입니다. 물론 1998년 외환 위기 전까지만 해도 이는 어느 정도 진실성 있는 얘기였습니다. 등록금도 지금보다는 그리 비싸지 않았고(국립대 공대 한 학기 등록금이 130만 원 정도, 인문 계열은 100만 원

내외였으며, 사립대도 300만 원을 넘지 않았습니다) 빛나진 않더라도 졸업
장을 받으면 취업이 그렇게 어렵지 않았습니다. 취업을 한 후 큰 잘못
이나 무리(자발적 이직이나 퇴사)를 하지 않는다면 정년을 채우는 사례
도 많았습니다. 그야말로 대학은 수험 생활의 종지부를 찍는 탈출구이
자 사회로 나가기 전 낭만을 즐기고 배울 수 있는 인생의 황금기였던
셈이었습니다.

하지만 외환 위기 이후 경쟁 시대의 도래는 이런 환경을 송두리째
바꿔버렸습니다. 평생직장의 개념은 공무원을 제외하고는 거의 없어
졌고, 학비는 사립대 기준으로 한 학기에 500만 원을 넘어섰으며, 대
학생들에게도 경쟁과 생존을 강요하는 시대에 들어선 것입니다. 대학
의 낭만은커녕 학자금을 마련하려고 끊임없이 알바의 세계를 전전하는
이른바 '88만 원 세대'로 불리는 '생계형 알바족'들이 좁아진 취업문을
통과하기 위해 대학 생활을 수험 생활의 연장처럼 보냅니다. 대학생이
됨과 동시에 '무한 경쟁'으로 접어드는 것입니다.

'시대를 건너는 법'

시대가 어려우니 우리가 이런 현실을 바꿔야 한다는 이야기를 하자
는 것은 아닙니다. '무한 경쟁'의 시대를 이겨내야 합니다. 즉 시대를
탓하며 포기하지 말고 그럴수록 더욱 자신이 원하는 바를 찾는 데 힘을
쏟아야 합니다.

개미와 베짱이 우화를 모두 알고 있을 것입니다. 여름내 열심히 일
한 개미는 따뜻한 겨울을 맞이하고, 실컷 놀기만 한 베짱이는 춥고 배

고픈 생활을 하게 된다는 우화죠. 하지만 현실에서는 다른 결과가 나올 수 있습니다. 베짱이는 유명한 아티스트가 되어 전 세계를 돌아다니며 부와 명예를 쌓고, 개미는 날마다 같은 일을 반복하며 근근이 살아가는 존재가 될 수도 있습니다.

여기에서 얻어야 할 또하나의 중요한 메시지는 '나태함은 미래를 망친다'는 점입니다. 우화 속 베짱이가 겨울을 힘들게 보내는 것은 나태했기 때문이지 음악을 했기 때문이 아닙니다. 개미가 따뜻한 겨울을 나는 것은 '열심히' 살았기 때문입니다. 자신만의 목표를 향해 미래를 준비하는 사람만이 달콤한 과실을 얻을 수 있습니다.

찾아볼수록 재미있는 일이 많다

그 어느 때보다 대학 생활이 팍팍해진 것은 사실이지만, 다행스럽게도 힘든 일만 있는 것은 아닙니다. 대학생들이 스스로 발전하고 미래를 생각할 수 있도록 우리 사회에는 알게 모르게 다양한 장치가 많습니다. 그 안에서 대학 생활의 낭만과 재미를 느낄 수도 있고, 자신의 능력을 검증받을 수도 있습니다. 대학생 대상 프로그램들이 바로 그것입니다.

이런 프로그램들은 대학교에서 직접 진행하는 경우도 있고, 기업이나 정부 기관에서 개최하기도 합니다. 한 공모전 사이트에서 발표한 자료에 따르면, 연간 개최되는 공모전 개수만 2천여 개에 이른다고 합니다. 대학내일에서 운영하는 공모전 사이트에서 조사한 결과도 이와 크게 다르지 않습니다. 이중 대학생들만 참여할 수 있는 것이 얼마나 많겠습니까?

불과 10여 년 전까지만 해도 없던 공모전 전문 사이트와 대학생 프로그램들을 소개하는 카페만 해도 열 손가락으로 다 셀 수 없을 정도입니다. 과거보다 대학생 대상 프로그램이 다양해지고 그 수도 늘었다는 방증이기도 합니다. 경쟁이 심해진 만큼 대학생이 자신의 능력을 키우고 검증받을 수 있는 방법도 증가했다는 이야기입니다.

앞서 말한 것처럼, 재미만을 좇는 것도 경쟁력이 될 수 있습니다. 그일에 '미친다면' 말입니다. 나는 학교 공부가 쉽고 재미있을 수 있지만, 누군가에게는 세상에서 제일 재미없고 어려운 일일 수 있습니다. 이런 문제에서 옳고 그른 것은 없습니다. 단지 선택에 따른 결과를 받아들여야 하는 것뿐입니다.

자신이 재미를 느끼며 잘할 수 있는 것을 찾아보세요.

나와 맞는 활동은 무엇일까

자신이 잘하는 것 또는 재미있어하는 것이 무엇인지 정리해보는 것이 우선입니다. 그런 다음 내가 도전할 수 있는 것은 무엇이 있을지를 찾는 것이 순서입니다. 단지 이력 때문에, 친구가 하자니까, 해외에 나가고 싶어서라는 이유는 도움이 되지 않습니다. 이런 경우는 설령 활동에 참가하게 되더라도 문제입니다. 본인의 흥미와 관심과는 무관하기 때문입니다.

대학생 대상 주요 공모전과 참여 활동

공모전	참여 활동
마케팅	인턴
광고	기자단
홍보	홍보단
논문	마케터
디자인	봉사 활동
영상	리더십
예체능	해외 탐방
문학	창업
창업	애니메이션
애니메이션	

잘하는 것이나 재미있는 일이 무엇인지 정리되면 이제 어떤 것을 해 볼지 찾아야 합니다. 대학생 프로그램은 크게 공모전과 참여 활동으로 나눌 수 있습니다. 공모전은 어떤 주제에 대한 기획 아이디어를 정해진 기간 안에 제출해 평가받는 시스템입니다. 광고 공모전 같은 것이 대표적입니다. 참여 활동은 일정 기간 하나의 목적을 가지고 미션을 수행하는 것입니다. 여기에는 홍보단, 기자단 같은 것이 있습니다. 쉽게 표현하면, 참여 활동은 수강 과목이고 공모전은 수강 과목 안에 있는 과제 같은 것입니다.

스포츠를 좋아한다면

스포츠를 좋아한다면 KBO 대학생 객원 마케터나 K리그 명예 기자

또는 각 구단이 운영하는 홍보 프로그램에 참여하는 것이 좋습니다. 경기도 무료로 관람할 수 있고, 장학금 혜택의 특전도 있기 때문입니다. 경기장에 찾아가 좋아하는 선수를 직접 만날 수 있는 기회도 제공되어 스포츠광에게는 일석이조의 프로그램입니다.

정치와 정책에 관심이 많다면

평소 정치와 정책에 관심이 많다면, 자문단이나 블로그 기자단 활동을 생각해볼 수 있습니다. 이 계통은 공모전보다는 아이디어 그룹이나 홍보단 형태의 프로그램이 많은데, 민주당 민주정책연구원과 새누리당 정책연구소인 여의도연구소가 각각 대학생 정책 연구모임을 운영하고 있습니다. 사회단체 한국청년연합KYC 같은 곳도 대학생 리더십 프로그램을 운영하며 현실 정치에 대해 연구합니다.

정책 진행에 관심이 많으면, 정부 각 부처가 운영하는 블로그 기자단에 참여하는 방법이 있습니다. 문화체육관광부, 보건복지부, 농림수산식품부 등 주요 부처뿐만 아니라 중소기업청, 특허청 등도 블로그 기자단을 운영합니다. 주관 기관의 성격에 따라 기자단의 성격도 다르기 때문에, 관심이 있는 분야를 잘 따져보고 지원해야 합니다.

패션과 미용에 관심이 많다면

패션과 미용 관련 분야에는 응모할 만한 공모전이나 활동이 정말 많습니다. 코오롱 패션 어워드는 패션 디자인과 마케팅 부문을 함께 공모하는 형태입니다. 상금도 많고, 입사 특전에서 해외 유명 디자인스쿨

연수 지원까지 혜택도 특별합니다. 에뛰드 뷰티즌 같은 프로그램은 화장품을 직접 사용해보고 홍보 활동을 하는 프로그램입니다. 패션과 미용 관련 분야는 대개 해당 브랜드 제품을 제공해주거나, 브랜드 론칭쇼나 브랜드 모델 이벤트 현장 등에 우선 초대하는 경우가 많아 실용적이면서도 재미있습니다. 봉사 활동같이 함께 참여하는 프로그램도 자체 운영하는 경우가 많아 보람도 느낄 수 있습니다.

이 분야는 브랜드 홍보를 위한 기자단이나 홍보단 모집도 많습니다. 패션잡지 에디터에 관심이 많다면 한번 도전해볼 만한 프로그램입니다.

환경에 관심이 많다면

포스코가 운영하는 '탄소중립 프로그램'이나 녹색성장위원회가 운영하는 그린칼리지가 환경 문제와 관련한 대표적 프로그램입니다. 지식경제부와 한국에너지재단이 후원하는 '에생모(에너지를 생각하는 모임)' 기자단도 지원해볼 만합니다. 또한 환경재단 같은 NGO에서 운영하는 프로그램도 참고할 만합니다. 환경과 지속 가능한 미래에 대해 고민하는 사람이라면 지원하는 것이 좋습니다.

외교관이 꿈이라면

외교통상부가 주최하는 '전국 대학생 모의 유엔 회의'는 국제기구에서 일하고자 하는 학생들이 국제기구의 규칙을 체험할 수 있는 좋은 기회입니다. 매년 6~7월에 개최되는데, 그해 유엔의 국제 이슈에 대해 참가자들이 유엔 회원국의 특정 국가를 대표하여 실제로 유엔의 의결 방식에 따라 문제를 해결해볼 수 있도록 설계되었습니다.

비슷한 행사로 한국외대 모의 국제 연합에서 진행하는 '모의 유엔 총회'가 있습니다. '아시아 청년 포럼'은 유네스코 한국위원회가 주최하는 행사로, 유네스코 본부에서 진행한 '유네스코 청년 포럼'을 더욱 발전시켜 그 대상을 아시아 지역으로 한정해 아시아 지역 청년들이 적극적으로 참여하고 연대할 수 있는 기반을 마련하는 것이 목표인 프로그램입니다.

금융권에 뜻이 있다면

금융권 공모전은 고액의 상금과 해외 연수 특전, 입사시 가산점 부여 등 많은 혜택이 있습니다. 신한은행, 외환은행, 국민은행 등 주요 금융사들이 모두 마케팅 공모전을 열며, 제2금융권도 종종 광고 공모전 같은 프로그램을 개최합니다.

신한은행, 국민은행, 기업은행은 공모전과 별도로 대학생 홍보단을 운영하는데, 경쟁률이 50:1에 이를 정도로 문이 좁습니다. 올바른 금융 지식과 다양한 정보를 얻을 수 있는 이 프로그램들은 전공 지식보다는 성실함과 열정을 중요시합니다.

기자를 목표로 한다면

기자가 되는 가장 확실한 방법은 인턴 프로그램에 참여하는 것입니다. 주요 언론사들이 매년 인턴 기자를 모집하는데, 대부분 휴학생을 뽑거나 방학중에만 운영하기 때문에 학업과 병행할 생각이라면 영삼성

열정기자단이나 영현대 글로벌 기자단 같은 프로그램에 지원하는 것도
좋습니다. 기업에서 운영하기 때문에 기업 홍보단 성격이 있긴 해도 기
업 홍보만을 전담하는 것은 아니어서 의외로 취재 분야가 넓습니다. 특
히 대기업이 운영하는 프로그램은 해외 지사 방문 같은 해외 탐방 기회
가 있어 다양한 문화를 접할 기회가 주어집니다.

리더십을 키우고 싶다면

전국경제인연합회(전경련)가 후원하는 '영리더스클럽'이나 '미래엘
리트 양성과정'이 있습니다. '국제 리더십 학생협회'도 유명합니다. 학
생들이 직접 인턴십 프로그램을 기획해 참여 학생들을 연결해줍니다.
'바른사회시민회의'라는 민간단체에서 주최하는 대학생 글로벌 리더십
프로그램이나 사이프SIFE라는 비즈니스 리더 양성 모임도 최근 떠오르
고 있습니다. '카네기 글로벌 리더십' 프로그램도 유명한데, 일부 대학
에서는 학점으로 인정하는 것은 물론 참가비를 지원해주기도 합니다.

봉사 활동을 해보고 싶다면

국내외 봉사 활동 프로그램은 매우 다양합니다. 대표적인 해외 자원
봉사 활동에 국제워크캠프가 있으며, SK텔레콤의 써니와 같은 국내 자
원봉사 활동도 있습니다.

개별 프로그램으로는 현대자동차그룹이 운영하는 '해피무브 글로벌
청년봉사단'이 유명합니다. 전 세계 주요 지역에 1년에 두 번 봉사자
수백 명을 선발해 보내는 프로그램인데, 항공권부터 체류 비용까지 전

액을 지원하기 때문에 지원율이 상당히 높은 편입니다. 그 외에도 '한 국메이크어위시재단' 같은 NGO에서도 차별화된 국내 자원봉사 활동을 제공합니다.

취미를 살릴 수 있는 자원봉사 프로그램도 있는데, 영화제 자원봉사가 그렇습니다. 통번역, 취재, 행사 진행 등 종합적으로 운영되는 경우가 많으므로 지자체 축제나 국제 행사 같은 행사의 진행에 관심이 많으면 지원해볼 만합니다.

IT 얼리어답터라면

삼성전자나 KT 같은 대기업이 운영하는 프로그램에 도전하는 것이 좋습니다. 하지만 대부분 홍보단 성격이 강하기 때문에, 프로그램에 대해 제대로 이해하지 못하면 불만이 쌓일 수 있습니다. 삼성전자는 자사 제품군에 대해 광범위하게 대학생 프로그램을 운영하는데 글로벌 기업인 만큼 프로그램 진행이 생각보다 까다롭습니다. IT 지식도 풍부해야 하고 무엇보다 제품에 대한 충성도가 높아야 합니다. KT가 운영하는 '모바일퓨처리스트' 역시 마케팅과 기획, 홍보단의 성격이 종합된 프로그램인 만큼 활동이 그리 호락호락하지는 않습니다.

창의적인 광고인의 삶이 궁금하다면

광고 공모전에 도전해보거나 광고대행사들이 운영하는 대학생 프로그램에 참여하는 방법이 있습니다. 광고 공모전은 공모전 중에서도 가장 많은 비율을 차지하는데, 처음 응모하는 사람은 상금이 적게 걸린 공모전이나 초대 공모전을 택하는 것이 유리합니다. 워낙 전문가가 많기 때문입니다. 제일기획 광고 공모전 같은 큰 공모전은 어느 정도 실력을 쌓은 후에 도전해도 늦지 않습니다. 광고기획자가 되고 싶으면 'TBWA 주니어보드'나 '대학내일 마케팅 리베로' 같은 프로그램에 지원하면 됩니다.

디자인에 관심이 많다면

디자인 분야 프로그램은 전공자가 아니면 쉽게 접근하기 어렵습니다. 그런 만큼 전공자들이 준비를 많이 하는데, 전문 기술이 부족하면 이계통 친구들과 함께 준비하면 됩니다. 국내에도 디자인 공모전이 굉장히 많은데 대학생만 대상으로 하는 공모전이 좋으며, red dot이나 IF 같은 해외 공모전도 있으니 경쟁력을 쌓아볼 요량이라면 추천합니다.

〈대표적인 해외 디자인 공모전〉

REDDOT concept award(www.red-dot.org)

IF concept award(www.ifdesign.de)

IDEA design award(www.idsa.org/awards)

이야기를 좋아한다면

스토리텔링 공모전이나 등단을 위한 공모전에 지원하는 것이 좋습니다. 스토리텔링은 어떤 대상에 이야기를 입히는 과정으로 신제품이나 전통 있는 제품에 많이 적용합니다. 전통주 관련 광고나 지자체 명

물에 스토리텔링을 접목하는 경우가 많습니다. 수필이나 소설, 시 등에 관심이 많다면 문학 공모전에 도전하면 됩니다. 문학 공모전은 수준이 높은 경우가 많아 일단 교내 공모전 같은 작은 대회부터 도전하면서 실력을 쌓는 것도 좋습니다.

두 가지 모두 특정 전공에 얽매일 필요가 없으며 창의력과 상상력을 두루 갖춘 사람이라면 누구든지 도전할 수 있습니다. 창의력을 바탕으로 하기 때문에 다른 공모전에 응용하기도 좋은 것이 스토리텔링입니다.

여행벽이 있다면

국내외 탐방 프로그램이 많이 있습니다. 대표적인 것이 국토대장정입니다. 여름만 되면 서너 개 정도의 국토대장정이 열리는데, 동아제약에서 주최하는 '대학생 국토대장정'이 가장 유명합니다. 21일 동안 580킬로미터 정도를 걷기 때문에 준비를 많이 해야 합니다. 내일투어 같은 여행사들은 홍보단 같은 자체 프로그램을 운영하는데 여기에 참여하면 보통 해외여행 혜택이 주어지니 여행을 좋아한다면 지원해볼 만합니다.

주제가 있는 해외 탐방을 기획한다면

그냥 여행이 아니라 콘셉트를 가지고 탐방하는 형식이 좋다면 'LG 글로벌 챌린저'나 '잡코리아 글로벌 프런티어'가 있습니다. 특정 주제에 관한 기획서를 제출해 최종 통과하면 경비를 지원받는 형식입니다.

퀄컴 같은 IT기업들은 미국 자사 탐방 프로그램을 별도로 운영하니 이런 프로그램에 지원하는 것도 좋은 방법입니다. 고생을 하더라도 자신의 기개를 펼치고 싶다면, 교보생명 주최 '대학생 동북아 대장정'이나 '코오롱스포츠 한국청소년 오지탐사대' 같은 프로그램이 좋습니다. 대학별로 비슷한 프로그램을 진행하는 경우도 많으니 대외홍보 부서에 문의해보면 정보를 얻을 수 있습니다.

진심을 담아야 발전한다

프로그램은 이것이 전부가 아닙니다. 2천여 개에 달하는 프로그램과 공모전을 몇 개의 카테고리로 구분할 수는 없습니다. 그런데도 주요한 몇 가지로 나누어 이야기한 것은, 무엇이든 해보고 싶다는 도전 정신은 중요하지만 전혀 생뚱맞은 것을 선택한다면 경쟁력을 갖추기 어렵기 때문에 원하는 분야를 고를 수 있도록 예를 들어본 것입니다.

중요한 것은 자신이 잘하는 분야를 찾아야 한다는 것입니다. 그런 다음 전략적으로 접근해야 합니다. 예를 들어 화장품에 관심이 많다면, 화장품 업체가 주최하는 프로그램에 관심을 갖는 것이 유리합니다. 하지만 단순히 기자에 관심이 많다고 기자단 프로그램에 마구잡이로 지원하는 것은 아무런 도움이 되지 않습니다. 진심을 담아 프로그램 지원에 임해야 합니다. '이것으로 상을 타겠다, 해외를 나가겠다' 하는 생각은 주최측에도 자신에게도 아무런 득이 없습니다. 뚜렷한 목적의식을 가지고 프로그램에 참가해야 합니다.

학년 때문에 망설이지 말길

대학교를 다닐 때는 1학년과 4학년의 차이가 큰 것 같지만 실은 그렇지 않습니다. 선배가 더 많이 아는 것 같아도 사실상 거의 차이가 없다고 봐도 됩니다. 결국 경험의 차이가 중요할 뿐이지 한두 살의 나이 차는 프로그램을 준비하고 도전하는 데 큰 문제가 되지 않습니다.

4학년이라면 자기가 하고 싶은 일이 무엇인지 생각해보고, 이를 위해 무엇을 경험해야 하는지 찾아야 합니다. 그리고 이런 점을 어필해야 합니다. "대학교 4학년까지 나는 이런 사람이었고, 미래를 이렇게 준비하고 있다. 그래서 이런 프로그램에 참여하고 싶다." 이것이 졸업을 앞둔 4학년이 가져야 할 기본자세입니다. 아무것도 준비되어 있지 않고 단순히 스펙만 쌓으려고 한다면 아무도 반기지 않습니다. 1학년이라면 새롭게 시작한 대학 생활에서 다양한 경험을 해보고 자신의 재능이 어떤 것인지 확인하려는 자세가 필요합니다. "제가 꿈꿔온 대학 생활은 이런 것입니다. 그래서 이런 활동을 꼭 해봐야 합니다." 이것이 현명하게 경험하고 배울 준비가 된 1학년의 기본자세입니다.

내가 무엇을 하고 싶고, 이 프로그램을 통해 어떤 부분을 경험하고 싶은지가 제일 중요한 요소입니다. 그리고 그 프로그램에 어떤 기여를 할 수 있을지 고민해보는 것이 우선입니다. 단순히 기자가 되고 싶다는 마음만으로 기자 프로그램에 아무런 준비도 없이 지원한다면 당연히 떨어집니다. 공모전도 마찬가지입니다. 팀을 이뤄 지원한다면 팀원으로서 어떤 자질과 목적의식을 내보일지가 우선입니다. 여기에 학년은 의미가 없습니다. 지레 겁을 먹거나 포기하지 마세요. 도전에는 시기가 따로 없습니다.

도전하면서 배우는 자체가 즐거움

『아프니까 청춘이다』의 저자 김난도 교수는 인생을 하루 24시간으로 환산해 "인간의 평균수명을 80세로 가정하고 1년간 18분씩 움직인다고 하면 20대 청춘들은 아직 채 아침 8시도 지나지 않았다"라고 했습니다. 이제 막 하루를 시작하는 순간에 그날 하루를 평가하고 단정지을 수 없다는 의미입니다. 앞으로 남은 시간에도 경쟁은 계속될 것입니다. 그 시간 속에서 나를 지탱해줄 성장의 발판을 20대부터 하나씩 만들어가야 합니다. 젊어서 고생은 사서도 한다는 말처럼, 좋아하는 것이 있다면 도전해보기 바랍니다. 그것이 바로 이 시대 청춘의 대명사인 '대학생'이 지녀야 할 덕목 아닐까요? 지금도 늦지 않았습니다. 졸업 전에 많은 도전을 해볼 수 있는 특권의 시간을 더이상 허비하지 않길 바랍니다.

〈주요 공모전 및 대학생 프로그램 정보를 찾을 수 있는 곳〉

캠퍼스몬(www.campusmon.com)

대학내일(www.naeilshot.co.kr)

씽굿(www.thinkcontest.com)

스펙업(www.specup.com)

아이러브 콘테스트(www.ilovecontest.com)

공모전세상(www.gongmojeon.com)

알찬 방학을 보내기 위한 전략

방학은 학기중에 지친 몸과 마음을 재충전하기 위한 시간이지만 요즘은 취업난이 워낙 심각한데다 치솟는 등록금으로 장학금을 타려는 학생들의 경쟁이 치열해지면서, 방학이 더이상 휴식의 시간만은 아니게 되었습니다. 이런 때일수록 방학을 잘 활용해 필요한 공부를 보충하거나 목적을 가지고 다양한 활동을 해나가야 합니다.

우선 방학을 자신에게 부족한 것을 보완하는 시간으로 보내는 것이 중요합니다. 이때, 너무 많은 일을 하려 하지 말고 본인이 할 수 있는 것을 명확하게 정하고 이를 중심으로 계획을 세워 집중적으로 준비해야 합니다. 보통 대학생들의 방학 계획을 보면 영어 공부, 아르바이트, 공모전 준비, 자격증 취득, 해외 경험 쌓기 등으로 다양합니다. 하지만 이 모든 것을 한꺼번에 할 수는 없습니다. 이중에서 현재 자신에게 가장 필요한 것, 도움이 되는 것을 잘 선택하는 것이 계획의 시작입니다.

방학을 이용해 영어 실력을 향상시키려는 학생이 많을 것입니다. 이때도 무리하게 목표를 설정하기보다는 자신이 가장 취약한 부분을 찾아 집중적으로 공부하는 것이 필요합니다. 토익이나 토플을 준비하더라도 이번 방학에 몇 점을 올리겠다는 구체적인 점수를 목표로 계획을 세우는 것이 좋습니다.

영어 성적을 올리기 위해 흔히 학원에 다니거나 동영상 강의를 듣습니다. 하지만 요즘은 회화 능력을 더 중요하게 생각해 원어민이 직접 영어 실력을 평가하는 기업이 늘어난 만큼 실제로 원어민과 대화할 수 있는 방법을 찾는 것도 유익합니다.

'한링고'라는 언어 교환 사이트(www.hanlingo.com)에 가보면, 한국어를 배우고 싶어하는 외국인들을 만날 수 있습니다. 최근에는 이처럼 한국어를 배우려는 외국인이 많아 이들과 외국어로 이야기하며 친분을 쌓다보면 자연스럽게 회화 실력을 키울 수 있습니다. 또 영어에 자신 있는 학생들은 외국인 관광객의 '트래블 메이트'가 되는 것도 실전 능력을 향상시키는 데 도움이 됩니다.

방학 계획을 세울 때 또하나 염두에 두어야 할 것은 봉사 활동입니다. 점차 기업의 사회적 책임이 강조되면서 채용을 할 때에도 지원자의 봉사 활동을 우대하는 기업이 느는 추세입니다. 또 특별히 가산점은 없더라도 자기소개서에서나 면접에서 봉사 활동 경험과 이를 통해 무엇을 얻었는지 어필하면 유리한 평가를 받을 수 있습니다.

단, 봉사 활동도 자신의 재능이나 성향에 맞는지 미리 체크해봐야 합니다. 봉사 활동에서는 마음가짐이 가장 중요하기 때문입니다. 즐거운 마음으로 봉사할 수 있어야 보람도 크고 지속적으로 할 수 있습니다.

이렇게 마음이 있어도 봉사 활동을 혼자서 하기는 쉽지 않습니다. 그러므로 다양한 규모와 성격의 자원봉사 조직에서 도움을 받고 시작하는 것이 좋습니다.

독서 또한 매우 중요합니다. 한국교육학술정보원에 따르면, 대학생한 달 평균 독서량은 1.4권에 불과할 정도로 대학생들이 거의 책을 보지 않습니다. 독서가 취업에 도움이 되지 않는다는 잘못된 생각 때문인데 사실은 그렇지 않습니다. 빌 게이츠는 "나를 키운 것은 어릴 적 다니던 동네의 조그만 도서관"이라고 말했습니다. 스티브 잡스의 초등학교 성적표에는 "뛰어난 독서가이지만, 독서를 하느라 너무 많은 시간을 허비한다"라고 써 있으며, 스스로도 "기술은 인문학과 결합해야 한다"라고 말할 만큼 독서를 중요하게 생각했습니다.

최근 기업에서는 면접에서 지원자의 창의력, 사고력, 문제 해결 능력을 평가하기 위해 많은 질문을 개발하고 있습니다. 평소 다양한 책을 읽으며 스스로에게 끊임없이 질문을 던지고 답을 찾아간다면, 면접에서도 자신만의 독창적인 답변을 내놓을 수 있습니다.

두 달여의 방학은 길다면 길고 짧다면 짧은 기간입니다. 즉, 어떻게 보내느냐에 따라 결과는 현저히 달라질 수 있습니다. 꿈꿔오던 미래를 만나기 위해 지금 바로 씨앗을 뿌리길 바랍니다.

휴학 생활 길잡이

대학 시절 누구나 한 번쯤 휴학을 결심하게 되는 때가 있습니다. 최근에는 휴학하는 학생이 더 늘고 있다는 것을 통계자료를 보면 알 수 있습니다. 한국교육개발원이 공개한 통계를 보면, 4년제 대학생들의 휴학률은 2006년 22.2%에서 2010년 24.8%로 5년 연속 증가한 것으로 나타났습니다. 아마도 나날이 치솟는 등록금과 취업에 대한 부담으로 휴학이 늘어나는 것이 아닐까 합니다. 하지만 뚜렷한 목표와 계획

없이 회피의 수단으로 휴학을 선택한다면 시간 낭비가 되기 십상입니다. 휴학 생활은 어떻게 하는 게 좋을까요?

휴학한 후 2~3개월 정도 흘렀을 때가 가장 해이해지기 쉬운 시기입니다. 이때, 반드시 초심을 돌이켜봐야 합니다. 처음 휴학을 결심했을 때 세웠던 계획과 결심, 마음가짐을 말입니다. 그리고 계획대로 되지 않는다면 과도한 목표를 세운 것은 아닌지 점검도 해봐야 합니다. 어학 점수도 높이고 아르바이트로 용돈도 벌고 인턴도 해보고 여행도 가보고 싶을 겁니다. 그러나 너무 무리한 계획을 세운 것은 아닌지 꼼꼼하게 살펴본 뒤 우선순위를 정해야 합니다. 6개월이라는 시간에 1순위인 한 가지 목표만 확실하게 달성해도 충분히 의미 있는 시간을 보낸 것이니 너무 조급해하지 않았으면 합니다.

휴학 생활을 방해하는 요인은 게으름입니다. 아무리 계획을 잘 짜놓았다고 해도 생활 리듬이 엉망이면 말짱 헛일이 되고 맙니다. 조금 힘들더라도 규칙적으로 생활해야 합니다. 철저한 계획을 세워 규칙적인 생활을 하는 바쁜 휴학생이 되어야만 후회 없는 휴학 생활이 할 것임을 명심해야 합니다.

끝으로 휴학을 고민하는 학생들에게 꼭 이야기하고 싶습니다. 휴학 전에 왜 휴학을 하려는지 진지한 질문과 답을 마련해야 합니다. 먼저 자신의 목표와 세부 계획이 꼭 휴학을 해야만 가능한 것인지 꼼꼼히 따져보아야 합니다. 학교에 다니면서 할 수 있는 일인데도 '휴학생'이 되면 더 열심히 할 수 있을 것 같다며 휴학하는 경우가 있습니다. 휴학을 결정할 때는 자기가 처한 상황에 대한 냉정한 탐색이 필요합니다.

그리고 자신에게 버거운 목표를 세우거나 뭐든지 '열심히 해야지'라는 마음 하나만으로 휴학을 신청하고 계획을 짜기보다 목표로 하는 것에 대해 조사하고 구체적인 정보를 습득해서 실천 가능한 구체적인 목록을 정하는 것이 좋습니다. 무조건 열심히 달리는 것보다 더 중요한 것은 방향과 목표를 확실하게 설정하는 것이기 때문입니다.

성공적인 취업을 위한 숨은 1%

알짜 기업을 찾자

2013년 1월 통계청의 고용동향을 살펴보면, 고용률은 대부분의 연령층에서 상승했지만 청년층인 20대의 일자리 사정은 악화된 것으로 나타났습니다. 전년 동월 대비 25~29세 취업자수가 12만 9000명 감소(고용률 69.1%에서 68%로 하락)한 것인데, 이는 외환위기로 신규 채용이 중단됐던 1998년 이후 최대 수준으로, 청년 취업난이 얼마나 심각한지 잘 보여줍니다. 상황이 이러해도 취업 사이트에 근무하다보면 원하는 인재를 뽑지 못해 발을 동동 구르는 인사 담당자들을 자주 보게 됩니다.

이렇게 구인과 구직 사이에 불균형이 일어나는 데는 다양한 요인이 있겠지만, 그중 하나로 대기업만 선호하는 구직자들의 쏠림 현상을 꼽을 수 있습니다. 하지만 구직자들이 대기업을 선호하는 이유를 높은 연봉과 잘 갖춰진 복리 후생 때문이라고 단정할 수만은 없습니다. 중소기업이나 중견기업에 대한 정보가 부족하기 때문에 어떤 곳으로 가야 할지 모르는 경우도 많습니다. 그래서 구직자들의 지원 폭을 넓힐 수 있는 '알짜 중소기업, 중견기업 선별 전략'을 말씀드리려고 합니다.

구직자들이 알짜 기업을 구분하려면 먼저 재무 구조를 포함하여 기업 정보와 안정성을 정확히 확인해야 합니다. 대한상공회의소의 '코참비즈'나 중소기업진흥공단의 '중소기업 지식나눔터'와 같은 사이트에서 기업 정보, 재무 정보, 뉴스 등을 확인할 수 있습니다. 재무제표를 토대로 알짜 기업을 판단하려면 영업이익이 매출액의 10% 이상이거나 자기자본비율이 50% 이상인 기업을 찾으면 됩니다. 영업이익률은 높을수록 좋은데, 제조업은 10%, 서비스업은 20%가 넘으면 우량 기업으로 볼 수 있습니다. 단, 수치를 확인할 때에는 보고서 하나만 보는 것이 아니라 분기별 연도별 변화 추이를 함께 살피는 것이 현명한 방법입니다.

그리고 외국인 순매매 10종목과 기관 순매매 10종목을 알려주는 기사도 유심히 보면 알짜 기업을 찾을 수 있습니다. 외국인 투자자나 기관 투자자가 다량으로 해당 기업의 주식을 순매수했다면, 성장 가능성이 비교적 크다고 판단할 수 있습니다.

또한 업종의 특성에 따라 다르지만, 특화된 기술을 가진 기업은 발전 가능성이 높다고 볼 수 있습니다. NT(신기술), EM(우수품질), KT(국산신기술) 마크 등의 기술 인증과 ISO9000 인증, Q마크 등의 인증을 획득했거나, 중앙기관장 이상 공신력 있는 기관에서 수상한 경력이 있는 기업은 신뢰할 만한 기술이나 사업 모델을 가지고 있다고 판단할 수 있습니다.

또하나 알짜 기업을 판단하는 요인으로 연봉을 꼽을 수 있습니다. 직원들에게 연봉을 많이 준다는 것은 그만큼 그 기업의 재무 상태가 안정적이라는 의미입니다. 사실 구직자들은 중견기업, 중소기업이면 무조건 연봉이 낮을 것이라고 생각하는 경우가 많은데 잘 찾아보면 일부 대기업보다 높은 연봉을 주는 알짜 기업이 많습니다.

기업의 연봉 정보는 채용 공고에서 확인할 수 있는 경우도 있고, 취업 포털 사이트에서 추가로 제공하는 연봉 정보 서비스를 통해서도 알 수 있습니다. 단, 연봉 정보를 확인할 때는 현재 연봉 수준뿐 아니라 성과 달성시 어떻게 달라지는지, 진급을 했을 때는 어떤 방식으로 인상되는지 등도 함께 확인해야 합니다.

연봉과 더불어 중요한 요소 중 하나가 복리 후생입니다. 최근 직장인들 사이에서 고소득이나 빠른 승진보다도 저소득일지언정 여유 있게 직장 생활을 하며 삶을 즐기면서 만족을 찾는 '다운시프트족'이 증가하고 있습니다. 앞으로 직장 생활을 해보면 알겠지만, 연봉만큼 중요한 것이 복리 후생 제도, 조직 분위기나 문화입니다. 어떤 복리 후생 제도가 제공되느냐에 따라 회사에 대한 만족도, 성과 등이 달라질 수 있는 만큼, 취업 지원을 할 때 반드시 확인해야 합니다.

알짜 기업을 선택하라는 말을 무조건 눈높이를 낮추라는 말로 오해하는 경우가 많습니다. 단호하게 말하지만, 절대로 아닙니다. 이미 알려진 정보에만 기대어 섣불리 결정하지 말고 다양한 정보를 토대로 자신에게 잘 맞는 기업을 직접 찾아보라는 의미입니다. 눈높이를 정확하게 맞추라는 것입니다.

그리고 중소기업에 입사한 후 몇 년 경력을 쌓은 뒤 대기업으로 이직하겠다는 것이 최종 목적이 되어서도 안 됩니다. 물론 경력을 쌓아 이직을 할 수 있습니다. 그러나 처음부터 그런 마음으로 직장 생활을 하면 애사심도, 업무에 대한 책임감도 갖기 어렵습니다. 최종 목표는 항상 '기업'이 아니라 '업業'이라는 생각을 갖는 게 중요합니다.

1%의 차이가 취업 성공을 결정한다

취업난이 심화되는 것에 비례해 뛰어난 역량을 갖춘 지원자도 늘어나고 있어서, 기업 입장에서도 직무에 알맞은 지원자를 선별하는 것이 매우 어려운 일이 되었습니다. 그러다보니 1~2점차로 당락이 결정되는 경우도 많습니다. 그렇기 때문에 작은 부분 하나도 놓치지 않아야 취업에 성공할 수 있습니다.

구직자들이 취업을 준비할 때 놓치기 쉬운 부분이라면, 첫째로 '필터링 항목 점검하기'를 들 수 있습니다. 서류 전형에서 1차로 지원자를 걸러낼 때, 필터링 제도를 활용하는 기업이 생각보다 많습니다. 취업 포털 사람인에서 기업 인사 담당자 240명을 대상으로 '서류 전형시 필터링을 실시하는가'라는 설문을 실시한 결과, 69%가 '그렇다'고 대답했습니다. 이런 필터링을 통해 지원자 중 평균 38%를 걸러내는 것으로 집계되었습니다. 필터링은 주로 다음과 같은 항목에 이루어집니다.

'관련 업무 경험'이 59%로 가장 많았고, 다음으로 '전공'(54%) '나이'(50%) '학력'(36%) '외국어 점수'(23%) '자격증'(21%) '학점'(16%) '출신 학교'(15%) '공백기 여부'(11%) '희망 부서 기재 오류'(11%) 등이 있었습니다.

필터링 항목에 대한 점검이 끝났다면 그다음으로 우대 사항과 감점 요소를 확인해야 합니다. 기본적인 우대 사항은 채용 공고에 기재되어 있는 경우도 많고, 채용 포지션에 따라 예측할 수도 있습니다. 보통은 관련 분야 경력이나 자격증, 관련 전공자를 우대하는 경우가 많습니다. 한국경영자총협회에서 실시한 '대졸 신입 사원 채용 및 재교육 현황 조사' 결과를 보면, 대졸 신입 사원을 교육시켜서 실무에 투입하는 데 평균 19.5개월이 걸리고, 비용은 1인당 평균적으로 6천만 원 정도 든다고 합니다. 특히 대기업의 경우 무려 27개월의 교육 기간에 1억 천여만 원을 투자하는 것으로 조사되었습니다. 관련 분야 경력이나 지식이 있으면 이렇게 교육을 하는 데 소요되는 시간과 비용을 줄일 수 있기 때문에, 기업 입장에서는 관련 경험자나 전공자를 선호할 수밖에 없습니다.

또 외국어 회화 능력 보유자, 보훈 대상자, 인근 거주자, 봉사 활동 경험자, 선행 경력을 우대하는 경우가 있습니다. 특히 선행 경력은 공기업에서 우대하는 경우가 많습니다. 실제로 한국지역난방공사는 소매치기를 잡다가 다친 지원자를 '의상자'로 합격시켰고, 한국도로공사는 정기 공채 때 장애인, 의상자 등을 대상으로 한 제한 경쟁을 통해 여섯 명을 채용했습니다.

취업 실패에 직간접적인 영향을 주는 감점 요소에 대해서도 알아두어야 합니다. 인사 담당자들은 '잦은 이직 경험'(38%)을 첫번째 감점 요인으로 꼽았습니다. 이직 자체는 문제가 되지 않지만, 그 횟수가 너무 많거나 한 직장에서 근무한 기간이 너무 짧을 경우, 적응력이 부족하거나 대인관계가 원만하지 못한 사람으로 간주되어 감점 요인으로 작용합니다. 감점 요인 2위는 '긴 구직 기간과 공백기'(18%)였고, 3위가 바로 '베낀 자기소개서'(16%)였습니다. 그 외에도 '나이'(12%), '지원 분야와 상이한 전공'(9%), '낮은 학점'(8%), '탈락자의 재지원'(7%) 등도 감점 요인으로 꼽았습니다.

"1%의 차이가 명품을 만든다"라는 말이 있습니다. 무한 경쟁 사회에서 매일 쏟아져나오는 수많은 상품 사이에서 차별화된 상품의 핵심은 디테일에 달렸다는 말입니다. 취업도 마찬가지입니다. 남들과 똑같은 스펙으로는 안심할 수 없습니다. 사람들이 미처 눈여겨보지 않은 작은 부분까지 꼼꼼히 챙기는 섬세함이 중요합니다.

사람의 첫인상을 결정하는 데 드는 시간은 7초에 불과하다고 합니다. 그러나 그 짧은 시간에 타인에게 비친 인상은 그 사람에 대한 평가의 80%를 차지하며, 첫 만남에서 결정된 첫인상을 바꾸는 데 걸리는 시간은 통계적으로 40시간 정도라고 합니다. 면접을 앞둔 구직자들에게 이것은 커다란 고민거리일 수밖에 없습니다. 그래서 예전에는 정치인 또는 연예인이나 하는 것으로 여겼던 이미지 메이킹이 성공적인 취업을 꿈꾸는 구직자에게까지 요구되고 있습니다.

첫인상은 채용에 얼마나 영향을 미칠까요?

취업 포털 사람인이 국내 353개 기업을 대상으로 '면접시 첫인상이 채용에 영향을 미치는지' 조사한 결과 무려 90%가 "영향을 미친다"고 응답했습니다. 또 첫인상이 면접에서 차지하는 비중은 평균 47% 정도 되는 것으로 조사되었습니다. 이미지 메이킹이 필요한 이유를 잘 보여주는 수치라 하겠습니다.

취업에 필요한 이미지 메이킹에서 가장 신경써야 할 부분은 시각적인 부분입니다. '메라비언의 법칙'에 따르면, 사람의 이미지를 결정하는 것은 표정이나 자세 같은 시각적 요소가 55%, 말투, 억양, 음색 같은 청각적 요소가 38%, 언어가 7%라고 합니다. 즉 절반 이상이 시각적 요소에 의해 결정됩니다. 그렇기 때문에 면접을 볼 때 호감 가는 인상, 자신감 있는 표정, 예의바른 자세 등이 매우 중요합니다.

아무리 외모가 뛰어나더라도 무표정한 얼굴이 호감을 주는 경우는 드뭅니다. 이때 효과적으로 활용할 수 있는 것이 미소입니다. 살짝 미소 지은 얼굴은 보는 사람으로 하여금 마음을 편안하게 합니다. 간혹 "좋은 인상을 주고 싶어서 웃는데, 비웃는 것으로 오해를 해요. 그래서 웃을 수가 없어요"라며 일명 '썩소'를 하소연하는 사람들이 있습니다. 하지만 이것은 노력하면 충분히 바꿀 수 있습니다. 매일 거울을 보며 활짝 웃는 연습을 해보시기 바랍니다. 한 달 후면 분명 달라진 자신의 표정을 보게 될 것입니다.

청각적인 요소도 무시할 수 없는 부분입니다. 물론 음색은 쉽게 바꿀 수 없지만, 말투나 억양은 충분히 교정할 수 있습니다. 면접관은 하루에도 수많은 지원자를 만나고 그들에게 비슷한 종류의 질문을 반복합니다. 답변 역시 큰 차이가 없습니다. 당연히 지루하고 지치기 십상입니다. 이런 면접관에게 어필하려면 '활기'가 필요합니다. 흔히 '솔'음을 가장 듣기 좋은 음높이라고 합니다. 살짝 높은 듯한 톤은 기분을 밝게 해주기 때문입니다. 남자들의 경우 높은 톤이 부담스럽다면 평소보다 조금 큰 목소리로 자신 있게 대답하면 좋은 인상을 심어줄 수 있습니다.

그 외에도 첫인상을 좋게 하려면 깔끔한 옷차림과 자세에도 신경을 써야 합니다. 개성을 드러내려고 너무 튀는 옷을 입기보다는 차분하고 단정한 복장이 좋습니다. 특히 여성의 경우 짙은 화장은 금물입니다.

그리고 깔끔한 옷차림을 더 돋보이게 하는 것이 바로 자세입니다. 먼저 회사의 성향을 파악하고 그에 맞는 제스처를 취하는 것이 효과적이라고 하겠습니다. 면접을 보는 곳이 건설업 등 활동적인 성향을 원하는 기업이라면 좀더 역동적인 제스처를 취하고, 관리직, 금융직 등 신뢰도를 중시하는 기업이라면 손을 가만히 무릎 위에 올려놓는 것이 좋습니다.

더 좋은 이미지, 신뢰감을 주는 이미지를 원하지 않는 사람은 없습니다. 꼭 취업 때문이 아니더라도 직장 생활이나 사회 생활을 하는 데 이미지 메이킹은 경쟁력이 됩니다. 물론 '실력이 있으면 됐지 외모가 뭐가 중요해'라고 생각하는 사람도 있을 것입니다. 그러나 실력을 돋보이게 만드는 것이 바로 이미지 메이킹입니다. 또하나, 외모와 달리 이미지는 충분히 노력해서 만들 수 있습니다. 이미지 메이킹도 자기계발의 일부라는 점을 잊지 말기 바랍니다.

자기소개서에 '스토리'를 넣자

취업의 첫 관문인 서류 전형을 통과하기 위해 꼭 필요한 것이 자기소개서입니다. 하지만 어떻게 자기소개서를 써야 할지 많은 취업 준비생이 고민합니다. 서류 전형 평가에서 자기소개서의 비중이 커지면서 구직자의 부담도 함께 커진 것입니다. 자기소개서를 꼼꼼하게 살펴보는 기업도 늘었고, 또 앞부분만 읽고 식상하다 싶으면 바로 탈락시키는 경우도 많다보니 구직자 입장에서는 여간 신경이 쓰이는 것이 아닙니다. 특히 요즘은 기업마다 특화된 항목이 있기도 해서 그에 맞춰 작성하기도 쉬운 일은 아닙니다.

취업 포털 사람인이 기업 369개를 대상으로 서류 전형시 가장 중요한 배점을 차지하는 항목에 대해 조사한 결과, '자기소개서'가 56%로 1위를 차지했고, 이어 '출신 학교'(24%), '외국어 점수'(14%) 등의 순서였습니다. 자기소개서가 다른 항목에 비해 두세 배 이상 비중이 높다는 점을 알 수 있습니다. 또한 자기소개서에서 가장 중요하게 보는 항목을 조사한 물음에서는 '지원 동기'(20%)를 첫번째로 꼽았습니다. 그러고 나서 '생활신조, 가치관'(18%), '도전 정신과 열정'(16%), '성격 및 장단점'(14%), '목표 달성 사례'(9%), '입사 후 포부'(6%), '어려움 극복 사례'(6%) 등을 본다고 합니다.

그러나 지원자가 시간과 노력을 들여서 쓴 자기소개서를 모든 기업이 꼼꼼하게 검토하는 것은 아닙니다. 긴 시간을 투자해서 굉장히 꼼꼼히 검토하는 기업이 있는 반면, 전체적으로 훑어보면서 잘 쓴 것만 다시 꼼꼼하게 보는 기업도 있습니다. 어느 쪽이든 평균적으로는 검토 시간이 긴 편이라고 할 수 없습니다. 지원서 하나를 검토하는 데 소요되는 시간은 '5분'이 31%로 가장 많았고, 이어 '10분'(24%), '3분'(22%), '15분'(6%), '20분 이상'(5%) 등의 순서로, 평균 7분인 것으로 집계되었습니다. 결국 지원자가 합격하려면 짧은 시간 안에 인사 담당자의 시선을 끌 전략이 필요합니다.

요즘 마케팅 분야에서는 스토리텔링이 화제입니다. 광고를 할 때 단순히 상품을 소개하는 것이 아니라, 상품에 이야기를 입혀 전하고자 하는 메시지를 재미있고 생생하게 전달하는 기법입니다. 취업도 마찬가지입니다. 인사 담당자들은 이구동성으로 차별화된 자기만의 이야기를 쓰라고 말합니다. 기업마다 차이가 있지만 보통 인사 담당자들은 적게는 수십 장에서 많게는 수천 장의 자기소개서를 검토합니다. 보는 것 자체가 고역이라고 할 수 있습니다. 따라서 어디서 본 듯한 혹은 두루뭉술한 내용의 자기소개서가 눈에 들어올 리 없습니다. 그래서 자기소개서에도 '나만의 스토리'가 필요합니다.

그렇다면 자기소개서를 위한 스토리텔링은 어떤 것일까요?

모범 답안이 아닌 자신의 이야기를 써야 합니다. 모범 답안처럼 완벽하고 매끄러운 이야기보다 자신의 진실한 경험이 면접관의 마음을 움직입니다. 온 국민의 마음을 벅차게 했던 평창 동계올림픽 유치를 위한 김연아 선수의 연설이 좋은 예입니다. 올림픽 유치의 가장 강력한 라이벌이었던 뮌헨은 프레젠테이션에서 올림픽 경기에 필요한, 충분한 부지 확보와 수많은 대회 유치를 통해 얻은 경험 등 현실적인 부분을 강조했습니다. 반면 김연아 선수는 나가노 올림픽을 보며 피겨 선수의 꿈을 키웠던 자신의 이야기를 통해 평창의 동계올림픽 유치가 아시아 어린 선수들의 꿈을 키우는 기회가 될 것이라고 유치의 당위성을 설명했고, 이런 감동적인 스토리가 IOC 위원들의 마음을 움직였습니다.

이처럼 자신이 살아온 길을 꼼꼼히 돌아보고 스스로에게 끊임없이 질문하면 나만의 스토리를 얻을 수 있습니다. 보통 자신의 장점에 대해 "대인관계가 좋아 친구가 많은 편이다" 혹은 "타인을 배려하는 성격이다"라는 식으로 표현합니다. 딱 봐도 식상한 표현입니다. 이야기를 뒷받침할 근거가 필요하지만, 지난날을 돌이켜봐도 딱히 떠오르지 않아 막막할 수 있습니다. 이때 스스로에게 질문하면서 마인드맵을 그려보았으면 합니다. 자신이 그동안 살면서 겪은 소소한 경험을 적어보고, 그것들을 왜 했는지 자문하며 살피다보면 해답을 찾을 수 있습니다. 실제로 항공 승무원직에 지원한 한 구직자의 경우 '배려심 있는 성격'을 어필할 경험에 대해 고민하다가 '어린 시절, 깜빡 잊고 준비물을 챙기지 못하고 오는 친구들을 위해 늘 여분을 챙겨 다녔던 일'을 떠올려 자신만의 스토리텔링을 완성했습니다.

그냥 지나칠 수 있는 작은 경험도 당신을 돋보이게 하는 스토리가 될 수 있음을 기억하십시오.

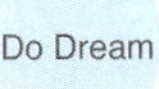

'좋아하고' '잘하고' '수요 있는' 직업 찾기

취업 전망과 직업 선택

각종 언론에서는 경제지표 등을 토대로 청년층의 취업이 어렵다고 합니다. 그런데 상당수의 취업 준비생이 여전히 숲은 보지 못한 채 나무만 보는 격으로 스펙 쌓기에만 집중하며 '뭐 언젠가는 취업이 되겠지'라는 근거 없는 낙관론으로 하루하루를 보내기도 합니다. 하지만 이럴 때일수록 '스톡데일 패러독스Stockdale Paradox'의 교훈을 떠올려야 합니다.

스톡데일 패러독스란 베트남 전쟁 당시의 일화에서 비롯된 용어입니다. 당시 하노이 포로수용소에 수감된 미국 병사들 가운데 낙관주의자들은 다가오는 크리스마스에는 집으로 돌아갈 수 있을 것이라며 근거 없는 희망만 품다 결국에는 상심해서 죽어갔습니다. 하지만 현실주의자들은 돌아오는 크리스마스 때까지는 풀려나지 못하지만 언젠가는 고국으로 돌아갈 수 있을 것이라는 믿음을 잃지 않고 8년을 견뎌 결국 살아남았습니다. 이 이야기는 냉혹한 현실을 직시하면서도 희망을 잃지 않는 태도의 중요성을 보여줍니다.

취업 전쟁에서도 이와 같은 마음가짐이 중요합니다. 구직 시장의 현 주소를 정확하게 진단해보고, 취업을 준비하는 청년 여러분이 나아가야 할 방향을 알려드리고자 합니다.

먼저, 조금 어두운 전망으로 시작해야 할 것 같습니다. 많이 들어서 아시겠지만, 앞으로도 '고용 없는 성장'으로 취업은 더욱 어려워질 것입니다. 고용 없는 성장이란 국가 경제가 전체적으로 성장해 생산이 늘어나는데도 고용은 늘지 않는 현상, 즉 경제는 성장함에도 일자리가 늘지 않거나 오히려 줄어드는 현상을 말합니다. 그렇다면 고용 없는 성장의 원인은 무엇일까요?

글로벌 경제하에서 경쟁이 격화됨에 따라 각 기업들은 임금이 상승할 경우 원가절감을 위해 신규 고용을 창출하는 대신 신규 설비, 공장 자동화로 대체하곤 합니다. 그러니까 산업구조 고도화에 따른 공장 자동화, IT산업에 대한 의존도 확대를 주요 원인으로 꼽을 수 있습니다. 또 섬유나 식품 등 노동집약형 제조업체들이 국내보다 임금이 적게 드는 해외에서 제품을 생산하는 해외투자의 확대 역시 고용 없는 성장의 원인입니다.

이러한 추세는 일정 기간 생산활동에 투입된 취업자의 수를 실질 GDP로 나눈 수치인 취업계수만 살펴봐도 확실하게 알 수 있습니다. 1990년 56.4였던 취업계수는 15년 만인 2006년, 그 절반에 가까운 30.5로 떨어졌습니다. 10억 원을 투입했을 때 창출되는 일자리 수를 말하는 고용유발계수 역시 2000년 이후 지속적으로 떨어지고 있습니다. 2011년 상반기만 보더라도, 일자리가 작년 동기 대비 28만 3천 개 증가했지만 청년층 일자리는 3만 4천 개 감소했습니다. 통계가 이렇다면 구직자의 체감지수는 더 높다고 볼 수 있습니다. 2011년 7월 삼성경제연구소 보고서에 따르면, 청년 실업률은 8.6%인 데 반해 체감 실업률은 23%로 청년 가운데 4분의 1이 사실상 실업 상태라고 볼 수 있습니다.

2009년 대졸자가 54만 7000명이었는데, 이중 대기업 정규직 취업자는 3만 9000명으로 전체의 10% 수준이었습니다. 종합해보면, 청년들이 취업하고 싶어하는 괜찮은 일자리가 감소한다고 볼 수 있습니다. 그렇다면 이렇게 어려운 취업의 문을 어떻게 뚫어야 할까요?

정부와 언론은 구직자들이 눈높이를 낮춰야 한다고 합니다. 본인의 역량은 뛰어난데도 어쩔 수 없으니 기대에 못 미치는 직업을 선택하라는 말이 아닙니다. 흔히 직업 선택의 기준으로 연봉과 기업 인지도, 안정성을 꼽습니다. 그래서 대부분의 구직자가 극소수로 한정된 대기업 정규직을 놓고 경쟁합니다. 그러나 직업을 선택할 때 가장 중요한 것은, 스스로 성장할 수 있느냐가 아닐까 싶습니다. 다른 사람과 경쟁하여 쟁취하는 직업보다 나 자신과 경쟁함으로써 내가 좋아하고 잘하는 직업을 만들고 찾는 것이 내 일을 찾는 가장 빠르고 행복한 길이 아닐까 합니다.

직업 선택의 방법

직업 선택은 우리 삶에서 굉장히 중요합니다. 평생 직업의 개념으로 접근해야만 합니다. 산업 및 직업 구조가 변화하면서 직업의 생성 및 소멸 주기가 단축되었고 평생 직업 시대로 전환되었습니다. 따라서 당장 취업도 중요한 문제이지만, 미래 직업 세계의 변화를 이해하고 진로를 설계하고 준비하는 일도 중요한 시점입니다. 지금도 '괜찮은 일자리'에 대한 관심은 높지만, 정작 그 '괜찮은 일자리'에 대한 정의나 유망 직업에 대한 개념은 부족한 것 같습니다. 자기 주도적이고 효과적으로 미래의 직업을 선택할 수 있는 방법이 무엇인지 생각해봤으면 합니다.

지속 가능하고 유망한 직업을 선택하려면, 무엇보다도 정보가 중요합니다. 그런데 정보를 수집하고 이해할 때, 우선 그 정보를 제공하는 기관의 특성을 먼저 알아야 합니다. 정부나 공공기관에서 발표하는 정보는 이론적이고 실증적인 연구를 거친 것이어서 직업 정보와 인력 수요 전망이 객관적입니다. 하지만 인력 수요 전망이나 보상 등 일부 기준으로 유망 직업을 선정하다보니, 다양한 기준으로 미래를 전망하는 데 한계가 있음을 간과해서는 안 됩니다.

언론 매체나 민간 취업 기관에서도 유망 직업 및 직업 전망 정보를 제공하지만, 일부 전문가 의견에 의존해 근거가 미약하고 기관별로 발표 내용이 달라 혼란을 가중시키기도 합니다. 그렇기 때문에 자신에게 맞는 선택 기준을 세울 필요가 있습니다.

자신에게 맞는 직업 선택 기준이라는 것이 무엇인지 막막할 수도 있습니다. 그 기준을 세우려면 먼저 어떤 '기준'이 있는지부터 알아야 합니다. 그런데 기존의 연구나 발표 기관이 제시한 유망 직업은 대부분 일자리와 소득 측면만을 고려하는 경우가 많습니다. 그렇기 때문에 적합한 직업 선택 기준, 예를 들면 보상(일의 대가로 제공되는 금전적, 비금전적 보상), 고용 현황(해당 직업에서 예상되는 고용 창출의 기대), 고용 안정(지속적으로 일을 수행할 수 있는 정도), 발전 가능성(능력과 기술 향상의 기회와 승진 기회의 가능성), 근무 여건(근무시간, 환경, 스트레스 등 일반적으로 주어지는 작업 여건), 직업 전문성(다른 직업과 구별되는 전문성이 있는지 여부), 고용 평등(성별 및 연령 차별 없이 평등한 일자리 기회 여부) 등을 자신의 기준으로 세워두는 것이 좋겠습니다.

처음부터 이런 요소들을 전부 고려해서 직업을 선택할 수는 없습니다. 처음에는 '고용 안정' '직업 전문성'을 우선순위로 설정하는 것이 가장 무난합니다. 직업 관련 전문가를 대상으로 한국직업능력개발원에서 도출한 델파이 조사 결과(2009년)에 따르면, 이들은 직업 전망의 우선순위를 발전 가능성, 고용 안정, 직업 전문성, 보상 순으로 두었습니다.

발전 가능성은 다음 요소를 갖추어야 합니다. 업무와 관련된 개인의 능력과 기술이 향상될 수 있는 자기계발 가능성, 승진의 기회, 원하는 경우 다른 직장으로 옮길 수 있는 이직 가능성 등입니다.

또 피고용자 중 상근 노동자의 비율이 높을수록 고용 안정성이 높다고 봅니다. '발전 가능성'도 고려해야 하지만 신입의 경우 일정 기간 업무 능력과 기술을 향상시키기 위해 '절대적 시간'이 필요한 만큼 고용 안정성이 중요합니다.

직업 전문성은 전문 지식, 업무 자율성, 업무 권한, 사회적 평판, 사회봉사, 소명 의식 등을 포함합니다. 우리가 평생 직업으로 삼을 만한 직업은 '전문성'이 있는 직업이며 이직의 기반이 되는 것도 '전문성'입니다.

이렇게 자신의 직업관을 명확하게 세웠다면, 그다음은 직업관에 알맞은 정보를 취합해야 합니다. 이 단계에서는 자신에게 더 중요한 기준을 근거로 직업을 탐색해야 합니다. 한국직업능력개발원 등 관련 기관의 직업 전망과 직업 정보를 활용하면 자신의 기준에 맞는 유망 직업을 스스로 탐색할 수 있습니다. 보상 및 고용 현황이 중요한 사람에게는 정보통신 관련직, 경영·회계·사무 관련직이 적합하며, 보상 및 고용 안정이 중요한 사람에게는 엔지니어, 기계 관련 직업, 석유·가스 및 화학물 제조 관련 직업이 적합합니다. 고용 현황 및 고용 안정이 중요한 경우 공학기술자, 치과 의사, 간호사 등 보건 의료 관련직이 유망하다고 할 수 있습니다. 이렇듯 하나의 기준이 아니라 자신의 우선순위에 따라 여러 가지 기준을 두고 유망 직업을 탐색하는 것이 바람직합니다.

내가 아무리 좋아하고 잘하는 일이라도 시장의 수요가 많지 않으면 보수가 적기 때문에 '효율이 떨어지는 일'이 될 수 있으며, 내가 좋아하고 시장의 수요도 있는 일이지만 잘해내지 못한다면 '피곤한 일'이 될 수 있습니다. 또 내가 잘하고 시장의 수요가 있는 일이어도 자기가 좋아하지 않으면 '재미없는 일'이 됩니다. 그렇기 때문에 궁극적으로는 이 세 가지가 최대한 일치하는 일을 찾아야 하며, 그 일은 사람마다 다를 수밖에 없음을 명심하시기 바랍니다.

목표 수립 및 실행 노하우

이번에는 '목표 수립 및 실행 노하우'에 대해 이야기해봅시다. 아마 대부분의 취업 준비생이 새해가 되면 이런저런 계획을 세우고 반드시 지키자고 다짐을 할 것입니다. 다이어리, 스마트폰, 태블릿 PC에 계획을 기록해두고 틈틈이 체크해나가기도 하겠지요. 그런데 목표한 만큼 끝까지 잘 지키시나요? 작심삼일이라고요? 한 달은 버텼는데, 어느새 마음이 흐트러진다는 분들을 위해 정리해보았습니다.

흔히 "꿈은 꾸는 것이 아니라 이루는 것이다" "꿈을 이루기 위해서는 구체적이고 실천 가능한 작은 목표들을 세워라"라고 합니다. 이런 목표들이 징검다리 역할을 해서 원하던 바를 이룰 수 있도록 해준다는 말입니다. 실제로 목표를 설정하는 것은 우리 뇌에도 영향을 줍니다. 사람의 뇌에는 망상 피질이라는 특수한 기관이 있습니다. 우리 인체의 감각에 도달하는 모든 정보는 이 망상 피질을 통해 뇌 또는 의식의 적절한 부분으로 전달됩니다. 망상 피질에 목표 메시지를 전달하면, 목표를 성취하는 데 도움이 될 사람, 정보, 기회를 강렬하게 인식하고 예의 주시하게 됩니다. 그렇기 때문에 효과적인 목표 설정은 원하는 일을 이루는 첫걸음이자 지름길이 될 수도 있습니다.

목표 설정에는 '3P 공식'이 있습니다. 'Positive(긍정적으로), Present(현재시제로), Personal(1인칭으로)'로 목표를 설정하라는 것입니다. 목표 설정이 긍정적이어야 하는 이유는 잠재의식이 부정적인 명령을 처리하지 못하기 때문입니다. 또 잠재의식은 현재시제의 긍정적 사고를 통해서 작동됩니다. 그러니 목표를 적을 때는 마치 이미 그것을 성취한 것처럼 써야 합니다. 마지막으로 '나는'이라는 단어로 작성해야 합니다. 이렇게 목표를 설정하면, 잠재의식은 주문을 받은 것처럼 그 즉시 활동을 시작해서 목표를 실현시키기 위해 활성화될 것입니다.

이 공식대로 목표를 설정했다면, 이제 보다 세분화된 목표를 세워보겠습니다. 혹시 사하라 사막을 건너는 방법을 아시나요? 5킬로미터마다 드럼통을 하나씩 떨어뜨려놓는 것입니다. 이 드럼통은 일종의 이정표 역할을 합니다. 힘들게 드럼통 하나에 도착하면 다음 드럼통이 지평선 위에 보이기 때문에 그것을 목표로 또다시 이동합니다. 이렇게 '한 번에 드럼통 하나'를 목표로 이동해야 거대한 사하라 사막을 건널 수 있다고 합니다. 따라서 인생 목표를 세웠다면, 그 목표를 이루기 위해 무엇이 필요한지를 파악해서 다시 연간 목표/월간 목표/주간 목표로 세분하여 계획을 세워야 합니다. 뜬구름 잡듯 두루뭉술한 계획은 어설픈 실천으로 에너지만 낭비할 뿐입니다.

예를 들어 3P 공식에 따라 '나는 지금 건강한 몸을 만든다'라고 목표를 설정했다면, 이제 구체적인 계획을 세워야 합니다. 먼저 1년 안에 25%인 체지방 수치를 정상 수치인 20%로 낮추겠다고 연간 계획을 세운 다음, '이번달은 매일 30분 이상 빠르게 걷기를 습관화하겠다. 다음달은 추가적으로 30분씩 근력 운동을 강화하겠다' 하는 식으로 월간 계획, 주간 계획을 작성합니다. 로크Edwin A. Locke의 '목표 설정 이론'에 따르면, 큰 목표를 달성하려면 징검다리가 되는 작은 목표를 조금은 공격적으로 높게 설정해 단계적으로 실행하는 것이 중요하다고 합니다.

하지만 우리 인생에는 언제나 변수와 돌발 상황이 존재하기 마련입니다. 목표 달성이 지연되거나 실패할 때도 있습니다. 그럴 때는 '왜 지연됐고 실패했는지' 기록해놓아야 합니다. 그리고 계획을 수정한 뒤, 수정된 계획 옆에 실패 이유를 같이 기재해 의식적으로 동일한 상황을 막는 것이 좋습니다.

또 목표를 달성하기 위해 타인의 도움이 필요할 때도 있습니다. 자신의 힘만으로 목표를 이뤄내는 것이 큰 성취감을 가져다주지만, 반드시 혼자 목표를 달성해야 할 필요는 없습니다. 가끔은 누구의 도움 없이는 달성하기 어려운 목표도 있기 마련입니다. 특히 운동은 함께하는 사람이 있어야 지루하지 않게 할 수 있고, 지도해줄 사람이 있어야 다치지 않고 바르게 할 수 있습니다. 그리고 동기부여도 실천도 스스로 지속하기 어렵다는 속성이 있습니다. 그렇기 때문에 실천에 도움이 되는 자극을 계속 받아야 합니다. 가족이나 가까운 친구들에게 내가 이런 계획을 세웠으니 만날 때마다 제대로 실천했는지 물어보고 계획대로 실행하고 있으면 칭찬해달라고 부탁하는 것도 좋은 방법입니다.

목표 설정과 더불어 목표를 향한 투자도 아주 중요합니다. 한 가지 목표가 인생의 전부인 양 좇다보면 실패할 수도 있습니다. 성공이라는 하나의 목표를 달성하기 위해 수년간 휴식도, 자신의 삶도 없이 달려가는 사람들을 주변에서 흔히 보게 되는데, 그러다가 에너지가 고갈되어 목표 앞에서 무너지는 경우도 있습니다. 인생 목표는 살아가는 데 희망이자 기쁨이 되어야 하지 자신을 옭아매는 도구가 되어서는 안 됩니다. 주기적으로 여가를 누리며 자신을 풀어줘야 에너지를 유지할 수 있습니다.

사람이 변화를 위해 행동하지 않는 이유

왜 우리는 변화를 추구하면서도 행동으로 옮기지 않을까요? 사람이 변화를 위해 행동하지 않는 이유가 과연 무엇인지, 부지런한 실천가가 되기 위해서 우리에게 필요한 것은 무엇인지 알아보겠습니다.

첫번째, 계획 오류를 꼽을 수 있습니다. 심리학자 리엔 팜Lien Pham 이 이런 실험을 했습니다. 그는 대학생들에게 중간고사에서 높은 점수를 받는 장면을 매일 생생하게 상상하게 하고, 그런 요청을 하지 않은 대조 집단과 비교했습니다. 연구 결과, 높은 점수를 받는 것을 상상했던 학생들이 그렇지 않은 학생들보다 공부 시간도 적고 성적도 더 낮았습니다. '간절히 원하고 생생하게 상상만 해도 꿈이 이루어진다'는 식의 자기최면은 오히려 목표를 달성하는 데 장애가 될 수 있습니다.

　두번째, 행동할 수 없는 이유를 먼저 찾는다는 것입니다. 실천가들의 공통점은 다른 사람들이 '할 수 없는 핑계들'을 찾고 있을 때 '해야만 하는 한 가지의 절실한 이유'를 찾아낸다는 것입니다. 일반적으로 사람들은 당장의 고통이 없으면 미래에 보상이 따르더라도 실행하지 않습니다. 성공한 사람은 외부로부터 고통스러운 충격을 받기 전에 행동을 바꾸는 성향, 즉 '자기동기화' 능력을 갖추고 있습니다.

　세번째, 시간 불일치를 들 수 있습니다. "내일 아침 일찍 일어나 공부하겠다"라는 말 속에는 '오늘은 공부를 하지 않겠다'라는 의지가 숨어 있습니다. '다음달부터 다이어트를 하겠다'는 말은 '이번달까지는 배가 터지도록 먹어보겠다'의 다른 표현인 것입니다. 즉 '특별한 시간' '특별한 날'로 결심을 미룬다는 것은 겉으로 아무리 변화를 원한다고 해도 내면에서는 절대로 변화하지 않겠다고 말하는 것과 같습니다. 이렇게 결심을 뒤로 미루는 이유는 똑같은 일도 시간이 지나면서 그 어려움의 정도가 다르게 느껴지기 때문입니다. 그러한 시간 불일치가 자신의 발목을 잡습니다. 삶에서 가장 파괴적인 단어는 '나중'이고, 인생에서 가장 생산적인 단어는 '지금'이라는 사실을 명심해야겠습니다.

　네번째, 시작하지 않기 때문입니다. 의욕이 없어서 시작을 못하는 것이 아니라 시작하지 않기 때문에 의욕과 용기가 생기지 않는 것입니다. 몸이 일단 움직이기 시작하면 멈추는 데에도 에너지가 소모되기 때문에 우리 뇌는 하던 일을 계속하는 것이 더 합리적이라고 판단합니다. 이런 현상을 '작동 흥분 이론'이라고 합니다. 예를 들어 바람이 쐬고 싶어 '산책이나 할까?'라는 생각이 들 때, 조금 귀찮다고 포기하는 대신 일단 나서면 나오기를 잘했다고 생각합니다. 의욕이 있든 없든 어떤 일을 시작하면 우리 뇌의 측좌핵 부위가 흥분하기 시작해 점점 더 그 일에 몰두할 수 있게 의욕을 만들어주기 때문입니다.

다섯 번째, 마감일이 없기 때문입니다. 사람들은 시간이 있을 때 무엇을 하는 것이 아니라 끝내야 할 시간에 맞춰 일을 시작하고는 합니다. 일반적으로 사람들은 시간이 많이 주어지면 쓸데없이 일을 부풀려 주어진 시간을 남김없이 다 쓰고 막판에 가서야 일을 끝내는 경향이 있습니다. 그렇기 때문에 어떤 일을 계획할 때 반드시 데드라인을 정하고 시작하는 것이 좋습니다.

공무원 쏠림 현상

현재 취업 시장에서 취업 양극화 외에 또하나 우려되는 것은 국가공무원직에 구직자가 몰리는 현상입니다. 물론 국가공무원은 국민과 공익을 위해 필요합니다. 공익을 위한다는 직업적 가치와 더불어 안정적으로 일할 수 있다는 이유로 많은 이들이 공무원이 되고 싶어합니다. 많은 분들이 궁금해하시는 국가공무원 공개 채용에 대해 말씀드려 취업 준비생 여러분의 고민과 선택에 도움을 드릴까 합니다.

5급 사무관은 특채도 있습니다만 대개 행정고시에 합격한 분들이 채용되기 때문에 7급 공무원부터 말씀드리겠습니다. 7급 선발 예정 인원은 약 630명입니다(2013년 기준). 국가공무원법의 결격 사유에 해당하지 않는 20세 이상이면 학력과 경력, 성별에 제한 없이 누구나 응시할 수 있습니다. 9급 선발 예정 인원은 총 2738명(2013년 기준)인데, 역시 국가공무원법의 결격 사유에 해당하지 않는 18세 이상이면 누구나 응시할 수 있기 때문에 많은 관심을 받고 있습니다.

그럼 대체 얼마나 많은 사람이 공무원 공개경쟁 채용에 응시할까요? 2010년 채용을 기준으로 말씀드리겠습니다. 먼저 7급의 경우 최종적으로 446명을 선발했습니다. 총 3만 2174명이 응시해서 필기시험에 573명이 합격했는데, 이중 여성이 155명으로 34.9%를 차지했습니다. 좀더 자세히 모집 단위별로 필기시험 합격자 수를 살펴보면, 행정직은 2만 6676명 중 444명이 합격했고, 기술직은 4021명 중 108명이 합격했으며, 외무직은 1477명 중 21명이 합격했습니다. 연령별로는 20~23세 20명(3.5%), 24~27세 135명(23.6%), 28~31세 204명(35.6%), 32~35세 112명(19.5%), 36~40세 82명(14.3%), 41~45세 15명(2.6%), 46~50세 4명(0.7%), 51세 이상 1명(0.2%)이었습니다.

9급은 1719명 선발 예정이었는데, 총 10만 5911명이 응시해서 1644명이 면접에 합격했습니다. 2009년부터 연령 상한 제한이 폐지되면서 33세 이상 수험생이 1만 2121명이나 되었습니다. 실로 어마어마한 인원이 공무원 공채에 몰리고 있습니다.

시간이 흐를수록 공무원 공개 채용의 경쟁률은 더욱 심화될 것입니다. 자격 조건이 까다롭지 않다는 이점이 있고, 응시 연령 제한이 폐지되어 현재 직장에 다니는 사람들도 공무원 시험을 준비하기 때문입니다. 이를 고려한다면, 공무원 공개 채용은 결코 쉬운 길은 아닙니다. 공무원 공개 채용 준비생들은 보통 2~3년을 시험 준비 기간으로 보고 있습니다. 지원자가 많은 만큼 불합격 이후의 대안도 고려하면서 시험을 준비해야 합니다.

준비 기간이 오래 걸리는 만큼 그 기간에 드는 비용도 만만치 않습니다. 지방에서 올라와 고시촌에서 시험을 준비하는 사람을 예로 들면, 학원 수강료는 두 달간 과목당 18만 원 정도라고 합니다. 보통 두 과목 이상을 수강하는데, 이 밖에 식사비, 교통비, 기타 생활비 등을 합치면 한 달에 보통 80만 원 이상이 소요됩니다. 여기에 고시원 월세와 교재비를 더하면 한 달에 100만 원 정도 드는데, 이렇게 2~3년을 준비한다고 가정하면 경제적 문제도 결코 무시할 수 없습니다.

공무원 채용 시험은 결국 자신과의 싸움입니다. 청춘을 흘려보내는 희생을 감수하면서 갖가지 마음고생을 하는 수험생이 적지 않습니다. 합격 여부에 대한 극도의 불안감 때문에 수험 생활이 무엇보다 힘들 것입니다. 시간이 흐를수록 불안감이 심화되어 우울증을 겪는 이들이 있을 정도니 장수생들의 심적 부담은 그 어떤 말로도 표현할 수 없을 것입니다. 하지만 지원자가 많으면 많을수록 어쩔 수 없이 치열하게 공부해야 하고 그만큼 각오해야 합니다. 결국 그런 각오로 "진짜 이 길이 내 길이다" "이 일을 꼭 해보고 싶다"라는 결심을 지켜낸다면 어떤 결과가 나오든지 후회 없을 겁니다.

달인이 전수하는 취업 매뉴얼

자기소개서 1 : 행동에 기초한 열정

첫번째로 구직 활동의 첫걸음이자 필수 관문인 자기소개서 작성과 면접에서 주로 고민하는 것들에 대해 알려드리려고 합니다.

자기소개서에 제일 많이 등장하는 단어가 '열정'이 아닐까 합니다. 그렇다면 기업에서 원하는 '열정'은 무엇일까요? 기업이 원하는 열정은 '행동'에 기초한 열정입니다. 대부분의 구직자는 원하는 바를 이루기 위해 무모함을 무릅쓰고라도 자신의 도전 정신과 의지 등을 피력하려고 합니다. 물론 도전 정신과 열정적인 마음가짐, 자세도 중요합니다. 하지만 그것만으로는 그 사람의 능력과 재능을 가늠할 수 없습니다.

열정은 가슴 안에만 품고 있을 것이 아니라 몸으로 직접 보여주어야 의미가 있습니다. 열정은 넘치지만 실제로 일할 때 어느 것 하나 제대로 하지 못하는 사람이라면 기업 입장에서는 아무 소용없는 사람이 되고 맙니다. 기업이 필요로 하는 사람은 일관되고 행동력 있는 열정을 가진 사람입니다. 이들이야말로 능력과 열정을 겸비한 진짜 '열정적 인재'입니다. 기업은 열정을 행동으로 옮길 줄 아는 사람을 원합니다. 열정과 의지가 일을 해결해주지는 않기 때문입니다. 결국 하고 싶은 일이나 취업하고 싶은 기업이 있고 그에 대한 열정이 넘치는 사람이라면, 그 기업을 위해, 직무를 위해 무엇을 했는지 자신의 열정을 피력하고 구체적으로 증명해보여야 합니다.

그렇다면 어떻게 자기소개서를 써야 할까요? 이런저런 경험을 많이 해보았다는 접근은 오히려 해가 될 수 있습니다. 자기소개서나 면접에서 "저는 다른 사람보다 더 풍부한 경험을 했습니다"라고 강조하는 사람이 많습니다. 하지만 중요한 것은 경험의 '양'이 아니라 '질'입니다. 봉사 활동, 공모전, 학생 참여 프로그램, 아르바이트, 동아리 활동 등 아무리 많은 경험을 했어도 그 내용이나 분야에 일관성이 없다면 별다른 의미가 없습니다. 그러니까 지원한 '직무'에 직간접적으로 도움이 되는 대외 활동 위주로 자기소개서를 정리해야 합니다.

그러나 만일 여러분이 지원 분야를 아직 정하지 못했다면 전공과 관련하여 일관된 경험과 역량 개발 사례를 정리하는 것이 좋습니다. 자신이 취업하려는 분야와 연계하여 활동을 못했더라도 전공과 관련하여 일관된 경험을 적는 것이 좋습니다.

자기소개서를 작성할 때 또하나 중요한 점은 수많은 지원자와 차별화된 자신만의 장점을 돋보이도록 만들어야 한다는 것입니다. 기업에서 원하는 것은 여러분의 경험이 아니라 '일 잘하는 인재'입니다. 그런 인재들은 어떤 경험을 했든 늘 '왜?'라는 의문과 함께 '어떻게 하면 더 잘할 수 있을까?'를 고민하면서 주어진 일에 최선을 다하려고 노력합니다. 그것이 성과와 연결된다면 이것이 바로 해결 역량이라 할 수 있습니다. 예를 들어, 남들과 똑같이 일이 주어져도 먼저 출근하거나 늦게 퇴근하더라도 해결책을 찾기 위해 최선을 다합니다. 그것은 자기 주도성과 조직 몰입 역량이 높은 경우입니다. 이것이 곧 자기소개서에서 드러나야 하는 이야기이고, 핵심입니다. 중요한 것은 '무슨 일을 했다'가 아니라 '내가 어떻게 했으며, 무엇을 배웠고, 어떤 성과를 만들어냈다'입니다.

공모전 경력을 적을 때도 마찬가지입니다. 공모전의 경력 한 줄은 그저 종이 위에 쓰인 글자에 불과할 뿐입니다. 기업이 진짜 원하는 것은 그 안에 담긴 활동 과정과 성과 그리고 지원자의 능력일 것입니다. 공모전의 참가 여부가 취업의 성공 여부와 직결되지 않는 이유도 이 때문입니다. 공모전은 취업을 위한 발판이나 도구가 아닌 것입니다.

수백 대 일, 수천 대 일을 상회하는 지원자 경쟁률을 보면서 지원자 대부분이 합격 가능성이 없는 수치라고 생각합니다. 하지만 경쟁률이 아무리 높아도 합격하는 사람은 있습니다. 경쟁률에 위축되지 않고 본인의 능력을 잘 드러내는 것이 중요합니다. 물론 지원자 입장에서는 수만 명이 한꺼번에 몰린 가운데 '아무리 잘 써도 내 지원서가 과연 눈에 들어올까' 걱정할 수 있습니다. 하지만 진심을 담아 자신의 포부를 밝힌 지원서는 인사 담당자들의 눈에 들어옵니다.

『월리를 찾아라』라는 책을 기억합니까? 비슷한 무늬의 옷을 입고 안경을 쓴 고만고만한 인물들 속에서 주인공 월리를 찾는 것입니다. 아무리 그림이 복잡해도 결국에 월리를 찾아낸 기억이 있을 겁니다. 마찬가지입니다. 수천수만 명의 지원자가 다들 비슷비슷한 스펙과 경력을 가지고 있어도, 인사 담당자들은 그중에서 기업이 필요로 하는 인재를 찾아냅니다.

그래서 이번에는 지원서의 차별화 전략에 대해 말씀드리려 합니다. 많은 지원자가 면접이나 논술에 대비해 시사와 상식을 열심히 공부합니다. 그런데 미리 준비하지 못한 이들은 대부분 수박 겉핥기처럼 시중에 판매되는 요약본을 구입해서 보곤 합니다. 결국 깊이는 없고 다양함만을 추구해서, 단편적이고 얕은 지식만 갖게 됩니다. 얼마 전 모 방송국에 PD로 입사한 취업 준비생의 사례를 들어 이야기해보겠습니다. 이분은 평소 고전과 인문학 책을 꾸준히 읽어왔습니다. 그러면서 축적된 지식이 서로 잘 결합되어 어지간한 전문가 수준이 되었습니다. 얄팍한 지식으로는 모방할 수 없는, 깊이 있는 사고가 면접에서 좋은 인상을 남겨 합격한 경우입니다.

면접을 준비할 때도 마찬가지입니다. 공채 시즌이 되면 대부분 짧은 기간에 많은 기업에 지원하다보니, 지원할 때서야 그 기업 홈페이지에 처음 접속하거나 뉴스에서 접한 내용이 그 기업에 대해 알고 있는 전부인 경우가 많습니다. 하지만 그런 지원자와 그 기업에 입사하려고 평소부터 꾸준히 정보를 수집하고 관심을 가져온 지원자는 다를 수밖에 없습니다. 모 백화점 지원자의 경우를 예로 들면, 그는 그 백화점에 입사하고 싶어서 1년 동안 전국의 모든 지점은 물론이고 100번 정도 그 백화점을 방문해 관찰하고 분석했습니다. 이런 지원자와 단순히 기업 홈페이지를 몇 차례 검색한 지원자의 답변은 질적으로 다를 것입니다.

원하던 기업에 입사하려고 준비하는 것과 마찬가지로 지원 업무 분야에 대해서도 철저히 준비해야 합니다. 마케팅을 원하는 사람은 평소 마케팅에 관심을 가지고 준비해야 하고, 인사 업무를 원하는 사람은 평소 인사 업무에 대해 공부해두어야 합니다. 막연히 마케팅을 하고 싶다거나 인사 업무를 하고 싶다는 태도는 곤란합니다. 업무에 대해 파악하지 않고 무작정 해보고 싶다는 태도는 무성의함을 드러낼 뿐 어디에도 도움이 되지 않습니다.

예를 들어봅시다. 어느 기업의 인사 업무에 지원자에게 지원 동기를 물었을 때 "경영학 수업 중 인적 자원 관리 수업을 들었을 때 흥미가 있었고, 특히 인사 관련 프로젝트를 진행하면서 더욱 관심을 갖게 되어 지원했습니다"라는 식으로 답변하면 단순히 인사 업무에 흥미가 있다는 정도로밖에 들리지 않습니다. 준비된 사람의 답변을 예로 들면 이렇습니다. "저는 HR에 관심을 가진 후 제가 가진 모든 에너지를 거기에 집중했습니다. 15권 이상의 HR 관련 서적을 탐독했고, '2008 HR 지식 포럼' 등 관련 포럼과 강연에 참석해 경험을 쌓았습니다. 전문성을 쌓기 위해 아카데미에 참석해 실무자들에게 기업들의 비전과 전략 수립 과정을 배우고 현실적인 어려움에 대해서도 파악했습니다. 데이터를 통한 효과적인 의사 결정 과정을 돕기 위해 SPSS(통계 분석 프로그램)를 공부하고 사회조사분석사 자격증을 취득했습니다. '차세대 HR 아카데미' 인턴십을 통해 인사 지원 업무를 경험하며 그동안 쌓은 HR 지식을 직접 활용해봤으며, 현직 인사 팀장님들께 조언을 구하고 HR 분야의 실상을 파악해나가며 HR 업무에 대한 꿈을 키워가고 있습니다." 차이가 느껴지나요?

결국 '묻지 마 지원'을 하면 남들과 비슷한 평범한 지원서를 제출할 뿐입니다. 자신의 직업 비전과 경력에 도움이 되는 산업 분야와 기업 그리고 업무를 선정한 뒤, 하루하루 꾸준히 관련 정보를 수집하고 공부하면서 그곳에서 필요로 하는 역량을 개발하는 것이 진정한 '차별화'의 비결입니다.

갑자기 '역량'이라는 단어가 왜 튀어나온 것인지 의아해하는 분도 있을 겁니다. 우리는 지금까지 스펙을 선발의 주요 사항으로 생각했지만, 사실 스펙은 관리가 가능한 항목입니다. 졸업을 늦춰가면서 학점을 관리하고, 토익은 몇 개월 집중적으로 공부해서 점수를 올리고, 공모전 때 팀원들의 도움으로 수상 목록에 이름을 올리고 하는 식으로 말입니다. 물론 그렇지 않고 정말 쉬는 시간, 잠잘 시간 줄여가면서 열심히 준비한 분들도 있을 것입니다. 하지만 소위 스펙이라는 외적 자격 요건은 관리가 가능하므로, 단순히 스펙만으로는 제대로 인재를 가려내기가 어렵다는 공감대가 기업 인사 담당자 사이에서 확산되고 있습니다. 이러한 인식이 확대되면서 최근 많은 기업에서 인턴제나 역량 기반의 구조화된 면접 방식을 도입해 업무 능력과 직결된 선발 제도를 실시하고 있습니다. 토익이나 학점에 제한을 두지 않은 기업이 늘어나는 이유도 바로 여기에 있습니다.

그렇다면 이 역량에 기초한 선발이란 구체적으로 어떤 것일까요? 최근 자기소개서와 면접에서 중심을 이루는 질문을 살펴봅시다.

- 입사 지원 동기 및 지원한 직무를 잘 수행할 수 있다고 생각하는 이유를 본인의 경험과 관련해 기술하시오.
- 본인의 역량에 관해 기술하시오(글로벌 감각/지원 분야 관련 전문 지식).

- 본인이 지원한 직무를 수행함에 있어 가장 중요하다고 생각되는 역량은 무엇이며, 그 역량을 향상시키려고 어떤 노력을 했는지 기술하시오.
- 본인이 ○○에 꼭 입사해야 하는 이유와 지원 직무를 위해 했던 노력, 그리고 ○○에 입사해서 이루고 싶은 목표에 대해 작성하시오.

질문 내용을 보면, 예전 같은 단순 서술형 질문이 아니라 회사와 직무, 자신이 하나의 톱니바퀴처럼 물려서 무엇을 이뤄낼 수 있는지 물어본다는 것을 알 수 있습니다. 그리고 이 질문에 답하려면 '역량' 개념을 알아야 합니다.

'역량'이란 사회심리학 분야에서 1970년대부터 사용하기 시작한 개념으로 본래 교육이나 훈련 분야 또는 성인교육 분야에 관련되어 쓰여졌습니다. '숙달하고자 하는 직무나 업무를 성공적으로 수행해내는 힘'에 관한 개념입니다. 역량에는 동기motives, 특질traits, 자아 개념self-concept, 지식knowledge, 기술skill 같은 5가지 요소가 포함됩니다.

먼저 '동기'란 어떤 행동을 하도록 유발하는 근원적인 요인입니다. '특질'이란 신체적 특성과 더불어 상황이나 정보에 대한 일관된 반응을 말합니다. '자아 개념'은 개인의 태도, 가치 또는 자아상을 말합니다. '지식'은 특정 영역에서 개인이 보유하고 있는 정보를 의미합니다. 마지막으로 '기술'은 특정한 물리적·정신적 과제를 수행할 수 있는 능력을 일컫습니다.

앞서 언급한 예와 같은 질문에는 이 다섯 가지 요소를 고려해 대답하면 좋습니다. 그런데 안타깝게도 취업 준비생들은 스펙 위주의 취업 준비만을 하고 기업이 원하는 직무 역량 개발은 소홀히 해서 결국 2차 필기 전형이나 면접 전형 때 할 말이 없게 됩니다.

참고로 하나 더 말씀드리겠습니다. 2010년 3월, 현대경제연구소에서 발표한 「기업 채용 기준과 취업 준비 방법 괴리」라는 자료를 보면, 기업의 채용 기준은 (1)직무 역량(24.3%) (2)어학(21%) (3)학력(17%) (4)전공 여부(14.3%) (5)자격증 획득(11.7%) (6)고시/공무원 시험(3.3%) (7)외모(1.8%) (8)인맥과 배경(1%) 순서였습니다. 그에 반해 취업 준비생의 준비 내용은 (1)학점 관리(88.1%) (2)자격증 획득(76.9%) (3)인맥 만들기(62.8%) (4)인턴 등 직무 경험(61.4%) (5)취업 스터디 모임(53.3%) (6)어학 준비(48.2%) (7)유학·대학원 진학(33.8%) (8)고시/공무원 시험(20.5%) 순서였습니다. 기업의 채용 기준과 취업 준비생들의 준비 내용에 차이가 있다는 것을 알 수 있습니다. 결국 취업 준비생들이 기업이 원하는 준비를 못했다는 이야기일 것입니다. 자신의 장점을 부각해 기업들이 채용하게끔 하는 방법도 좋겠지만, 기업이 원하는 바를 제대로 갖추고 합격하는 게 더 바람직하겠지요.

인·적성 검사

최근 많은 기업의 채용 전형에서 인·적성(직무적성) 검사를 실시합니다. 그러나 인·적성 검사에 대한 정보가 많지 않아 '카더라 통신'에 의한 추측과 오해가 난무하고 있는 것도 사실입니다. 그래서 이번에는 '인·적성 검사의 진실과 오해'에 대해 알아볼까 합니다.

취업 준비생들이 인·적성 검사에 대해 가장 잘못 알고 있는 부분이 무엇일까요? 바로 적성이 무엇인지도 모르고 적성 검사에 임한다는 것입니다. '적성'이란 과연 무엇일까요? 일반적으로 적성이란 '어떤 일에 알맞은 성질이나 적응 능력'을 말합니다. 즉 적성 검사는 특정 분야의 직무를 수행할 수 있는 잠재적 능력을 평가하는 시험입니다. 두번째로, '미래의 가능성'이라고 할 수 있습니다. 적성에 맞다는 것은 그 일을 잘할 수 있는 개연성이 있다는 걸 뜻합니다. 예측 타당도라고도 합니다. 미래에 어떤 일을 잘할 수 있다는 예측이라 생각하면 됩니다. 세번째, 적성에는 '개인차'가 있습니다. 채용 전형에서 '적성'은 직업과 개인의 능력, 성격이 부합되는지의 여부인 반면 실제 비즈니스에서 적성은 부단한 연습과 훈련에 의해 몸에 밴 교양과 기술 같은, 후천적으로 획득한 능력을 말하기도 합니다. 즉, 지능과 성격과 업무 의욕이라고 할 수 있을 것입니다. 기업에서 실시하는 적성 검사는 다양한 종류의 직무를 수행하는 데 포괄적으로 요구되는 기본 능력을 측정하는 것이라고 보면 됩니다.

인·적성 검사의 중요한 특징은 벼락치기가 어렵다는 겁니다. 기업에서 실시하는 적성 검사는 사실 '지능 검사'와 유사합니다. 언어 이해력과 유창한 표현력, 지각, 공간, 수리, 추리력 등을 점검할 수 있는 문제들로 이루어져 있는데, 기출문제를 참고해 출제 경향을 짚어주고 모의시험을 쳐볼 수 있는 참고서도 시중에 많이 나와 있습니다. 하지만 정규 중고교 과정을 마친 사람이라면 누구나 풀 수 있는 수준의 난이도로 출제되기 때문에, 일부 문제를 푸는 데 필요한 요령이나 지식을 다시 습득하는 차원에서는 시중의 문제집들이 도움이 되지만 그 이상으로는 사실상 큰 도움이 되지 않습니다. 단기간 공부한다고 지능이 올라가지 않는 것과 같은 이치입니다. 지적 능력은 벼락치기로 계발되는 것이 아니라는 겁니다. 내적 잠재력을 충분히 사용하고 지속적으로 발달하게 하려면, 가능한 한 꾸준히 풍부하게 지적 훈련을 하고 자질을 발굴하며 도전하는 등 오랜 시간 노력해야 한다는 것을 명심하기 바랍니다.

결국 인·적성 검사는 빈칸에 어떤 단어가 들어가야 하는지 묻거나 단순히 어려운 수학 공식을 묻는 검사가 아니라 폭넓은 사고로 유연하게 상황에 대처하는 능력을 종합적으로 평가하는 검사인 만큼, 평소 자기가 관심 있던 분야에 대해 얼마나 공부해왔는지가 관건이라고 볼 수 있습니다.

인·적성 검사에 '과연 정답이 있을까?'도 많은 분이 궁금해할 것입니다. 적성 검사에서 기초 능력 검사인 언어·수리·지각·추리 등의 경우 극대 수행 검사maximum performance test를 합니다. 일반적으로 능력 검사라고도 하는데, 주어진 시간 내에 피검사자가 테스트에 자신의 능력을 최대한 발휘해서 반응하도록 설계된 검사입니다. 이러한 유형의 검사는 문항마다 정답이 있어서 피검사자의 점수는 주어진 시간 내에 몇 문제나 맞혔는가로 결정됩니다. 그래서 적성 검사를 할 때 '시간 배분'을 잘해야 한다고 말하는 것입니다. 즉 직무 능력 검사인 직무 상식, 상황 판단력 검사에도 정답은 있습니다. 정답이 있는 유형은 얼마나 빠른 시간 안에 최대한 많은 문제를 해결하느냐를 평가하는 것입니다.

하지만 대인관계, 조직관, 직업관 등을 검사하는 인성 검사는 기업마다 원하는 답이 달라질 수 있습니다. 그 기업에서 원하는 인재상이나 필요에 따라 다를 수 있기 때문이죠. 그러나 많은 응시자가 평소 자기보다 더 좋게 보이려고 하는 경향 faking good 때문에 고의로 거짓 응답을 하기도 합니다. 대부분의 인·적성 검사는 이런 '허위 응답 방지' 기법이 적용되어 있으므로, 솔직하게 답하는 것이 최선의 방법임을 알아두기 바랍니다. 또한 좋게 보이려고 하는 답이 최상의 답은 아니라는 점을 인식하기 바랍니다.

그다음으로, 검사의 모든 문제를 풀 수는 없다는 점을 알아야 합니다. 분명히 아리송하거나 모르는 부분이 나오는데 이럴 때 비워두는 것이 좋을지, 틀린 줄 알면서도 억지로라도 채우는 것이 좋을지에 대해서도 말씀드리겠습니다. 이것은 인·적성 검사에서 가장 논란이 되는 이슈입니다. 대부분의 기업에서는 오답률을 점검하기 때문에 모르는 부분을 비워두라고 공지합니다. 그러나 "기업에서 그렇게 말할 뿐 실제 오답률을 점검하지 않는다"라고 주장하는 사람들도 있긴 합니다. 진실은 그 기업 인사 담당자만 알겠지만, 여기에서 핵심은 많은 문제의 답을 '찍을' 정도의 상황이라면 이미 합격선에서 멀어지고 있다는 사실일 겁니다. 실제로 대기업의 인·적성 검사 합격선이 높기 때문에 몇 문제 정도 '찍는' 수준은 오답률 적용 여부에 큰 영향을 미치지 않을 것입니다.

마지막으로, 과연 인·적성 검사 점수가 높은 직원이 모두 일을 잘하는지 의문이 들 수 있습니다. 대답부터 하자면 '반드시 그렇지만은 않다'입니다.

예전엔 스펙을 많이 따지던 기업들이 결국 스펙은 하나의 조건이 될 수는 있어도 보증수표가 될 수는 없다는 것을 깨달았듯이, 인·적성 검사 역시 인재를 평가하기 위한 방법 중 하나일 뿐입니다. 실제로 많은 산업심리학자의 연구에 따르면, 일반적인 지적 능력 검사의 직무에 관한 타당도는 +0.2~+0.4 정도의 상관관계를 보이는 것으로 나타납니다. 자기소개서나 이력서, 면접 전형보다는 높은 상관관계를 보이지만, 검사에서 득점이 높을수록 직무 수행 능력도 무조건 높아지는 것은 아니라는 것입니다. 그럴 가능성이 어느 정도 있을 뿐이라고 생각하면 좋겠습니다. 또한 사람, 조직, 직무(일)라는 것은 복잡해서 예측하기 매우 어렵습니다. 검사 하나로 장래의 행동을 예측할 수 있는 것은 아닙니다. 인·적성 검사는 유효한 하나의 선발 도구일 뿐입니다. 게다가 이 검사는 창의력이나 독창성이 뛰어난 인재를 선별하기에도 어려움이 있습니다. 실제로 인·적성 검사에서 높은 점수를 받았지만 입사한 후에는 여러 가지 이유로 잘 적응 못하고 퇴사하거나, 반대로 점수는 낮았지만 시간이 지날수록 독창적인 업무 수행으로 성공한 경우를 많이 보았습니다.

기업에서 인·적성 검사를 시행하는 이유는 객관성, 표준성, 비교성, 효율성이 있기 때문입니다. 채용 선발에 관한 결정은 신속, 정확, 공정하게 하지 않으면 안 되기 때문입니다. 인·적성 검사는 '심리 검사'의 일종으로, 심리 측정은 전체 행동(능력) 가운데 일부를 선택해 이루어지는 만큼 그 결과가 본인 능력의 전부라고 생각할 필요가 없습니다.

그러므로 지능 검사는 물론 기업의 인·적성 검사에 대해 너무 많은 의미를 부여해 자신을 평가하지 않기를 바랍니다.

성공적인 면접 비법 : 질문 의도 파악

한 취업 포털에서 조사한 결과 기업 10곳 중 6곳의 면접관들이 면접 도중에 구직자의 당락을 결정한다고 합니다. 그만큼 취업에서 중요한 비중을 차지하는 것이 면접입니다. 이번에는 취업 성공을 위한 면접 비법을 전해드리려고 합니다.

첫번째로 '면접 질문의 의도를 파악하는 법'에 대해서 이야기해보겠습니다. 인재가 점점 더 중요해지면서 기업의 인재 채용 방식은 '역량 기반의 구조화된 면접'으로 진화되어왔습니다. 즉 '행동주의'에 중심을 둔 역량 면접을 통해 지원자가 해당 업무에 필요한 어떤 역량(지식, 가치관, 태도, 기술 등)을 보유했는지 과거의 '행동'을 기반으로 평가하게 되었습니다. 단편 지식이나 일반적인 개념과 이론을 묻는 것이 아니라 의도를 담은 질문으로 실질적인 평가를 하는 것입니다.

구직자 입장에서는 이런 평가에 앞서 어떤 준비를 해야 할지 더욱 막막하기 때문에 주로 자신이 지원하고자 하는 기업이나 동종 업계 면접 합격 후기를 챙겨봅니다. 그런데 모든 구직자가 그러다보니 합격 수기에서 본 내용을 정답인 양 그대로 따라 하는 구직자도 늘고 있습니다. 특히 면접 단골 질문인, 자신의 장단점에 대한 답안은 지원자의 대답이 겹치는 경우가 많기 때문에 대부분 면접관이 알아차립니다. 면접에서 가장 중요한 평가 요소는 '진실성'입니다. 따라서 모든 답변은 본인의 생각과 행동, 경험을 담아 구체적이고 진솔하게 해야 합니다. 구체적이고 솔직한 답변을 기본으로 하되, 답하기에 앞서 면접관의 질문 의도를 파악하는 것이 중요합니다.

예를 들어 '무슨 일에 푹 빠져서 시간 가는 줄 모른 적이 있습니까?' '시험공부 말고 밤새도록 열심히 무언가를 해본 경험이 있나요?' '가장 성취감을 얻었던 경험은 무엇인가요?' '자신의 장점(강점)은 무엇인가요?' '본인이 살면서 가장 열정적으로 해본 일은 무엇입니까?' 등의 질문은 표현만 조금씩 다를 뿐 평가하려는 내용은 비슷합니다. 바로 지원자의 관심과 강점이 지원하는 직무에 얼마나 적합한지 파악하려는 질문들입니다. 그런데 대부분의 지원자는 질문 의도와 상관없이 밤을 새워본 경험을 답변해야 한다는 생각에 엉뚱한 고민을 합니다. '게임을 하느라 또는 무협지를 읽느라 밤을 새워본 적은 있는데, 이렇게 답변할 수는 없잖아? 무슨 답변을 해야 하지?'라고 말입니다. 면접관은 지원자가 지원 분야와 관련해서 얼마나 관심이 있는지 열정적으로 준비했는지 또는 관련된 역량을 갖추고 있는지 등을 파악하려는 것뿐인데 말입니다. 이처럼 면접을 준비할 때는 예상문제나 기출문제 자체에 관심을 갖기보다는 '왜 그런 질문을 했을까' '무엇을 평가하려는 것인가'를 먼저 파악하고 그에 맞는 자신의 경험과 답변을 준비해야 합니다.

그렇다면 면접과 같이 긴장을 많이 하게 되는 상황에서 어떻게 하면 면접관의 질문 의도를 잘 파악할 수 있을까요? 면접 전형에서 평가

하려는 역량은 대개 그 기업과 직무에서 제일 중요하게 생각하는 공통 역량, 그러니까 조직 구성원 누구나 기본적으로 갖춰야 할 역량입니다. 그렇기 때문에 면접 질문은 대부분 그 공통 역량 범위 내에서 나온다고 생각하면 됩니다. 대략 여섯 가지 정도인데 의사소통 역량, 고객 지향성 등을 포함한 대인관계 역량, 정보 수집 및 활용, 문제 인식 및 창의력 등을 포함한 문제 해결 역량, 조직 이해와 헌신 역량 등이 대표적인 예입니다. 또 공통 역량 외에 전공 면접이나 프레젠테이션 면접 등의 방식으로 지원 직무에 대한 지식 및 기술을 포함한 직무 역량을 평가합니다. 질문의 의도에 맞는 답변을 하려면 자신이 지원하는 기업에서 원하는 인재상이나 지원 분야의 업무 내용을 미리 잘 파악해두어야 합니다. 또 대부분 하나의 질문에 하나의 의도만 있는 것이 아니기 때문에 답변을 준비하고 말할 때, 한마디로 '스타(STAR)'처럼 답변해야 합니다.

스타는 Situation(상황), Task(과제), Action(행동과 조치), Result(결과)의 준말입니다. 답변을 할 때, 면접관의 의도에 맞는 자신의 역량을 드러낼 구체적인 상황을 선택하여 답변하고, 구체적으로 어떤 문제 또는 과제였는지, 그때 어떤 행동과 조치를 취했는지 그리고 그 결과는 어떠했는지 답변하라는 것입니다.

답변은 늘 솔직하게 해야 합니다. 면접 질문 의도를 너무 '계산'하다 보면 가식적인 답변이 나올 수 있는데, 면접에서는 진실함과 신뢰도가 제일 중요합니다. 면접관의 질문 의도를 모두 파악하고 높은 평가를 받을 수 있는 답변을 했더라도 진실함과 신뢰도가 부족하면 0점보다 더 낮은 점수를 받을 수 있다는 것을 명심해야 합니다. 사람은 완벽할 수 없습니다. 면접관도 이 사실을 잘 압니다. 사실은 그대로 인정하면서 솔직하고 담대하게 답변하는 것이 면접관에게 신뢰를 주고 감동을 준다는 사실을 명심하기 바랍니다.

면접도 하나의 커뮤니케이션입니다. 커뮤니케이션은 상대방의 의도를 이해하면서 경청하기 그리고 상대방이 듣기 원하는 것에 대한 자신의 생각을 명확히 표현하기입니다. 면접은 자신의 생각만 이야기하는 자리가 아니라 기업에서 원하는 것을 이야기하는 자리이기도 합니다.

면접 불안의 원인과 극복

청년 구직자들이 면접에만 가면 마음과 달리 긴장해서 제 실력을 발휘하지 못하는 경우가 많습니다. 왜 우리는 면접이나 시험을 볼 때 긴장하는 것일까요? 지금부터 면접 불안감의 원인과 그 극복 방법에 대해 알려드리겠습니다.

결정적인 순간에 경험하는 극심한 불안감과 좌절감을 '수행 불안'이라고 합니다. 수행 불안을 겪으면 지나친 긴장으로 스트레스 호르몬이 분비되면서 맥박과 호흡이 빨라지고 혈압이 높아지며, 몸은 굳고 머리는 어지러워집니다. 두통이 생기기도 하고 집중력이 저하되고 동공이 확장되면서 눈앞이 캄캄해지기도 합니다. 불안이 심하면 말 그대로 앞이 보이지 않기도 합니다.

그렇다면 수행 불안은 왜 생기는 것일까요? 바로 스트레스 때문입니다. 적당한 스트레스는 교감신경을 자극해 우리 뇌를 활성화하는 역할을 하지만, 교감신경이 활성화된 상태가 30분 이상 지속되면 기억에 필수적인 뇌 부위인 해마로 가는 에너지 공급이 차단되고 해마의 작동이 불가능해져 기억력과 응용력이 급격히 떨어집니다. 이러한 상태가 지속되면 자신이 아는 것도 기억할 수 없는 상태에 도달합니다. 이것이 또다른 스트레스로 작용해 해마를 점점 위축시키고 나아가 스트레스 호르몬이 분비되어 신경 사이의 연결이 끊겨 결국 머리가 텅 비거나 눈 앞이 캄캄한 듯해지는 것입니다.

이런 수행 불안이 반복되면 사람들 앞에 나서는 것조차 두려워지는 사회불안증으로 발전되기도 합니다. 수행 불안을 이겨내는 첫걸음은 '반복된 연습'입니다. 보통 어떤 상황을 판단하거나 해석할 때 뇌의 전두엽 부분을 사용하는데, 반복된 연습은 전두엽을 거치지 않고 바로 측두엽으로 가는 우회 현상을 만들어냄으로써 평소처럼 실력을 발휘할 수 있도록 도와줍니다.

그리고 반복적으로 학습하면 위험 요소에 대한 불안감을 어느 정도 극복할 수 있기 때문에 '계속 같은 환경에 노출되는 것'이 좋습니다. 인지적 리허설도 매우 중요하고 좋은 방법입니다.

인지적 리허설이란 가상의 리허설을 하는 것입니다. 해야 할 과제와 상황을 머릿속에서 처음부터 차근차근 상상해보고, 일어날 수 있는 상황에 대처하는 방법을 미리 생각해두는 것입니다. 실수를 하더라도 이로 인해 벌어질 최악의 일이 무엇인지 최선의 일이 무엇인지 또 그에 대해 어떻게 대처할지 미리 생각해두는 것이 많은 도움이 됩니다.

불안은 자연스러운 생리 반응이므로, 자신을 너무 탓할 것이 아니라 반복적 연습, 긍정적 사고, 인지적 리허설 등으로 극복한다면 분명 원하는 결과를 얻을 수 있을 것입니다. 2008년 베이징 올림픽 금메달리스트 박태환 선수도 경기 직후 모 방송국과의 인터뷰에서 "엄청난 심리적 부담으로 결승전 전날 밤 거의 잠을 이루지 못했다"고 이야기했습니다. 그렇게 엄청난 심리적 부담감을 잘 다스리고 극복했기에 원하는 결과를 얻을 수 있었고, 그래서 모두가 그를 '최고'라고 부른다고 생각합니다. 최고가 되려면 언제나 최선의 노력은 필수입니다.

Part 4

청춘을 위한 특별 대담

이 시대 청춘에게 꼭 필요한 스펙이 두 가지 있다면 그것은 아마도 꿈과 용기일 것입니다. 청춘이라면 누구나 가져야 할 의무이자 권리이기도 한 꿈과 용기를 삶 속에서 실천하는 분들을 모셨습니다. 바로 청년들의 롤모델 박원순 서울시장과 조국 교수입니다. 살아온 인생 그 자체만으로도 희망을 주는 두 분의 인터뷰를 통해 직업과 비전에 대해 다시 한번 생각하는 시간을 가져보기 바랍니다.

그대여, 꿈꾸는 사람이 되길*

박원순
변호사 · 현 서울시장

언제나 희망을 잃지 않고, 늘 꿈을 꾸며 불가능에 도전하는 사람이 있다. 지금 이 순간 우리 청년들에게 가장 필요한 말과 행동을 몸소 실천하는 사람, 바로 박원순 서울시장이다. 아름다운재단, 참여연대, 희망제작소 등 상상력을 발휘하여 이 사회를 살맛나게 바꾸는 데 일조하는 박원순 시장. 이제 그가 말하는 세상을 바꾸는 직업 이야기를 통해 우리 모두 조금 다른 삶을 꿈꿔보자.

* 이 글은 2011년 5월에 진행된 〈열정으로 Do Dream〉 제작진의 인터뷰를 정리한 것입니다.

Q.   박원순 시장님은 인권 변호사로 유명하시지만, 참여연대 사무처장을 역임하고, 아름다운가게를 만들었으며, 희망제작소 상임이사도 맡으셨는데, 명함에는 소셜 디자이너(Social Designer)라고 자신을 소개하셨죠. '소셜 디자이너'가 무엇인지 자세히 소개해주시겠습니까?

A.   소셜 디자이너란 제가 마음대로 만든 직업입니다. 패션 디자이너나 인테리어 디자이너가 있는 것처럼, 세상도 얼마든지 디자인할 수 있습니다. '세상을 업그레이드할 수 있는 다양한 고민과 실천을 하는 그런 직업이 소셜 디자이너다'라는 의미로 제가 만들었습니다. 외국인들도 이 명함을 보면 매우 재밌어합니다. 요즘에는 희망제작소 직원들이나 다른 많은 사람들이 저를 따라서 소셜 디자이너라는 직함을 쓰고 다닙니다.

Q.   시장님이 주창한 '천 개의 직업 프로젝트'는 어떤 프로젝트입니까?

A.   요즘 청년들 사이에서 일자리, 직업의 문제가 심각합니다. 그런데 저는 누구나 생각하는 일자리는 레드오션이지 블루오션은 아니라고 생각합니다. 누가 그 자리를 차지하느냐의 경쟁만 있을 뿐입니다. 그런데 생각을 바꾸어보면 새로운 일자리는 얼마든지 만들어질 수 있습니다. 사실 아까 소개된 아름다운가게, 희망제작소 같은 기획은 기존에 있던 것이 아니라 제가 만든 것입니다. 모두 합치면 약 500명 정도가 일을 하고 있는데, 물론 월급은 많지 않지만 정말 신나게 일하고 있습니다. 그런 식으로 일자리는 얼마든지 만들어질 수 있는 것이라고 생각합니다.

현재 우리나라 직업의 종류가 일본의 절반밖에 안 된다고 합니다. 그러니까 점점 더 많은 직업이 생겨나야 합니다. 그래서 해외에는 있지만 우리나라에는 없는 직업 또는 우리나라에 필요한데 아직 없는 직업 천 개를 만들었습니다. '천 개의 직업 프로젝트'는 전국의 젊은이뿐만 아니라 주부, 은퇴하신 분, 새로운 일자리를 찾는 분 들에게 '이런 것 한번 생각해보세요'라고 소개하는 사업으로, 그간 책도 내고 강연과 공연이 어우러진 축제도 진행했습니다.

Q. 공연은 실제로 어떻게 진행되었는지, 그리고 참여자들은 어떤 반응이었는지 이야기 부탁드립니다.

A. 직업 천 개를 한 번에 다 소개하진 못합니다. 그래서 제가 그중 일부 직업에 대해 2~4시간 소개를 드리고, 한비야씨, 박경림씨 같은 분들이 오셔서 자기 인생에서 직업이 어떤 의미가 있는지, 어떻게 그 직업을 가지게 되었는지 이야기해주셨습니다. 또 연예인들의 공연 등까지 6시간 정도 진행하는데, 저희가 가는 곳마다 많은 분들이 공연장을 가득가득 채워주셨습니다. 재미도 있고 유용하기 때문이라고 생각합니다.

Q. 지금은 정말 예전과 비교할 수 없을 만큼 많은 직업이 생겼다지만, 그래도 '천 개나 될까?'라는 생각이 들기도 합니다. 물론 시장님만 해도 직업이 대여섯 개 정도 되지만, 정말 우리 사회에 천 개의 직업이 있을까요? 이 프로젝트의 이름을 '천 개의 직업'이라고 지은 데 어떤 의미가 있을 거라고 생각합니다.

A. 사실 '천 개'라는 것은 상징적인 의미입니다. 정말 꿈을 갖고 세상을 보고, 21세기의 미래 트렌드라고 할까, 그런 사회 변화의 지점들을 잘 보면, 새로운 직업이 얼마든지 생겨날 수 있다고 봅니다. 그래서 제가 재미로 우리나라 헌법 제1조에 '대한민국 국민은 누구나 소기업 사장이 될 수 있다'라는 조항을 추가하자고 이야기하고 다녔습니다. 기업이라고 하면 거창하게 생각하지만, 사실은 자기 집 안방에 컴퓨터 하나만 두고도 얼마든지 사업을 시작할 수 있습니다. 빌 게이츠나 스티브 잡스 같은 사람도 대학 다니다가 학업을 그만두고 자기 집 주차장에서 사업을 시작했습니다. 그래서 저는 일이란 하늘에서 떨어지는 것이 아니라 자기가 만들어가는 것이고, 결국은 의지와 도전의 문제라고 생각합니다.

Q. 그중에서 정말 특별하다고 생각되는 직업 몇 가지를 소개해주신다면 무엇이 있을까요?

A. 제가 생각하는 직업의 핵심은 이렇습니다. 우리 사회와 같이 사회가 점점 정교해지고 복잡해지면 전문화되는 경향이 있습니다. 세분화되는 만큼 하나의 직업이 생기는 것입니다. 예를 들어 '소믈리에'라는 직업이 있습니다. 소믈리에를 보통 와인 전문가 즉 와인을 시음하고 추천하는 전문가와 동일하게 보는데, 일본에 가면 채소 소믈리에가 3만 명 정도 일하고 있다고 합니다. 우리는 일상적으로 채소를 먹지만, 채소가 도대체 얼마나 종류가 많고, 우리 몸에 어떤 기능을 하는지, 또 어디에서 무엇이 생산되고, 어떻게 구할 수 있는지 잘 모릅니다. 그

것을 알리는 직업이 채소 소믈리에입니다. 사실 우리나라도 '나물 공화국'이라고 할 정도로 나물의 종류가 정말 많습니다. 문제는 그 나물이 무엇인지 이름도 잘 모르고 먹는 경우가 많다는 것입니다. 그래서 그런 전문가가 필요합니다. '나물 소믈리에'는 늘 나물에 대해 연구하고 강의하고 글을 쓰는 사람입니다.

예를 들어 우리가 밥을 먹으니까 밥 소믈리에가 있을 수도 있습니다. 사실 쌀도 이미 우리나라에 지역마다 고유 브랜드가 있습니다. 제가 도쿄에 가보니까 '밥 박물관'이라고 있는데, 거기에는 쌀을 365일 각각 다르게 조리해 먹을 수 있는 레시피가 있었습니다. 사실 우리는 쌀에 대해 전문성이 없습니다. 그런데 거기에서는 상당수의 사람들이 주부들에게 이런 쌀은 이렇게 해서 드셔보시고, 몸에 이런 이상이 있다면 이런 쌀을 드시면 좋다 하는 식으로 설명해줍니다. 이런 전문가가 얼마든지 있을 수 있습니다. 우리나라 모든 요리의 기본은 장맛입니다. 된장, 고추장, 간장이 지역마다 생산되고 온갖 회사에서 생산하고 있는데, 장 소믈리에처럼 그것을 제대로 판매할 수 있는 사람이 없습니다. 이런 식으로 소믈리에만 해도 수십 가지 직업이 나올 수 있다고 생각합니다.

그리고 직업이라는 것이 도대체 몇 종류가 있고, 내 적성이 어떤 직업과 잘 맞는지, 대학에는 여러 학과가 있는데 이런 과에서 공부하면 앞으로 어떤 일을 하게 될까, 이런 것들을 초·중·고등학교 학생들에게 컨설팅도 해주고 강의도 하고 책도 쓰는, 직업에 관한 전문가가 없습니다. 그래서 이것도 하나의 새로운 직업이 될 수 있습니다.

Q.　　하지만 희귀하고 특별한 직업이라면, 위험 부담이 큰 창업이나 NGO 활동 같은 소위 돈 안 되는 직업을 들 수 있을 텐데요, 이런 일을 하고 싶은 청년들에게 어떤 조언을 할 수 있을까요?

A.　　현재 미국의 경우에는 전체 GDP의 7%가 비영리단체에서 나오고 있습니다. 예를 들어 한 영국 할머니가 관공서에서 쓰는 영어가 "너무 어렵다. 왜 이렇게 어렵게 쓰느냐? 나도 학교 제대로 나왔는데, 이런 단어는 이렇게 쉽게 쓰면 안 되느냐?"라고 따져서 유명해졌습니다. 그래서 지금은 공무원들이 기안을 하면 이 할머니에게 가서 검사를 받습니다. 'Plain English Campaign'이라고, 쉬운 영어 사용하기 캠페인입니다. 지금은 40명이 일하는 조직으로 커졌고, 얼마 전에는 미국 워싱턴의 세계은행에서 어떻게 하면 공문서를 더 쉽고 재미있게 쓸 수 있을까에 대한 컨설팅을 했습니다. 그러니까 언어에 관한 컨설팅 회사가 생겨난 것인데, 이런 것이 NGO이면서 새로운 직업을 만들어낸 예라 할 수 있습니다.

일자리라면 예전에는 건축 현장이나 산업 공단 등에 가야만 있는 것으로 알았는데 전혀 그렇지 않습니다. 얼마 전 일본 니혼게이자이신문사에서 나온 주간지에 따르면, 기업과 비영리단체가 점점 장벽이 무너져 하나로 되어간다고 합니다. 이제 기업도 착한 기업이 아니면 장수할 수 없습니다. 그래서 어떻게 하면 사회 공헌을 많이 할 것인가 고민합니다. 한편 비영리단체도 돈이 있어야 지속 가능한 좋은 일을 할 수 있습니다. 그런 고민에서 생겨난 중간 접점이 사회적 기업입니다. 지금 영국의 경우 '사회적 기업의 생산이 전체 GDP의 20%를 차지하게 한다'라는 목표를 갖고 있습니다. 전체 생산의 5분의 1이 사회적 기업이라는 것인데, 정말 어마어마한 규모라 하겠습니다.

Q. 연계해서 여쭤본다면, 사람들은 옷이나 액세서리로 자신만의 개성을 드러내고 싶어하지만 정작 남과 다른 직업을 갖는 것은 두려워합니다. 그 이유를 어떻게 생각하십니까?

A. 사람들은 무슨 일이든 처음 할 때는 두려워하고 불안해할 수밖에 없습니다. 저는 우리 청년들이 꿈을 잃어버렸다는 생각을 합니다. 남들이 하는 것처럼 직장인이 되고, 공무원이 되고, 고시에 합격하고, 이런 기존의 길을 가야 안심이 되고, 남이 하지 않는 새로운 실험을 하는 것은 불안해합니다. 그런데 용기와 도전 없이 인생에서 무언가 성취하기란 불가능합니다. 사실 남들이 다 가는 길을 따라가는 삶은 너무 지루합니다. 우리는 먹기 위해서 사는 것이 아니라, 살기 위해서 먹습니다. 그런데 우리는 지금 생존하기 위해서 사는 것 같은 모습을 보입니다. 저는 젊은 시절에는 꿈을 크게 꾸고, 그것을 위해서는 '굶어 죽어도 좋다'라는 생각을 가져야 한다고 봅니다. 이런 열정으로 도전해야만 실제로 큰돈도 벌고 높은 지위에도 가고 성공할 수 있다고 봅니다. 그래서 요즘 젊은이들에게 "도대체 세상의 무엇이 두려운가?"라는 질문을 많이 합니다. 처음부터 두려움, 좌절감, 체념, 절망 이런 감정들을 가지고 있는 것이 아닌가 싶습니다. 도전이야말로 젊은이들의 특권이며, 실패에서 더 많은 것을 얻을 수 있습니다.

제 방에 가면 '희망의 문'이라고 이름 붙인 문이 하나 있습니다. 그

문을 열면 무엇이 보일까요? 그 문을 열면 그 문을 연 사람의 얼굴이 보이도록 거울이 있습니다. 제 방을 찾는 젊은이들에게 보여주기 위해서 만들어두었습니다. 말하자면 희망은 자기 자신입니다. 누구도 대신 만들어줄 수 없습니다. 스스로 도전한 사람만이 무언가 얻을 수 있는 것입니다.

Q. 자신에게 어울리는 직업을 찾고자 노력하는 청년들에게 직업과 관련해 조언해주십시오.

A. 사실은 꿈은 밖에 있는데 모두들 좁은 사회 안에서만 세상을 바라보니까 누구나 다 좋아하고 누구나 다 가고 싶어하는 그런 직업, 그런 일자리만 보이는 것입니다. 그런 좁은 굴레 밖으로 나와봤으면 합니다. 책도 많이 읽어보고, 강연도 많이 찾아다니고, 해외도 돌아보고 하다보면 눈이 열립니다. 세상의 큰 물결이 어디를 향하는지 보게 되면 그것이 바로 새로운 직업과 일자리의 원천이 될 수 있습니다. 21세기는, 큰 화두로 따지면 생태적 사회가 될 것이고, 그다음 문화와 예술이 중요한 사회가 될 것이고, 정부·기업·민간이 하나로 융합되기도 하고 협력하기도 하는 파트너십과 네트워크의 시대가 될 것이며, 창조와 혁신이 약동하는 사회가 될 것입니다. 그리고 지역사회가 점점 더 중요해지고, 맞춤형 세상이 될 것입니다. 이런 세상의 변화를 곳곳에서 확인하게 됩니다. 그런 강물, 시냇물 밑에서 그물을 치고 기다리는 것처럼 미래를 읽는 통찰력을 갖는 것이 중요한 일이 됩니다.

시대의 멘토 인간 박원순에 대해

Q. 이번에는 박원순 시장님의 학창 시절에 대해 여쭤보고 싶습니다. 어떤 청소년기와 청년기를 보내셨습니까?

A. 호롱불 밑에서 공부하며 왕복 삼십 리 정도를 걸어서 중학교를 다녀야 했던 그런 시골 마을에서 자랐습니다. 그래도 정말 좋았습니다. 살림살이가 어려운 농촌이었지만 정서적으로는 상당히 풍요로운 환경이었습니다. 아름다운 자연과 사계절의 변화가 있었고, 요즘처럼 맛있는 사탕은 아니지만 고구마도 먹었고, 소 먹이러 나가서는 소는 내버려두고 저수지에서 매일 놀 수도 있었으니까요. 그런 것들이 저의 정서적 감수성을 길러준 것 같습니다. 그후 고등학교 때부터 서울에서 지냈는데, 제대로 집도 없이 독서실에서 지내기도 했고, 시골에서 바로 오다보니 재수도 했고, 나중에는 병이 나서 입원도 했고, 그러다가 간신히 대학에 갔는데, 입학하자마자 감옥에도 가게 되었습니다. 그때만 해도 긴급조치가 발동된 유신 시절이었기 때문에 조용히 졸업했어야 했는데 그러지 못했습니다. 그런데 지나고 보니 이런 일들이 저에게는 정말 많은 교훈과 배움을 주었습니다.

Q. 탄탄대로를 달릴 수도 있었는데 이때 인생의 쓴맛을 알게 되셨겠군요? 그 힘든 시기에 어떤 마음으로 사셨나요? 받아들이는 자세도 굉장히 중요할 것 같습니다.

A. 살다보면 갖가지 쓴맛, 단맛이 다 있습니다. 여러분도 앞으로 많이 겪게 되겠지요. 사실은 여러분 부모님들도 모두 위대한 삶을 사셨다고 생각합니다. 인생의 각 단계에서 수많은 절망과 대면하는 순간이 있

습니다. 그런데도 다들 잘 살아오셨지 않습니까? 그러면서 의식도 성숙해지고, 인생의 지혜도 깊어지는 것입니다. 그런 어려움이 지나가고 나면 즐거운 추억이 되는 날이 오기 마련입니다. 지금 당장은 지구의 종말이 올 것 같고, 인생이 끝장난 것처럼 먹구름 속에 있는 것 같은 때가 있습니다. 그런데 내일은 내일의 태양이 떠오르지 않습니까? 내일이 되면 벌써 많은 것들이 달라지고, 한 달이 지나면 언제 그런 일이 있었나 하고 잊게 됩니다. 여러분도 성적, 진로 또는 가정 형편 등 많은 어려움이 있을 텐데, 저는 지나고 보니 그런 어려움이 없었다면 오히려 오늘날의 제가 되지 못했을 것이라는 생각이 듭니다. 그래서 인생의 고난은 조금 쓰기는 하지만 몸에 정말 좋은 약입니다. 기꺼이 마셨으면 합니다.

Q. 도전의식 없이 안정만을 추구하는 대학생들이 늘어나는 듯합니다. 우리 사회가 대학생들에게 바라는 것은 이런 것이 아닐 텐데 하는 생각도 들었습니다.

A. 우리 사회에 안정된 곳이란 어디에도 없습니다. 우리는 직장, 단체, 조직이 끊임없이 혁신되지 않으면 살아남을 수 없는 사회를 살고 있습니다. 그러니 어디에 가서 자기 자리를 안정적으로 지킬 곳을 찾을 수 있겠습니까? 어차피 인생은 끊임없이 변화하고 혁신되는 것입니다. 그게 바로 삶인 것이고요. 안락의자에 앉아서 영원히 살 수 있다는 생각 자체가 있을 수 없는 것입니다. 그럴 바에야 처음부터 도전하고 그것을 즐거움으로 생각하고 사는 것이 훨씬 나은 삶이라 할 수 있습니다.

돌궐제국을 부흥시킨 장수 톤유쿠크의 묘비에 이런 글귀가 있습니다. "성을 쌓는 자는 망하고, 길을 뚫는 자는 흥한다." 요즘이 바로 그런 시대입니다. 제자리에 머무는 것보다는 새로운 기회를 찾아 움직이는 것, 이른바 유목성입니다. 기마민족의 장점을 이야기하는 것인데, 요즘같이 변화가 빠르고 소통과 혁신이 중요한 시대는 일찍이 없었습니다. 그리고 이런 현상은 앞으로 점점 더 가속화될 것이기 때문에 처음부터 안정은 없는 것이라고 생각하고 끊임없이 움직이고 찾아야 한다고 봅니다.

Q.　　그런 측면에서 볼 때, 고려대학교 김예슬 학생이 스스로 획일화된 인간이 되기를 거부하고 자기 삶을 개척하겠다고 선언하는 모습은 신선한 충격이었습니다. 모든 학생에게 다 그러라고 할 순 없겠습니다만, 만약 지금 자신에게 주어진 삶이 자신이 살고 싶은 모습이 아닐 경우 어떤 조언을 해줄 수 있을까요?

A.　　OECD 평가에 따르면, 우리나라는 비교적 장시간 노동을 하는 것으로 나타났습니다. 그런데 막상 노동생산성, 노동의 질은 낮은 것으로 나와 있습니다. 그 이유는 자기가 하고 싶은 일을 하지 않기 때문입니다. 눈치를 보며 억지로 하고 있기 때문입니다. 직장을 다니는 것도 먹고살려고, 또는 부모님 눈치 때문에 하는 수 없이 합니다. 힘들고 하기 싫지만 꾸역꾸역 강제로 끌려가는 소처럼 아침에 출근해서 점심시간만 기다리다가 점심 먹고, 하는 수 없이 들어가서 몇 시간 일하다가 퇴근하는 삶을 사는 것입니다. 한 번뿐인 짧은 인생인데 왜 그렇게 살아야 하는지 저는 이해가 가질 않습니다.

　조금 덜 먹고 조금 힘들더라도 자기가 하고 싶은 일을 하면 에너지와 엔도르핀이 돌기 때문에 잠이 안 옵니다. 정말 큰 성취감을 느낄 수 있습니다. 지금 우리 사회는 전반적으로 직업이든 일자리든 강요하고, 거기에 또 억지로 끌려간다고 생각합니다. 노동생산성을 높일 수 있는 기가 막힌 방법은 자기 하고 싶은 일에 쉽게 도전할 수 있는 사회적 인프라와 분위기를 만들어주는 것입니다. 왜 대학을 나오려고 하고 왜 학점을 잘 받으려고 합니까? 저는 그것이 남들에게 평가받기 위해서라고 생각합니다. 그런데 주체적으로 인생을 살려고 하고 스스로 해결하고 살면 그런 것들은 아무 필요가 없습니다.

Q. 그래도 우리 청년들을 보면서 '희망'을 느낀 적도 많으실 것 같습니다.

A. 물론입니다. 요즘 트위터와 페이스북을 하면서 많은 청년과 소통하고 있습니다. 전국에서 저에게 이런저런 요청이나 상담을 해오는데, 이제는 중고등학생들에게서까지 요청이 들어옵니다. 이를 통해 정말 훌륭한 학생을 만나기도 했습니다. 그래서 저는 모든 젊은이가 그렇다고 할 수는 없지만 상당수의 젊은이가 여전히 건강하고, 여전히 진취적이라고 생각합니다.

예전에 은나라에서 쓰인 갑골문자를 해석해보니 "요즘 애들 참 못 쓰겠다"라는 말이 있었다는데, 그래도 역사는 꾸준히 발전해오고 있지 않습니까? 그래서 저는 걱정하는 것 이상으로 '훌륭한 청년들이 많다'는 희망을 갖고 있습니다.

Q. 아름다운가게와 희망제작소에 대해서도 다시 한번 알려주세요.

A.　아름다운가게는 시작한 지 벌써 10여 년 되었기 때문에 많은 분이 아실 것 같습니다. 헌 물건을 기부받아 수선을 합니다. 그리고 그것을 싼 가격에 팔아서 남은 수익을 자선에 씁니다. 말하자면 재활용 운동이면서 자선 운동이고, 환경 운동이기도 합니다. 또 헌 물건을 사서 씀으로써 외형적 가치보다는 내면의 가치를 더욱 중요하게 여기도록 하는 철학적 운동이기도 합니다.

　희망제작소는 우리 사회의 '싱크탱크Think Tank'라고 할까요? 미래를 열어가는 아이디어 뱅크가 필요하겠다고 생각해서 만들게 되었습니다. 예컨대 은퇴하신 분들이 인생 후반전을 준비할 수 있도록 '아카데미'를 열고, 젊은이들이 갈 곳을 모르거나 아까 말씀드린 것처럼 꿈이 없다고 할 때 이러한 꿈을 만들어주는 '소셜 디자이너 스쿨'도 만들고, 지역이 굉장히 중요하다는 생각에서 출발해 지역의 자산을 이용하여 어떻게 비즈니스를 만들어낼까 연구하는 '커뮤니티 비즈니스 연구소' 등도 운영하고 있습니다.

Q.　시작은 힘드셨겠지만, 아름다운가게와 희망제작소가 제 역할을 하는 모습을 보면 무척 자랑스러우실 것 같습니다. 몇 가지 성공사례를 소개해주시겠습니까?

A.　저는 늘 뿌듯한 마음이 가득합니다. 물론 이런 일들이 가능했던 것은, 많은 분의 협력과 지원, 참여가 있었기 때문입니다. 9시 뉴스를 보다보면 우리 사회가 과연 유지될 수 있을까 걱정을 많이 하게 됩니다. 하지만 이런 일들을 하다보면 '이래서 우리 사회가 유지될 수 있구나'라고 느낄 만큼 좋은 분들을 정말 많이 만납니다.

또 이러한 발걸음들로 인해 조금씩 변화한 부분들이 있습니다. 예를 들어 희망제작소 안에는 '희망 별동대'라는 청년 사회적 기업가를 양성하는 코스가 있는데, 이 과정을 거치고 몇 개월 후 실전으로 회사를 만드는 이들이 있습니다. 그중에 고도환이라는 친구가 공정 여행사를 만들고 투자를 받아서 정식 여행사를 출범했습니다. 보통 여행을 가면 다른 지역이나 마을 사람들을 원숭이 보듯이 구경하고 지나가버립니다. 공정 여행은 그 지역사회에 들어가서 그 사람들과 함께 생활도 해보고 일도 해보면서 그 사회를 훨씬 더 본질적으로 이해하는 여행이라 할 수 있습니다. 이런 결과들을 보면서 지금 저희가 하는 일에 자부심을 갖습니다.

Q. 마지막으로 우리 시대 청년들에게 한말씀 더 부탁드립니다.

A. 처음에 말씀드렸듯이, 인생은 꿈꾸는 것이라고 생각합니다. 꿈이 없다면 육체는 살아 있지만 정신은 죽은 상태라고 생각합니다. 그리고 꿈을 꾸면 언젠가는 그 꿈이 현실이 된다고 확신합니다. 그 꿈을 혼자가 아니라 여러 사람이 함께 꾸면 훨씬 쉽게 이룰 수 있습니다. 그러니 여러 가지 어려운 여건에 있더라도 절망하지 말고 꿈꾸는 사람이 되길 바랍니다.

용기에서 모든 것이 시작된다*

조국
서울대학교 법학전문대학원 교수
전 참여연대 사법감시센터 부소장

조국, 현재 대한민국을 살아가는 우리에게 가장 뜨겁게 다가오는 이름이다. 사회의 모순에 눈감지 않고 정의와 약자의 편에 서서 사회를 개혁하고자 하는 사람, 그렇기에 대한민국 청년들에게 또다른 희망을 전달해주는 우리 시대 멘토 조국 교수를 만났다. 그가 청춘들에게 보내는 메시지는 과연 무엇일까.

* 이 글은 2011년 2월에 진행된 〈열정으로 Do Dream〉 제작진의 인터뷰를 정리한 것입니다.

용기 있는 멘토 조국 교수에 대해서

Q.   교수님은 보통 일과가 어떻게 되세요? 너무 바쁘셔서 분 단위로 쪼개 쓰셔야 할 것 같은데, 시간을 어떻게 관리해야 교수님처럼 많은 활동을 할 수 있을까요?

A.   보통 수면 시간은 6~7시간이고, 정해놓은 일정대로 각종 강의나 강연 외에 시간 단위로 나름대로 계획을 짜서 움직이고 있습니다.

Q.   교수님의 청소년기와 청년 시절이 궁금합니다. 학창 시절은 어떻게 보내셨습니까?

A.   청소년 시기는 전형적인 모범생이 아니었을까 생각합니다. 열심히 공부하고 책 보고 살았던 것 같습니다. 제가 대학에 들어왔을 때는 권위주의 정권 시대였기 때문에 대학교 안에 항상 경찰이 있고 강의실 안에도 경찰이 들어오는 암울한 시기였습니다. 요즘 학생들이 도저히 상상할 수 없을 만큼 말이지요. 그 당시는 저를 포함한 많은 청년이 당시 권위주의 정권에 맞서서 싸웠습니다. 학생운동에 참여한 것이지요. 저는 지금 학생들을 보면 정말 부럽습니다. 저도 청년 시절에 저렇게 살았으면 얼마나 좋았을까 생각합니다.

Q.   청소년기와 청년기 때 도움이 된 멘토가 계셨습니까?

A.   저의 지도교수님이자 당시 서울대학교 총장님이던 이수성 교수님이 계십니다. 전 당시에도 정치관이나 세계관이 진보적이던 데 반해 선생님은 보수적이셨습니다. 하지만 인간적 포용력이 얼마나 중요한지 또 자신과 정치적 입장이나 세계관이 다른 사람과 어떻게 대화하고

소통해야 하는지 가르쳐주셨습니다. 보수적인 선생님을 만난 것이 오히려 제게 도움이 많이 됐다고 할 수 있습니다. 지금도 계속 정기적으로 인사드리고 배우고 있습니다. 가치 문제 더하기 사람의 문제, 포용력의 문제, 생각이 다른 사람이나 사상이 다른 사람과 어떻게 만나고 소통하고 공유점을 발견할 것인가 하는 점을 특별히 강조하셨습니다.

Q. 존경을 받는 법학자이시지만, 인생을 돌아보면 분명 힘든 일도 겪으셨을 것입니다. 어떤 일이었고 어떻게 헤쳐오셨습니까?

A. 사람들이 저보고 흔히 '엄친아'라고 이야기하고, '스펙'이 화려하다고 이야기합니다. 사회에서 통상적으로 그렇게 이야기하는 것 같습니다. 힘든 시기는 두 번 정도 있었습니다. 첫번째는 대학 들어와서 제가 가지고 있던 대학에 대한 환상이 깨지고, 친구들과 선배들이 잡혀갈 때였지요. 학생운동에 참여하면서도 어려움이 있었습니다. 두번째는, 짧지만 국가보안법 위반으로 6개월 정도 감옥에 다녀온 때였습니다. 그때 가족이나 주위 사람들이 얼마나 많이 놀랐겠습니까? 물론 나중에 사면되고 복권이 다 되었습니다만, 6개월이라는 시간 동안 갑자기 추락한 것 같았습니다. 당시에 저도 힘들었습니다만, 안에 있으면서도 밖에 있는 사람들에 대해 걱정을 많이 했습니다. 그때 조금 어려웠습니다. 지금은 제가 서울대학교 법과대학 교수지만 교수가 되기 전에 감옥에도 갔다 왔다는 이야기를 청년들에게 종종 합니다. 지금 청년들도 어려운 일이 많더라도 굳센 의지를 가지고, 또 길게 보고 그런 위기에 맞선다면 길은 열린다고 생각합니다.

Q.   원래 공부에 소질이 많으셨나요? 혹시 공부 잘하는 비결이 따로 있으십니까?

A.   특별한 비결은 없는 것 같습니다. 보통 저는 이런 식으로 사고를 합니다. 어떤 강의나 수업이 있거나 시험을 치러야 하면, 머릿속에 그림을 그려봅니다. 핵심 개념이 무엇인지 윤곽을 잡고, 그다음 그 개념에서부터 파생되는 몇 가지 개념을 잡습니다. 그리고 그 개념과 개념 사이에 연결되는 그림을 그려봅니다. 통째로 외울 수 없기 때문에 핵심 개념 몇 개를 가지고 그사이 연동되는 여러 요소들을 상상하면서 공부하면 외우기도 쉽고 다시 떠올리는 데도 편하지 않은가 생각합니다.

Q.   교수님은 법학자의 정신을 잃지 않으면서 권위주의에 맞서 싸우고, 사회개혁에도 참여하고자 노력해오신 한국의 대표적인 법학자이십니다. 법에는 언제부터 관심을 가지셨습니까?

A.   제가 크고 난 뒤에, 중고등학교 때 생활기록부를 보니까 거기에 제 희망 사항을 판사라고 적어놨더라고요. 그때부터였던 것 같습니다. 하지만 권위주의 정권하에서 마냥 고시 공부만 하기는 힘들었습니다. 그래서 대학원에 가서 교수의 길을 택했습니다.

법에 대해 관심을 가지게 된 이유는 이랬습니다. 청소년 시기, 우리 사회에 여러 가지 분쟁이 있는데 그 분쟁을 해결하려면 객관적이고 합당한 해결 방식이 있어야 한다는 생각을 했고, 그것이 법이라고 생각했습니다. 대학에 들어왔을 때는 사실 법학 공부를 하기가 매우 힘들었습니다. 시대적 상황 자체가 워낙 어려웠으니까요. 그뒤 대학원에 들어가 본격적으로 공부를 했는데 그 당시 정치 민주화가 시작되었습니다. 그렇다면 민주주의 시대에는 어떠한 법률이 필요할까 하고 고민했습니다. 민주주의 시대에는 개인이 자유로워야 하는데, 첫째는 입이 자유로워야 한다고 생각했습니다. 따라서 표현의 자유가 있어야 한다고 생각했습니다. 또 한편 우리가 먹고사는 밥의 문제는 어떤 식으로 해결해야 할 것인가 생각하다보니 법이 중요한 역할을 할 수 있을 것 같아 법을 계속 공부하게 되었습니다.

Q. '유전무죄 무전유죄'라는 말에 아직도 많은 국민이 고개를 끄덕입니다. 교수님이 생각하시는 '법'은 무엇입니까?

A. 참 어려운 질문입니다. 사실 '유전무죄 무전유죄'라는 말이 지금도 퍼져나가는 것을 보면, 많은 국민이 법 앞에서 평등하지 못하다고 생각하는 것 같습니다. "만인이 법 앞에 평등하다"라는 말이 있는데 그것이 법 앞에서의 평등의 핵심입니다. 그런데 많은 국민은 '만 명만 그 평등을 누린다'는 식으로 받아들이는 것 같습니다. 이것을 해결하는 것이 중요한 과제입니다. 법이란 무엇일까요? 쉽게 말하자면 그것은 분쟁 해결의 방식, 분쟁 해결의 도구입니다. 분쟁에는 먼저 국민과 국민 사이의 분쟁이 있습니다. 그것이 돈 문제건 이혼 문제건 상속 문제건 간에 말입니다. 그다음으로 시민 개인과 국가 사이의 분쟁이 있습니다. 국가가 개인을 잡아가기도 하고 그러지 않습니까? 이때 분쟁을 어떤 방식으로 해결할지 분쟁 당사자가 수긍할 수 있도록, 이해하고 받아들일 수 있도록 고민하고 푸는 것이 법의 핵심이 아닐까 생각합니다.

Q. 매우 바쁘실 텐데 혹시 취미가 있으십니까? 스트레스는 어떻게 푸시는지요?

A. 취미라고 할 수 있을지는 모르겠습니다만, 스트레스 해소를 위해 달리기같이 뛰는 운동을 합니다. 과거에는 등산을 많이 했습니다만, 등산이 조금 위험하고 다치기도 하고 해서 그냥 달리기를 하게 되었습니다. 공부하는 사람들, 학자의 특징이 팔다리는 가늘어지고 머리는 과대 성장하는 경향이 있거든요. 그래서 가능하면 팔다리를 강화하는 운동을 하려고 합니다.

또하나, 지금 제가 공부하는 법학이 딱딱할 수밖에 없는 학문이다보니 감성이 메마르는 것 같습니다. 친한 친구가 권하기에 40대 초반부터 의도적으로 신간 시집을 사서 많이 보고 있습니다. 시를 읽으면 감성이 충족되는 것 같고, 마음이 촉촉해지는 느낌을 받습니다.

이 땅의 청년들에게

Q. 이제 우리 청년들을 위한 이야기를 여쭤보겠습니다. 지금까지 죽 지켜본 요즘 학생들의 특징은 무엇이라고 생각하십니까?

A. 저희 세대를 이른바 386세대라고 부르지 않습니까? 그 386세대와 요즘 청년들을 비교해보면 이런 면들이 있습니다. 저희 세대에는 집단과 위계질서를 중시하는 문화가 있었습니다. 학생운동을 하건 안 하건 간에 학번을 따집니다. 그에 비해 제자들이 속하는 청년 세대는 개인과 개성을 중시하는 면이 아주 강하다는 생각이 드는데, 저는 상당

히 좋다고 생각합니다. 한국 사회의 위계질서, 권위주의 문화로부터 벗어난 세대가 아닐까 하는 생각을 합니다.

두번째로, 저희 세대는 이른바 엄숙주의 경향이 있었습니다. 무게 잡는 것을 말합니다. 그래서 이렇게 무게 잡는 데 익숙한 386세대는 현재 청년 세대를 가볍다거나 경박하다고 생각하기 쉽습니다. 그런데 저는 그렇게 볼 것이 아니라고 생각합니다. 가벼움이란 나쁘게 말하면 경박함인데, 뒤집어보니까 경박함의 문제가 아니라 유쾌함의 문제였습니다. 이런 유쾌함을 저는 상당히 좋게 생각합니다. 그래서 저는 친구들에게도 이렇게 이야기합니다. "우리 세대의 기준으로 청년을 보지 마라. 그 세대의 문화로 봐야 한다"고 말이지요. 학생들 개인을 중시하고 개성을 존중하는 문화, 그리고 유쾌함을 강조하는 문화가 발전되어야 한다고 봅니다. 그런 것을 기초로 청년들이 각각의 분야에서 자기가 무엇을 가지고 이 사회에서 승부를 걸 것인지 개발해나간다면 우리 사회 전체가 발전해나갈 수 있지 않을까 생각합니다.

Q.	아직까지 우리 대학생들과 청년들은 자신들의 십자가가 너무 무거워서인지, 대통령이나 국회의원, 기초단체장 선거에 잘 참여하지 않고, 심지어 학생회장 선거에도 무관심하기 일쑤입니다. 사회 현상도 거의 목소리를 내지 않습니다. 386세대가 대학생이면서도 학생운동에 적극적으로 참여하던 것과 많이 비교가 됩니다. 물론 학생이 본연의 임무인 학업에만 충실하지 않고 사회 문제에 목소리를 높이는 것에 반대하는 분들도 있습니다. 교수님께서는 이런 부분에 대해 어떻게 생각하십니까?

A.	제가 예전에 말장난 비슷하게 "88만 원 세대가 88% 투표하면

세상이 88% 바뀐다"라고 말한 적이 있습니다. 저는 현재 청년 세대가 선거나 정치에 무관심한 것이 이해가 됩니다. 말씀하신 것처럼 워낙 어깨에 진 십자가가 무겁기 때문에 스스로 살아남아야 하는데다 각자도생하고 각개약진해서 자신의 스펙을 높이지 않으면 졸업 후에 어찌 될지 모른다는 불안감, 사회 진출 후에 어찌 될지 모른다는 불안감이 큽니다. 그래서 학생들의 그런 상황을 충분히 이해합니다. 그런데 그런 방식으로 각자도생해서 출혈경쟁한다고 해도 우리 사회에서 이른바 승자의 비율은 항상 정해져 있는 듯합니다. 모든 사람이 다람쥐 쳇바퀴 돌듯 열심히 뛰어갑니다만 쳇바퀴 자체가 바뀌지 않으면 고생은 고생대로 하면서 실제 성과를 따내는 사람은 소수가 될 수밖에 없습니다. 그렇다면 쳇바퀴를 쪼개서 눕히면 달려갈 수 있지 않겠습니까? 그 길을 여는 것이 정치의 문제고 사회참여의 문제라고 생각합니다. 학생들에게 저희 때처럼 온몸을 다 던져서 학생운동에 뛰어들라고 이야기할 수는 없다고 봅니다. 각자 자기가 해야 할 일들이 있습니다만, 투표든 시민 단체 가입이든 무엇이든 좋으니 하나 정도는 우리 사회에 관심을 가지고 사회 변화에 자기 나름의 기여를 했으면 좋겠습니다.

Q.　　교수님 연구실 탁자 유리 밑에 특별한 사진을 넣어두셨다고 들었습니다. 거친 바다에서 파도타기를 하는 모습에 "운명은 겁내지 않는 자를 사랑한다"라는 경구가 인쇄된 사진이라고 하는데, 연구실을 찾는 학생들 보라고 놓아두신 것이라고 들었습니다. 많은 사람이 요즘 청년들에게 '열정'을 강조합니다. 교수님은 언제 학생들의 '열정'을 느끼십니까?

A.　　많은 사람이 요즘 청년들이 패기가 없고 호연지기가 없다는 말

을 합니다. 아까 말씀드렸듯이 사회적 여건이 여러모로 좋지 않으니까요. 그럼에도 저는 항상 학생들을 만나고 청년들을 만날 때 '열정이 있다'고 느낍니다. 청년들이 자기가 정말 관심 있는 분야에는 거의 밤을 새우며 몰입하는 것을 봐왔습니다. 공부든 운동이든 또는 음악이든 간에 말이죠. 청년 자체의 본성을 저는 두려움 없이 세상과 부딪치는 것이라고 봅니다. 사실 청년들 중에 집안이 매우 유복해서 아무 걱정 없는 사람이 얼마나 있겠습니까? 세상과 온몸으로 부딪혀야 하지만 미래는 아무도 알 수 없는 것입니다. 청년들은 일단 열정을 가지고 두려움 없이 세상과 한번 부딪쳐보는 자세를 가져야 합니다. 잃을 것이 없으므로 그렇게 한번 해보기를 강력하게 권합니다.

청년들이 용기를 내어 도전하지 못하는 것은 실패를 두려워하기 때문인 것 같습니다. 우리 사회가 불안 사회이다 보니까 '이렇게 하면 실패하지 않을까? 한걸음 뒤처지지 않을까?'라고 생각을 하는데, 저는 세속적 성공이나 연애 문제도 마찬가지라고 봅니다. 연애도 시도를 해야만 실패하거나 성공할 수 있는데, 두려워서 아무 시도도 하지 않으면 연애 자체를 못하지 않습니까? 그래서 저는 일단 실패를 두려워하지 않는 자세가 제일 중요하다고 봅니다.

 우리 청년들이 더 갖추길 바라는 점이 있다면 무엇입니까?

 굳이 저희 때와 비교하면서 지금 우리 청년들의 가슴속 깊은 곳에 열정이 없다고 할 수는 없습니다. 청년 시절에는 열정을 가질 수밖에 없습니다만, 청년들이 자라온 환경을 생각해보면 적극적이고 긍정적이지만은 힘들지 않나 합니다. 1997년에 IMF가 있었고, 그후로 계속된 외환 위기가 있었습니다. 이런 사회 전체의 분위기가 청년들의 심리 상태를 어둡게 만들고, 그들을 불안 상태로 빠뜨린 것은 아닌가 싶습니다. 그러다보니 청년들이 조금 위축되었다고 할까요? 그래서 안타깝다는 생각을 합니다. 물론 그 배경이나 이유에 대해서 충분히 수긍합니다만, 굴하지 말고 호연지기를 가지기를 거듭 강조하고 싶습니다.

Q. 기성세대는 요즘 청년들을 보면서 공장에서 만들어지는 '공산품' 같다고 합니다. 획일화에 대한 안타까움이 아닐까 싶은데, 똑같은 스펙을 쌓아가는 학생들에게 조언을 부탁드립니다.

A. 공산품이라는 말이 참 가슴 아픕니다. 사실은 청년들이 초등학교, 중학교, 고등학교를 거치면서 교육 시스템에 따라 규격화돼버렸다는 이야기입니다. 현시대를 많은 사람이 지식 기반 사회라고 이야기하는데, 이런 사회에서 말하는 인재는 공산품처럼 똑같이 찍어놓은 그런 인간이 아닙니다. 상품도 그런 상품은 잘 팔리지 않고, 또 그러한 인재도 요구되지 않는 것 같습니다. 초·중·고등학교를 거치면서 그 속에서 배운 것들이 있을 것입니다. 저마다 장점이 있을 것인데, 지금 필요한 것은 자신의 개성을 찾는 것, 자신만의 독자적인 스펙을 찾는 것입니다. 남들과 똑같은 스펙을 갖추는 데 급급하면 오히려 경쟁이 되지 않습니다. 모두가 쌓는 스펙에서 한 발짝 벗어나 남들이 하지 않는 분야에 도전해보면, 약간 불안은 하지만 그것이 오히려 진정한 의미에서 스펙, 장점이 될 수 있다고 봅니다.

Q. 그러려면 대학의 역할도 상당히 중요할 텐데, 대학은 어떤 곳이어야 할까요?

A. 참 안타까운 부분입니다. 우리 사회에서 지금 고등학생의 대학 진학률이 80%를 넘어섰고, 청년들 대부분이 대졸자입니다. 그런데 한국에서 여러 가지 이유로 대학이 일종의 취업 준비소처럼 변해가고, 학생들도 대학 수업에 의미를 두기보다는 나중에 이력서 쓸 때 한 줄 넣을 거리 정도로 취급하는 것 같습니다. 원래 대학이라는 곳이 무엇일까 생각해보면, 그게 사회과학이든 자연과학이든 관계없이 기성의 것에 의문을 품고, 그것에 도전해보고, 그것을 넘어서는 여러 가지 생각과 기술을 개발하는 곳입니다. 그런데 여러 가지 이유로 이런 도전과 노력이 잘 이루어지지 않고 있다고 생각합니다. 그 점에 대해 대학교수인 저도 반성하고 극복하려고 노력하고 있습니다.

Q. 그럼 우리에겐 어떤 교수님이 필요할까요?

A. 제가 다른 교수님들에 대해서 뭐라고 이야기할 수는 없습니다만, 제 생각은 이렇습니다. 한편으로는 학생들에게 전공에 대한 지식을 전달해야 합니다. 그와 동시에 대학을 졸업한 뒤 사회에서 어떻게 살아야 할 것인가, 전공과 관계없이, 남녀에 관계없이 어떤 시각을 가지고, 또 인간에 대한 어떤 예의와 도리를 갖춰야 할 것인가를 가르쳐야 한다고 생각합니다. 그래서 이 두 가지, 전공 지식과 세상을 보는 눈을 기르고 인간에 대한 기본 예의를 가르치는 것이 대학교수의 역할이 아닌가 생각합니다.

Q. 교수님도 소통을 중요시하시잖아요? 학생들과는 어떻게 소통하세요?

A. 저는 학생들과 수업을 할 때에도 일방적인 강의가 아니라 대화 방식이나 질문과 토론 방식으로 진행합니다. 그리고 언제든지 의문이 있을 때는 약속을 잡아 제 연구실에 방문하라고 이야기합니다.

Q. 마이클 샌델 교수의 『정의란 무엇인가』라는 책을 보면서 조국 교수님을 떠올렸습니다. 교수님 강의에도 학생들이 그렇게 많이 몰린다고 하던데 그 비결은 무엇입니까?

A. 마이클 샌델 교수의 강의 방식을 동영상이나 텔레비전으로 보셨으면 알겠지만, 하버드 대학교 강의 방식 중에 이른바 '소크라테스식 강의'라는 게 있습니다. 교수가 답을 미리 알려주지 않고 질문을 통해서 질문-답, 질문-답이 계속되면서, 자연스럽게 답이 나오는 방식의 강의입니다. 제 경우 미국에서 로스쿨을 다녔기 때문에 그런 식으로 강의하고 있습니다. 그러다보니 학생들이 주입식 강의보다 제 강의를 선호하지 않나 생각합니다.

Q. 국민들이 요즘 정치적, 사회적으로 자신과 다르면 '틀리다'라고 하면서 분열하고 있습니다. 우리 청년들은 '다르다'를 어떻게 받아들이면 좋을까요?

A. '다른 것'은 '틀린 것'이 아닙니다. 그것이 무엇이든 자기와 다른 생각을 가진 사람이 존재한다는 사실을 인정하는 게 중요합니다. 사회 자체가 다양성을 중시하는 사회여야 합니다. 그렇지 않다면 권위주의 사회이고 독재 사회일 수밖에 없습니다. 자신과 다른 사람을 존중하고, 자신과 다른 사람과 소통할 때만 공유점이 마련되는 것 같습니다. 그래

서 공유점은 굳혀서 실현하고 차이점은 남겨둬서 새롭게 그다음 단계로 가는 것이 반복되면, 우리 사회가 진정한 의미에서 발전하지 않을까 합니다.

 언젠가 인권 문제에 대해서 "촛불 시위의 표현의 자유, 북한 인권 문제 등 큰 이슈뿐 아니라, '임신한 여고생이 학교에서 공부를 계속할 권리' 등 작아 보이는 부분이 더 중요하다"라고 말씀하신 인터뷰를 읽은 적이 있습니다. 사회의 잘못된 모습을 냉철하게 비판하시면서도 사회 구성원들을 따뜻한 눈으로 바라보시는 것 같습니다. 교수님께서는 전직 국가인권위원이시기도 한데, 인권의 중요성에 대해 우리 청년들에게 말씀 부탁드립니다.

A. 우리가 인권을 이야기하면, 과거 군부독재 정권에서는 '정치적 인권'을 생각하기 쉬웠습니다. 또 인권을 진보만 이야기한다라는 인식도 있었습니다. 그런데 인권이라는 문제에 있어서는 진보와 보수가 전혀 관계없다고 이야기할 수 있습니다. 사실 인권은 진보와 보수의 공유지입니다. 소수자 문제, 장애인 인권 문제, 여성 인권 문제 모두가 그렇습니다.

언급하신 임신한 여고생을 어떻게 할 것인가 하는 문제를 보면, 사실 많은 선생님과 다른 학부모가 이 여학생을 학교에서 쫓아내야 한다고 이야기했습니다. 그러나 이 여학생은 남학생과 공식적으로 사귀었고, 양가 부모가 모두 결혼을 허락하고 있습니다. 그런데도 이 학생을 반드시 학교에서 쫓아내야 하는가 하는 문제는 좌우의 문제가 아닙니다. 인권의 문제는 한마디로, 자신과 다른 사람 그리고 특정 사회 안에서의 약자와 소수자 문제라고 봅니다. 그 사람들의 고민과 고통과 꿈을 다수자의 관점에서 또는 가진 자와 강자의 관점에서 생각하지 말고, 약자와 소수자의 마음으로 '이들이 왜 그럴까'를 고민해봐야 합니다. 그리고 어떻게 행동을 취하고 어떻게 제도를 바꿔야 조화로운 사회가 될 것인가에 대한 고민이 인권이라고 생각합니다.

Q. 교수님 같은 분이 지식인으로서 우리 시대에 해주실 역할이 상당히 많다고 생각합니다. 앞으로 지식인이 담당해야 할 더 많은 역할에 대해 어떻게 생각하시나요?

A. 지식인이라고 할 경우, 그 입장이 진보적인 분도 있고 보수적인 분도 있을 것입니다. 그러나 정치적 입장을 떠나 일차적으로 지식인들이 해야 할 중요한 일은 진리의 문제라고 봅니다. 옳은 것은 옳고 틀린 것은 틀린 것이라고 틀림없이 이야기하는 태도, 자신이 속한 진영이나 정파와 관계없이 어떤 것을 옳다고 여기면 정직하게 말하는 것이 제일 중요한 역할이라고 봅니다. 지식인 사이에서도 정치적 입장이 다르기 때문에 논쟁을 할 수도 있고 견해차 때문에 싸울 수도 있습니다. 그렇지만 우리 사회가 발전하려면, 지식인들 사이에서도 옳은 것은 옳고 사실은 사실이어야 합니다. 이런 것을 확인하는 역할을 해나가면 우리 사회의 공유점이 많아질 것이라고 생각합니다.

Q. 교수님의 계획이나 꿈, 목표가 있다면 알려주십시오.

A. 교수가 된 후로 저는 지금까지 한편으로는 학자의 역할을 해왔고, 다른 한편으로는 진보적 지식인, 사회참여적 지식인으로 역할을 해왔습니다. 앞으로도 그렇지 않을까 합니다. 좋은 책과 글을 쓰는 학자

이고 싶고, 또 우리 사회의 변화를 위해 기여할 수 있는 사람이 되고 싶습니다.

Q. 우리 시대 청년들에게 당부하고 싶은 점이나 응원할 점이 있으면 마지막으로 한말씀 더 부탁드립니다.

A. 무엇보다도 우리 사회에서 청년들이 가져야 할 첫번째 덕목은 '용기'라고 생각합니다. 용기와 패기, 바로 거기에서 모든 것이 시작됩니다. 몸뚱이 하나밖에 가진 것이 없다 하더라도 용기와 패기가 있으면 거기서 바로 모든 것이 시작된다고 봅니다. 비록 지금 가진 것이 없다 하더라도, 또 지금 배운 것이 없다 하더라도, 절대 기죽지 말 것! 바로 이것을 강조하고 싶습니다.

열정으로 두드림
인생 선배가 보내는 취업과 비전 이야기

ⓒ박용환 2013

초판인쇄 | 2013년 4월 8일
초판발행 | 2013년 4월 17일

엮은이 박용환
펴낸이 강병선

기획 황상욱 | 책임편집 이현정 | 편집 임혜지 박영신 오동규 | 모니터링 이희연
디자인 엄혜리 김이정 이주영 | 마케팅 우영희 이미진 나해진 김은지
온라인마케팅 김희숙 김상만 이원주 한수진
제작 서동관 김애진 임현식 | 제작 한영문화사

펴낸곳 (주)문학동네
출판등록 1993년 10월 22일 제406-2003-000045호
주소 413-756 경기도 파주시 문발동 파주출판도시 513-8
전자우편 editor@munhak.com | 대표전화 031)955-8888 | 팩스 031)955-8855
문의전화 031)955-2660(마케팅), 031)955-3561(편집)
문학동네카페 http://cafe.naver.com/mhdn | 트위터@munhakdongne

ISBN 978-89-546-1892-2 03320

* 이 도서의 국립중앙도서관 출판시도서목록(CIP)은 서지정보유통지원시스템 홈페이지(http://seoji.nl.go.kr)와 국가자료공동목록시스템(http://www.nl.go.kr/kolisnet)에서 이용하실 수 있습니다.
 (CIP제어번호: CIP2013002378)

www.munhak.com